図解
地方議会改革

実践のポイント「100」

江藤俊昭
［著］

学陽書房

はじめに

　地方議会や地方議員への不信が蔓延している。機関委任事務を廃止した第1期地方分権改革によって、地方議会の守備範囲は飛躍的に広がった。さらに2006年地方自治法改正によって、議会の組織や運営の自由度は少しとはいえ高まった。地方議会をめぐる状況は、新たな段階に入った。こうした制度改革を追い風にして、それぞれの議会がその役割を確認し議会改革を進めることが必要になる。ほとんどの議会では、議会が本来果たすべき役割を発揮してこなかった。すでに改革を真摯に行っている議会もある。

　しかし、議会改革にあたってやっかいなのは、地方議会像が不明確なことである。地方分権の時代には、それに適した新たな地方議会が必要である。私は、それを協働型議会と呼んでいる。

　中央集権制が続き、行政主導によって自治体は運営されてきた。この状況によって、議会は議員の一方的な質問の場と化している。

　今日、環境は大きく変わった。地方分権ではすべての事務が当該自治体の事務となった。そこで、機関対立主義ともいわれる二元代表制を機能させる必要がある。地方政治の原則は、国政のそれとは異なり、執行機関と、議事機関である議会が切磋琢磨して、住民とともに地域経営を担うことである。機関対立主義は、国政の内閣と国会（正確には与党）との協調関係とは異なり、地方自治では執行機関と議事機関（議会）が緊張関係にあることを強調する意味で重要な用語である。とはいえ、対

立という用語は、不信任議決やそれに対応する議会解散といった、のっぴきならない対立関係もイメージされる。最終的にはこうした対立を担保しつつも、むしろ議会と執行機関という両機関が緊張関係にありながらも切磋琢磨し、よりよい地域経営を行うという意味で、機関競争主義が適切だと思われる。どちらにせよ、執行機関と議会とが常に「協調」することを前提にはしていない。

　二元代表制を作動させるためには、議会としての意思を示さなければならない。従来の質問はあくまで会派、あるいは議員個人によるものである。議会は、議員同士の自由討議を原則に設計されるべきである。首長等の行政職員は、議会に常時出席する必要はない。議長の要請があったときにのみ出席しなければならないだけである。そもそも、憲法上の議事機関（deliberative organ）は、事を議することを意味している。

　その上で、機関対立主義を作動させるために、自由討議に基づいた議会の意思を示すだけではなく、首長等とも討議する必要がある。

　しかし、機関対立主義は、本来首長と議会が緊張関係を保ちつつ、よりよい政策を実現するところにその神髄はある。そうだとすれば、議員に対する首長の反問権は当然認められてよい。合議制という特徴を生かして、自由討議を行い、それに基づき首長と切磋琢磨する議会である。

　また、地方分権には住民に開かれた、住民と歩む地方議会も不可欠である。委員会・公聴会の積極的な活用、議員が町民と自由に意見交換する場の設置、政策提案である請願や陳情を行った住民の意見を聴く場の設置、重要議案に対する議員の態度の広報による公表、議会報告会の開催、といったことである。

アメリカ合衆国の多くの市議会でみられるように、議会開催中、議員同士の議論の後に住民が質問したり意見交換をする場を設けることは、いままでは法令解釈上困難といわれてきたが実践されてよい。

　そもそも、地方自治では住民は、首長や議員の解職、議会の解散といった直接請求権や、条例制定改廃の直接請求権を有している。また、憲法では議会を設置することを明言しているにもかかわらず、町村に限ってではあるが、議会を置かず住民総会を設置することができる。このように考えれば、地方自治は国政の論理とはおのずと異なっている。つまり、住民が地方自治に直接に参加することが前提となっている。議会もこうした地方自治の論理の中に位置づけられなければならない。地方議会の運営は、国会を模写したものであってはならない。

　地方分権時代には、それに適合した地方議会像を膨らます必要がある。いまこそソウゾウ（想像・創造）力が必要である。新たな地方議会像は、従来のものとは大きく異なるとはいえ、単なる空想ではない。その一端はすでにいくつかの議会で試みられている。北海道栗山町議会は、2006年5月に全国初の議会基本条例を制定した。議員、町長、住民などが自由に交流し討論する広場、いわばフォーラムとして議会を位置づけている（北海道栗山町議会基本条例2②）。そして、議員同士の自由討議や住民とともに歩むという、新たな議会像の具体化をその条例に豊富に盛り込んでいる。小さな規模の議会だけでこうした新しい議会改革が行われているわけではない。三重県議会も議会基本条例を制定した（2006年12月）。それは、議会の「付属機関」の設置や議員同士の自由討議を議会基本条例に明記し強調している。議会像の大きな転換が起こっている。こうした転換

をみずからで行う議会や議員こそが自治を担う主体として登場できる。

本著は、地方議会の現状を把握しつつ、新たな議会像を提案し、住民と歩みつつ住民福祉のために活動する議会が少しでも増えることを目的にしている。本著の特徴を列挙すれば次のようになる。

1. 今後の議会改革に適した内容を図解によって易しく理解できる。図解という手法で、新たな議会像を説明することによって、多くの方に身近に感じていただくことが第一の目的である。議員や自治体職員だけではなく、多くの住民の方に本書を手に取ってもらいたいと考えている。
2. 議会について、その問題状況と議会の存在意義、議会が活用できる強力な権限、議会運営の現状と改革の方向、議会を担う議員の現状と課題、という4つのアングルから説明している。また、資料として、議会や議員がパワーアップするためのアドバイスを提供している。
3. それぞれのアングルから議会や議員について確認しているが、現状の把握とともに、問題点を解決する方向と手法を提案している。
4. 議会の権限や運営の大枠は法令で縛られている。しかし、現実にはそれぞれの議会で創意工夫することにより、さらなる機能を議会は発揮できる。そこで、法令を確認するとともに、それを踏まえながらも創造的な議会運営が可能なことを理解できるようにしている。
5. ここ数年で、議会改革は一気に進んだ。従来の地道な議会改革とともに、新たな水準の改革が行われている先駆議会の動向をできるだけ紹介することにしている。

図解　地方議会改革
―実践のポイント100―

目　次

はじめに

Ⅰ編　地方議会改革事始め

第1章　地方議会をとりまく状況
1．議会不信の蔓延と脱却の可能性 …………………12
2．地方分権による議会の変化 ………………………14
3．国会とは異なる議会の原則 ………………………16
4．議会と政策評価の関係 ……………………………18
5．議会と住民参加の活性化の関係 …………………20

第2章　地方議会の本来の役割
6．住民代表としての討議の場―議会の存在意義(1)―………22
7．討議のメリット―議会の存在意義(2)―………………24
8．二元代表制と議院内閣制―地方議会と国会(1)―………26
9．住民自治の代表と国民代表―地方議会と国会(2)―……28
10．監視機能―地方議会と国会(3)―……………………30
11．政策立案機能―地方議会と国会(4)―………………32
12．住民参加を取り入れる議会―住民と協働する議会(1)― ………34
13．住民参加を積極的に進める議会―住民と協働する議会(2)― …36
14．首長と競争する議会―住民と協働する議会(3)― ……………38

  15. 討議する議会―住民と協働する議会(4)― ……………………40

 第3章 地方議会の位置づけ
  16. 都道府県議会と市町村議会 ………………………………42
  17. 憲法と法律―組織と運営の制度化(1)― …………………44
  18. 議会基本条例の誕生―組織と運営の制度化(2)― ………46
  19. 議会改革の特効薬 …………………………………………48

Ⅱ編 幅広い議会の権限

 第4章 地方議会の権限
  20. 議会権限の現状 ……………………………………………52
  21. 首長権限と議会権限 ………………………………………54
  22. 議会権限の構図―チェック機能の充実強化― ……………56
  23. 自治立法権の意義 …………………………………………58
  24. 条例と法律の関係―条例の限界― …………………………60
  25. 条例・規則・要綱―条例の可能性― ………………………62
  26. 条例案提出と議決 …………………………………………64
  27. 従来の首長主導の財務―財務過程と議会権限(1)― ………66
  28. 議会の権限（概観）―財務過程と議会権限(2)― …………68
  29. 予算―財務過程と議会権限(3)― ……………………………70
  30. 決算の認定―財務過程と議会権限(4)― ……………………72
  31. その他の財務にかかわる権限―財務過程と議会権限(5)― ……74
  32. 入札にかかわる権限―財務過程と議会権限(6)― …………76
  33. 事務事業評価にかかわる権限―財務過程と議会権限(7)― ……78
  34. その他法令による議会権限 ………………………………80
  35. 条例制定による議決事項の追加 …………………………82
  36. 監視権と監査請求権 ………………………………………84
  37. 調査権 ………………………………………………………86

- 38. 議会による監査委員の活用 …………………88
- 39. 議選の監査委員を支援する体制 …………90
- 40. 主要な執行機関に対する議会の同意及び選挙 …………92
- 41. 専決処分の承認権 …………………94
- 42. 一般的拒否権—首長の拒否権と議会の権限(1)— …………96
- 43. 特別的拒否権—首長の拒否権と議会の権限(2)— …………98
- 44. 議会による首長の不信任議決 …………100
- 45. 国の政策に影響を与える意見書提出権 …………102
- 46. 議会による提言 …………………104
- 47. 首長マニフェストに対する議会の関与 …………106

Ⅲ編　自治を推進する議会の組織と運営

第5章　地方議会の組織と運営の課題

- 48. 高すぎる首長提案の原案可決率 …………110
- 49. 議会質問の「慣習慣例」…………112
- 50. 議員の定数の決め方 …………………114
- 51. 議会の招集は首長 …………………116
- 52. 議長のリーダーシップ力 …………118
- 53. 自治法から考える議会運営の原則 …………120
- 54. 会期制と通年議会 …………………122
- 55. 会議規則から議会基本条例へ …………124
- 56. 本会議中心主義と委員会中心主義 …………126
- 57. 委員会中心主義による議会運営 …………128
- 58. 委員会の種類と運営 …………………130
- 59. 予算・決算と委員会審議 …………132
- 60. 一括質問一括回答と一問一答方式 …………134
- 61. 討議（自由討議）の充実 …………136
- 62. 議会運営の情報公開—事前通告制度の意味転換— …………138

第6章　会派の課題
- 63. 会派の意義と現状 …………………………………140
- 64. ローカル・マニフェストと会派拘束 …………142
- 65. 会派拘束 …………………………………………144
- 66. 会派と首長との距離 ……………………………146
- 67. 全国政党と地方議会の会派 ……………………148

第7章　地方議会の組織と運営の諸問題
- 68. 住民に開かれた議会—傍聴・議会報の充実— …………150
- 69. 請願・陳情及び参考人・公聴会制度の活用 …………152
- 70. 住民との交流・討議 ……………………………154
- 71. 条例制定の直接請求 ……………………………156
- 72. 住民投票の問題点 ………………………………158
- 73. 議場の3つのパターン—国会議事堂の呪縛からの脱却— …160
- 74. 議会事務局体制の強化 …………………………162
- 75. 議会図書室、政務調査費による議会運営の支援 …………164
- 76. 課題設定と政策立案—政策サイクル(1)— …………166
- 77. 政策決定、政策実施、政策評価—政策サイクル(2)— …168
- 78. 討議による調整主体としての議会 ……………170
- 79. 財務と議会 ………………………………………172
- 80. 財務過程と議員 …………………………………174
- 81. 夜間休日議会の可能性 …………………………176

Ⅳ編　新しい議会を担う議員と選出制度

第8章　現在の地方議員像
- 82. 議員の現状—住民の代表たりえるか— …………180
- 83. 議員の地位—自治法による制約— …………………182

84.　議員の懲罰の状況 ……………………………………184
　85.　議員の位置づけ―専門職、ボランティアの対比― …………186
　86.　公選職としての議員 …………………………………188

第9章　議員への公費支給とその監視

　87.　さまざまな公費支給―報酬・期末手当等― ……………190
　88.　公選職としての議員活動の対価 ……………………192
　89.　政務調査費 ……………………………………………194
　90.　費用弁償・海外視察出張旅費 ………………………196
　91.　地方議員年金制度 ……………………………………198
　92.　後援会活動や政策提言活動 …………………………200
　93.　住民による議員・議会評価 …………………………202
　94.　議会・議員の自己評価 ………………………………204

第10章　新しい議員を選出する制度

　95.　投票権のない層の意見吸収―こども議会や外国人代表者会議― ……206
　96.　新しい層の参政―サラリーマン、女性、障害者― …………208
　97.　立候補者の多様化―選挙制度の開放策(1)― …………210
　98.　選挙運動の活発化―選挙制度の開放策(2)― …………212
　99.　新しい選挙制度改革の再考―選挙制度の開放策(3)― ……214
　100.　選挙制度改革の課題―市町村議会議員選挙の大選挙区単記制― …………216

資　料

　議員力アップの手法 ………………………………………218

あとがき

凡　例

◆関連事項は、参照項目を示している。項目65を参照する場合、(☞65)と示している。

◆憲法や法律等の明記では、一般的な略記を用いている。
　たとえば、日本国憲法第92条→憲法第92条、あるいは（憲法92）
　　　　　　地方自治法第96条第1項→自治法第96条1項、あるいは
　　　　　（自治法96①）

Ⅰ編
地方議会改革事始め

Ⅰ編　地方議会改革事始め

1 議会不信の蔓延と脱却の可能性

[地方分権推進法（1995年）、地方分権改革推進法（2006年）]

議会

不信の理由
・監視能力不足
・政策立案能力不足
・議員のモラル低下
・政務調査費などの流用
・議会の不透明性

住民

これからは・・・

第1章 地方議会をとりまく状況

議会への住民の不信は強い。「地方議会の現状に満足していますか、それとも満足していませんか」という設問への全国世論調査では、「大いに満足している」1.1％、「ある程度満足している」31.4％、とあわせたいわば満足派は32.5％となっている。それに対して「全く満足していない」13.6％、「あまり満足していない」46.9％と不満派60.5％となっている（『山梨日日新聞』2007年1月1日付）。

1 不満派の理由は、「議会の活動が住民に伝わらないから」53.3％が最も多い。「地方議員のモラルが低いから」が32.5％、「行政のチェック機能を果たしていないから」33.2％、「議会内での取引を優先して審議が不透明だから」が29.3％、「議会の政策立案能力が低いから」が18.6％と続いている（回答者1094、2つまでの複数回答）。議会の透明性、議会の監視・政策立案能力、議員のモラルに住民は疑問を持っている。

　そもそも、議員の住民代表の役割についても住民は大いに不満である。「あなたの住む地域の市区町村議員は、住民の意思を反映していると思っていますか」という住民に対する設問に、「反映している」が34％に対して、「反映していない」が51％までに及んでいる。市区町村長に対する同様の設問では「反映している」が38％、「反映していない」が51％というように、市区町村長と比べても、議員への不信感が強い（『毎日新聞』2003年1月4日付）。

2 まず、議会や議員に対する不信を直視したい。しかし、地方分権によって社会環境が大きく変わり、議会改革を積極的に進めている議会や議員も少なからず登場している。本来、議会は首長とともに自治を担う重要な機関である。議会は多くの権限を持っている。地方分権時代の自治を担う議会の役割を本著で考えていこう。

ひとこと

議会は、政策形成にそれほど影響力を行使していないといわれてきた。議員意識調査では、むしろ政策形成に影響を及ぼしている議会像が浮き彫りになっている。「地方議会における審議は、どの程度自治体の政策形成に影響を与える力を持っていますか」という設問に、影響を及ぼしていると答えている議員がほとんどであった。つまり、「ほぼ議会の審議で決まる」（41％）、「かなり影響を及ぼす」（41％）であり、両者あわせて8割を超える（江藤俊昭『協働型議会の構想』信山社、2004年、195-196頁）。このギャップは、議会活動が住民に知らされていないこともあるが、そもそも議会活動のイメージが住民と議員とで異なっていることを示している。

2 地方分権による議会の変化

[西尾勝『地方分権改革』東京大学出版会、2007年]

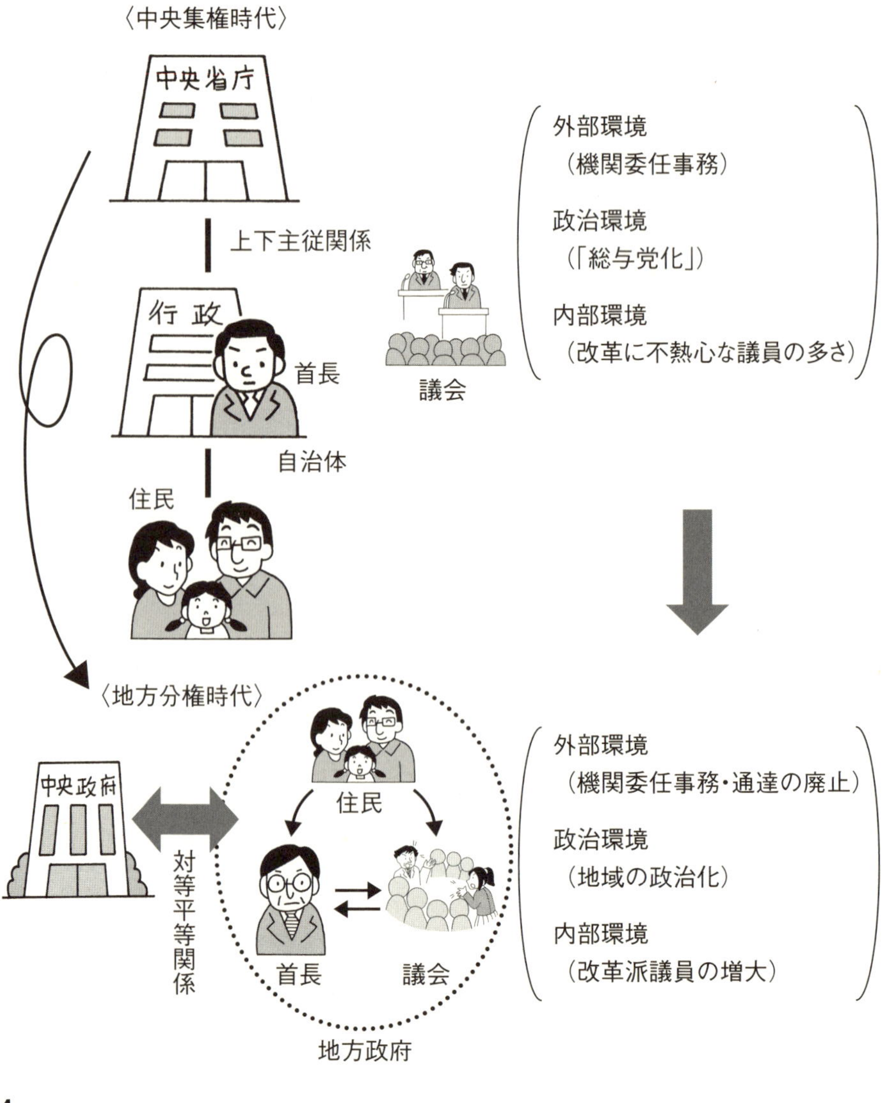
〈中央集権時代〉
中央省庁
上下主従関係
行 政
首長
自治体
住民
議会
外部環境
（機関委任事務）
政治環境
（「総与党化」）
内部環境
（改革に不熱心な議員の多さ）
〈地方分権時代〉
中央政府
対等平等関係
住民
首長
議会
地方政府
外部環境
（機関委任事務・通達の廃止）
政治環境
（地域の政治化）
内部環境
（改革派議員の増大）

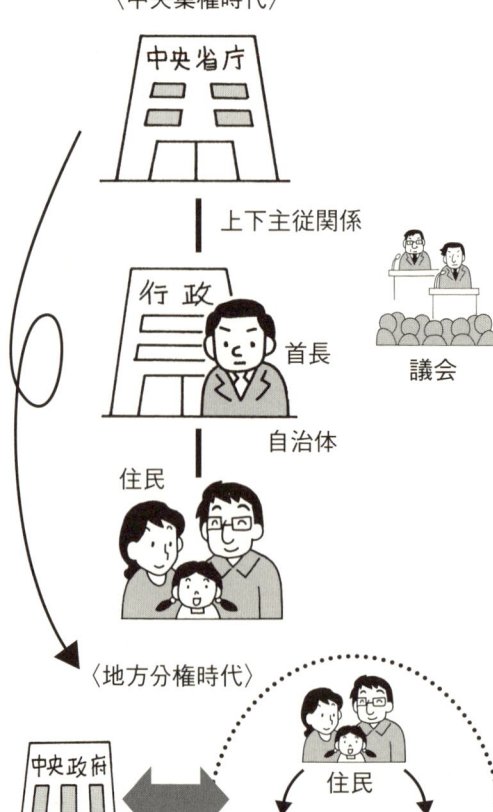

第1章　地方議会をとりまく状況

　議会の役割は一般に、公開と討議を前提として、政治的争点の集約機能、討議による政策の決定、二元代表制の下で首長との公的意思の作成、執行機関に対する監視機能である。これらの機能を十分に果たしてこなかったところに、議会の問題はある。しかし、議会だけにその責任を負わせるわけにもいかない。
　議会が本来の役割を発揮できなかった理由と、それが変わりつつあり議会が本来の役割を発揮できる可能性を外部環境、政治環境、内部環境の3つから考えたい。

1　外部環境。機関委任事務制度や補助金制度に見られる中央集権制は、議会が活動する場を狭めていた。地方分権改革によって、地方議会をめぐる外部環境は大きく変わった。機関委任事務の廃止により、議会はすべての領域にわたってかかわることができ、条例も制定できる。また、住民投票や開放型住民参加（メンバーの公募制の導入）の台頭にみられるように、住民も住民参加や協働を当然なものとして受けとめ、能動的住民として登場してきている。ここでは、議会改革自体が争点となる。

2　政治環境。首長と議会は、チェック・アンド・バランスの関係にある。二元代表制を想定すれば、首長サイドが与党で、議会全体が野党となる。しかし、実際には首長の選挙支援に基づき、議会の中の一部議員が「与党」として活動する。いままで、こうした与党的立場の議員が多数を占め、議会の議論が活発化しなかった。政治環境も政界再編を基礎とした連立政権によって、政党配置自体が流動化するとともに、純粋無所属首長が増大し、議会との緊張関係をつくり出している自治体も見られる。

3　内部環境。議会自体にも問題はある。議会にも「先駆議会」と「居眠り議会」がある。法律上拘束されていることもあるが、議会が独自にやれることをやっていなかった。しかし、今日、議会に議会改革の委員会が設置されているのは例外ではなくなった。

　ようやく、議会は名実共に住民の代表機関として登場できる。議会改革が争点となる。このような動向からすれば議会が活発になり、討議の場として機能し、政策提言を行い、首長を適切にチェックすることが期待できる。

ひとこと
　議会の活性化とは、議会が独自に動きだし、住民の意向とは異なる「自立した」決定を下すことを意味しない。だからこそ、住民に開かれ住民が参加する、いわば住民と歩む議会が必要である（☞12）。

3 国会とは異なる議会の原則

[憲法92−95条]

国政

国民
与党
野党
（首相）内閣

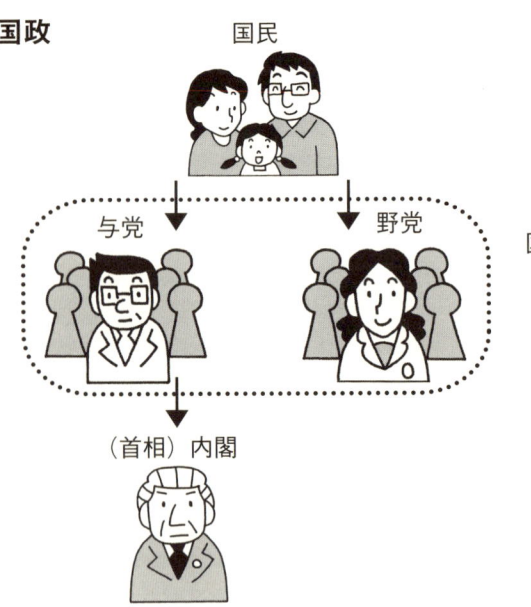

国民代表原理

国民はリコールもできない。
国民は法案提出もできない。

地方自治

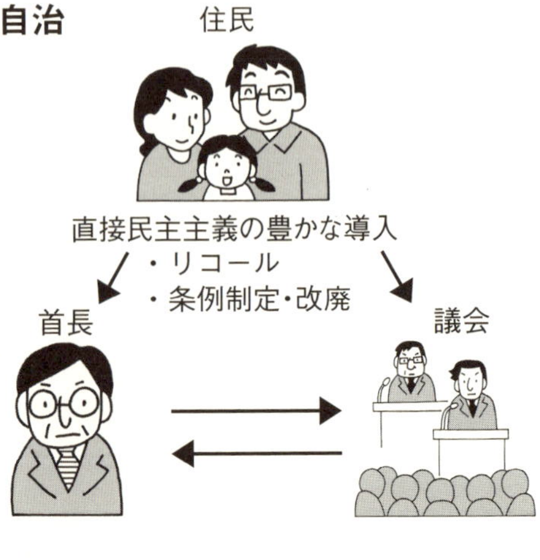

住民
直接民主主義の豊かな導入
・リコール
・条例制定・改廃
首長
議会

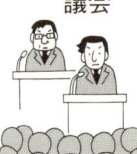

自治原理

常に住民が地方政治に参加し、地方政府を監視することが想定されている。

第1章　地方議会をとりまく状況

　地方議会議員は、国政とは異なり選挙されれば任期がまっとうできるわけではない。住民の監視にさらされている。いわば、常に住民と協働する議会でなければならない。したがって、住民を基軸とした議会運営が必要である。

1　直接民主制の系列のさまざまな制度が自治体に導入されている。もちろん、中央政府レベルでも直接民主制は導入されている。国会が発議する憲法改正の国民投票である。自治体レベルでは、立法（条例制定）にかかわったり、公職者を解職させるなどの多様な直接請求が制度化されている。さらに町村では、議会を置かずに有権者による住民総会を設置することができる（自治法94）。憲法で議会を設置することが明記され（憲法93）、地方自治体でもそれを再確認している（自治法89）にもかかわらず、例外を認めている。なお、条例に基づいて今日脚光を浴びている住民投票も行うことができる。

2　そもそも、日本国憲法第95条は、地域の重要事項の決定を議会に委ねてはいない。首長にはなおさら委ねていない。1つの自治体に関する法律を国会が制定したければ、衆議院と参議院という両院を通過させるだけではできない。当該地域の住民による投票で過半数を獲得しなければならない。1949年から1951年までに15本の法律が制定された。その中には首都建設法のように反対が約4割という住民投票結果だったものもある（1950年）。今日では死文化されているこの条文は、国政とは異なり地方自治が直接民主主義を重視していることを示しているといえよう。

ひとこと

日本国憲法
　第41条　国会は、国権の最高機関であつて、国の唯一の立法機関である。
　第95条　一の地方公共団体のみに適用される特別法は、法律の定めるところにより、その地方公共団体の住民の投票においてその過半数の同意を得なければ、国会は、これを制定することができない。

I編　地方議会改革事始め

4 議会と政策評価の関係

［自治体の行政改革大綱等］

長と議会の関係　―NPMにおける議会の役割―

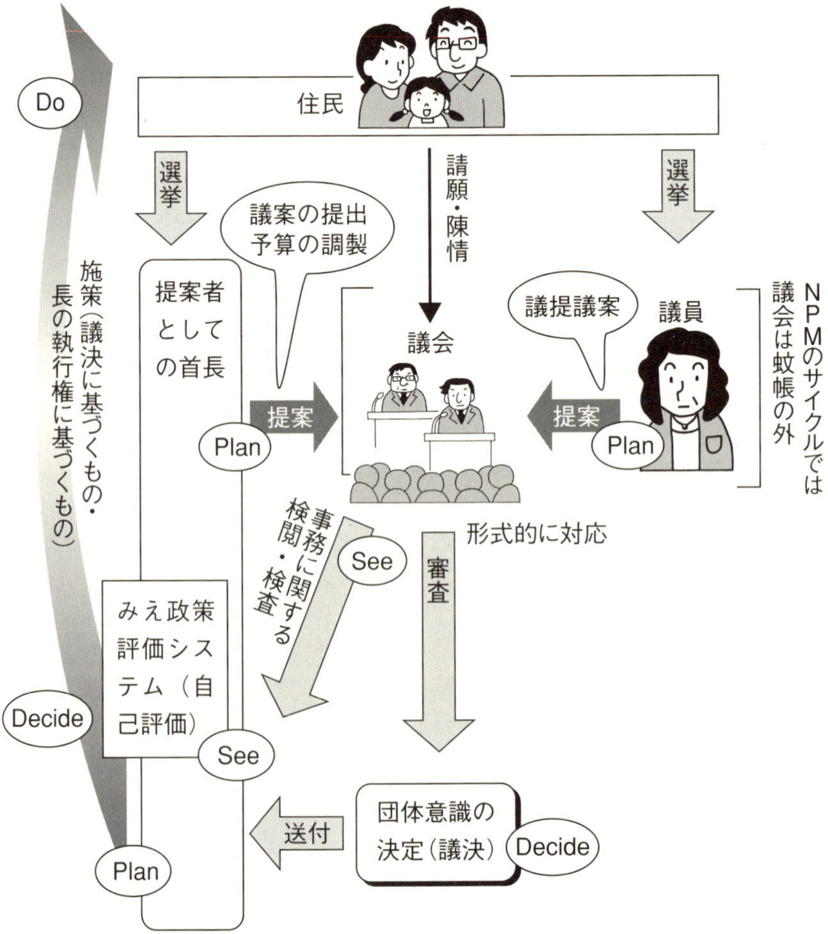

出所：二元代表制における議会の在り方検討会（三重県議会）『二元代表制における議会の在り方について（最終検討結果報告書）』（2005年）（一部修正）。

第1章　地方議会をとりまく状況

　最近の自治体改革の実際をみると、むしろ政策過程から議会を排除する、あるいはその過程において議会を軽視する傾向がある。議会や議員も肯定的に評価するNPM（ニュー・パブリック・マネージメント）などの行政改革の導入や住民参加の充実（☞5）といった自治体改革が政策形成において議会を蚊帳の外に置く傾向がある。

1　NPMは、今日の行政改革では先進的でしかも不可欠な手法だと一般に認識されている。そのNPM導入が政策形成から議会を排除することになっている。民間経営の手法を導入し効率性・収益性を重視すること、数値目標を設定すること、そして、その数値目標の達成を基準として政策が評価（一般には事務事業評価）される。
　首長は戦略計画を設定しそれを執行し政策評価を行う。このサイクルに議会が登場する必然性はないし、一般にかかわる法的根拠もない。行政内部の評価を監視するのは議会というよりむしろ、専門家によって構成される政策外部評価委員会（事務事業外部評価委員会）が脚光を浴びる。

2　このサイクルは、今日流布している政治改革によっても強化される。ローカル・マニフェストの提出によって当選した首長は、公約とその政策を実現するために活動する。このマニフェストには、数値目標も財政的根拠も明確になっている。そこで、これを実現することこそが、当選した首長の責務となる。マニフェストは、政治的リーダーシップと政策とを連動させて政策を実現することになり、NPMの一連のサイクルを強化する。
　NPM導入の目的が住民への効率的なサービス提供にあるために、執行機関と住民との密接な関係こそが重視される。そこでは、議会がかかわることは軽視される。このサイクルに議会はどのようにかかわるのか、そして政策形成上影響力を発揮することができるかが問われることになる。

　NPMなどの行政改革の導入といった自治体改革が政策形成において議会を蚊帳の外に置く傾向を打破するためには、議会が監視能力や政策立案能力を高めることが不可欠である。三重県議会の新しい政策サイクルが参考になる（☞46）。

5 議会と住民参加の活性化の関係

[自治体の参画と協働の条例・要綱等]

基本構想策定をめぐる三鷹市の新しい住民参加方式における住民・議会・首長

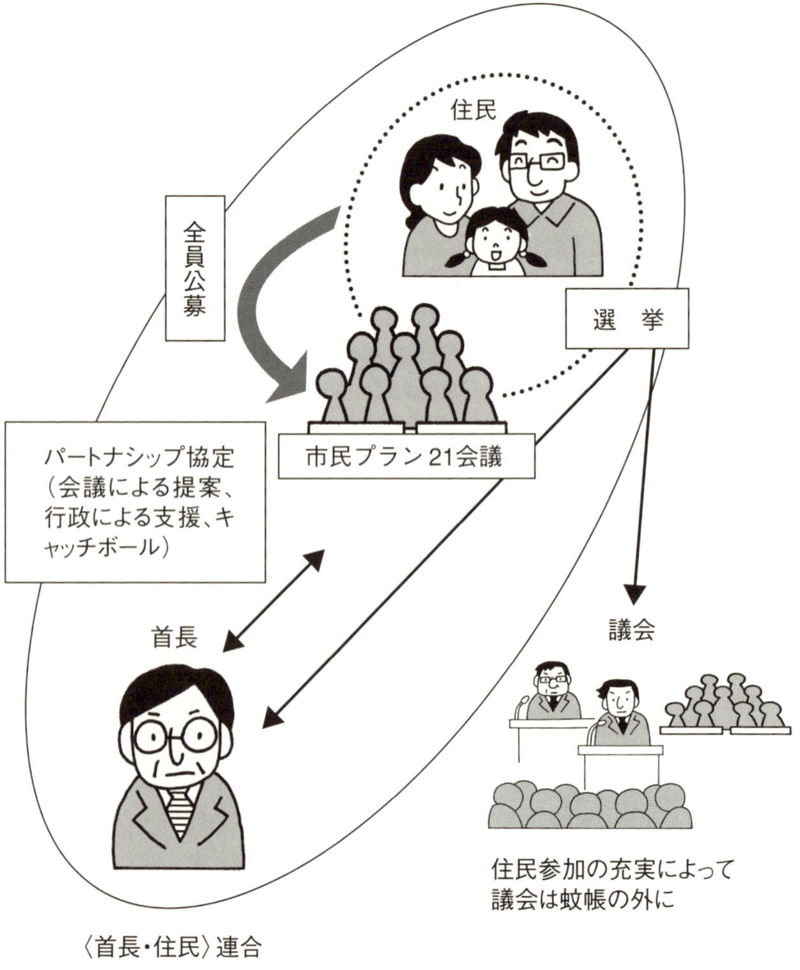

第1章　地方議会をとりまく状況

ポイント　住民参加は新しい段階にある。審議会のメンバーを首長が任命する方式から、すべてとはいえないまでも公募制の採用に変わった。執行機関から住民側に出された提案に意見をいう場、いわば陳情の場から住民自身が議論し提案する場に変わった。さらに、執行機関の姿勢が聴き置くから、尊重するに変わったことも重要である。これに議会はどうかかわるべきかを考えよう。

1　住民参加が進めば進むほど、議会を蚊帳の外に置く発想が浸透しはじめている。「『市民が出した結論を、その市民によって選ばれた議員が覆してよいのか？』この命題が、議案審議する議員の上に、この上なく重くのしかかってきた」(高井章博)。質疑は活発にやるけれども、最初から可決・成立は決まっているのが現状だという。議員は、議会という場で議論できるがゆえに住民参加に参加できず、住民参加の議論を経た結果を受け入れるしかない。

　住民参加の充実は、従来の執行機関だけで決定する方式を大きく転換させることになった。住民の意向は、住民参加を行った執行機関へと向かう。そうして形成された政策は、住民がつくったもの、住民に認められたものというように、正統性を備えたものとなる。その場合でも、議会の住民代表という正統性は失われるわけではない。

2　住民参加は、首長の専売特許ではない。むしろ、議会が住民参加を行うことができるし、やるべきである。多様な議員がいることによって、多様な市民の意向もより理解しやすくなるし、問題点も抽出できる。

　また、こうした執行機関への住民参加は潜在化していたさまざまな問題を地方政治の場に登場させる上では重要な制度である。その開放性に向けた制度設計が必要である。しかし、そのように開放的な住民参加制度が導入されても、議会は正統に選挙された議員によって構成される唯一の合議体である。住民も全体を視野に入れ議論することはできるが、議会こそが全体を視野に入れ調整できる合議体のはずである。

議会が、住民参加を導入しようという試みははじまっている。(☞12、13)
選挙された合議体としての議会の正統性に打ち勝つものがあるとすれば、住民投票であろう。(☞72)

Ⅰ編　地方議会改革事始め

6　住民代表としての討議の場
― 議会の存在意義（1） ―
[憲法93条、自治法121条]

議会の現状

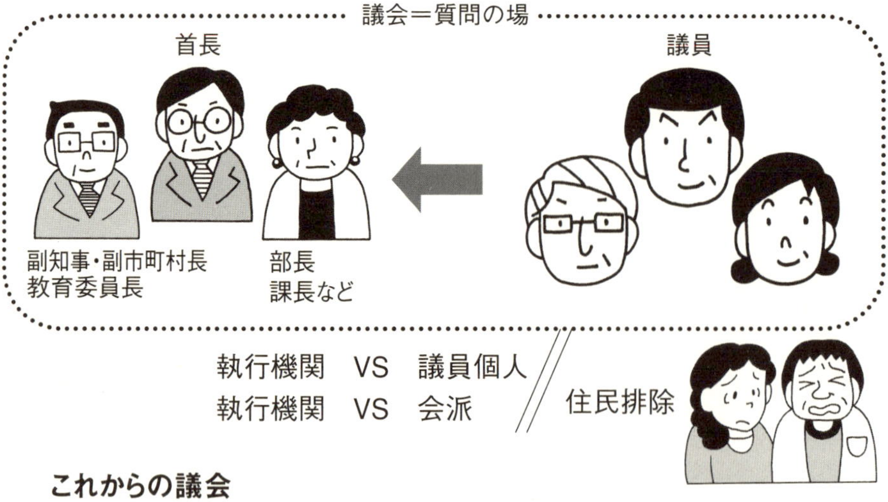

・・・・・・・・・・議会＝質問の場・・・・・・・・・・

首長　　　　　　　　　　　　　議員

　　　←　

副知事・副市町村長　　部長
教育委員長　　　　　課長など

執行機関　VS　議員個人
執行機関　VS　会派　　／／　住民排除　

これからの議会

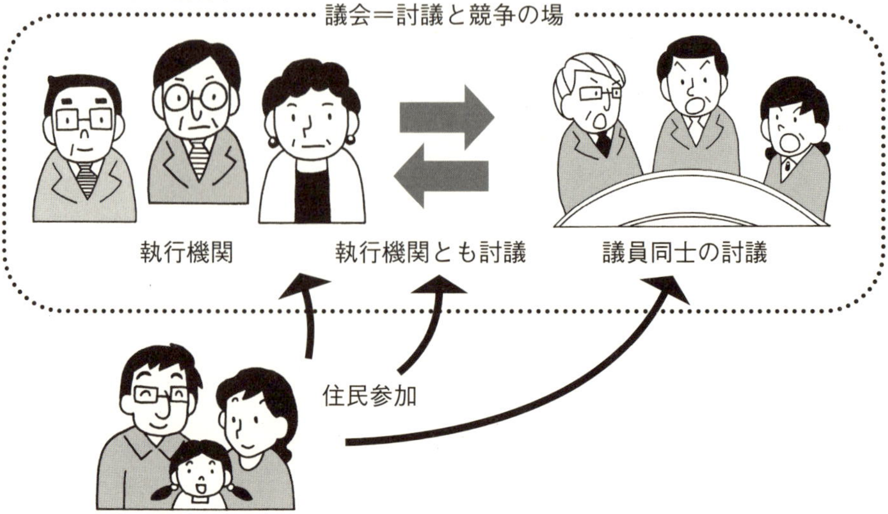

・・・・・・・・・・議会＝討議と競争の場・・・・・・・・・・

　　　⇄　

執行機関　　　執行機関とも討議　　　議員同士の討議

　住民参加

第2章　地方議会の本来の役割

　民主主義を採用するならば、国民や住民の政治への参加が制度化されなければならない。大衆民主主義に伴い、国民や住民が一堂に会して討議し決定することが難しいために、民主主義は実際には議会を設置した議会制民主主義として制度化されることになる。もちろん、議会の意義は、それだけにとどまらない。複雑な社会問題を、公開で討議し、問題点、対立軸点を明確化して、民意をつくり出すこともその存在意義である。

1　民主主義である限り、首長を住民が選出していないところはあるが、議会がないところはない。たとえば、行政の長を直接選出する大統領制だけではなく、行政の長を議会が選出する議院内閣制もある。世界の地方自治体をみれば、議会の議長がその自治体を代表する長を名のる場合もある。アメリカ合衆国のニューイングランド地方のタウンミーティング等（住民総会）を除いて民主主義である限り、議会は存在する。議会が民主主義の根幹といわれるゆえんである。

　議会は、首長のような独任制（1人で決定できる権限）の機関ではない。議会は合議制（複数の人による討議と決定）の機関である。合議制は、多様な人から構成され、日々生起される問題を多角的複眼的に検討できる。この意味で、首長の暴走を防ぐ役割も付与されている。しかし、それ以上に、合議体としての議会は、多様な視点から問題をえぐり出すことによってよりよい政策を形成することができる。

2　討議する議会は、日本の実際の議会ではイメージしにくいかもしれない。本会議ではもちろん、委員会のほとんどでも議員による執行機関への質問の場に化しているからである。しかし、議会本来の役割が討議することにあることを再確認したい。現行の地方自治法でも討議を前提とすることを規定している。首長等は「議会の審議に必要な説明のため議長から出席を求められたときは、議場に出席しなければならない」（自治法121）のであって、毎回議場に出席する必要はない。

ひとこと

　議会は、代表民主主義の機関である。とはいえ、地方政治では、議会の設置によって直接民主主義のさまざまな制度（条例制定改廃の直接請求、首長・議員の解職、議会の解散の直接請求）を捨て去ってはいない（☞71、72）。
　日本国憲法では、地方議会は「議事機関（deliberative organ）」として規定されている。

I編　地方議会改革事始め

討議のメリット
― 議会の存在意義（2）―

［篠原一『市民の政治学』岩波新書、2004年］

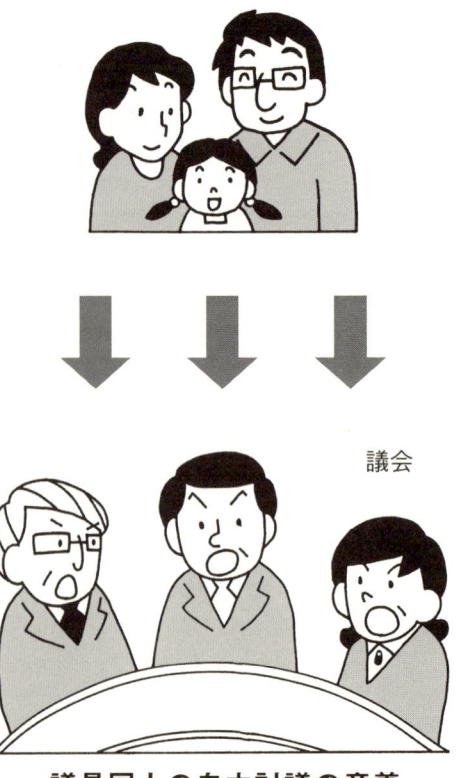

議員同士の自由討議の意義

・合意をつくり出す
　（妥協あるいは新しい提案）
・問題点を多角的・複眼的にみれる
・決定し執行しても問題があれば早めに修正できる
・住民の意見を代表するとともに、住民の意見をつくり出す

>
> これからの議会は、「総与党化」の議論なき議会でもなければ、住民の意向を尊重した陳情をぶつけあう議会でもない。陳情に基づき利害がぶつかりあった後の多数決民主制を肯定しているわけでもない。討議に基づいた妥協、さらには一歩進んで、より多くの者が賛同できる別の政策を模索することも必要である。いわば討議によって、議員や住民の意見が変化する可能性がある。

1　議員同士の討議による修正や新たな提案の発見は、難しいことのように聞こえるかもしれないが、日常生活では多くの人が行っていることである。卑近な例を出せば、夏休みの旅行計画でウインドサーフィンをやりたい伊豆派と登山を楽しみたい北アルプス派がぶつかり、両派が一歩もひかなかったとしよう。おそらく、決裂でどこにも行かないという道を選択するのではないとすれば、両者がやりたいことのできる別の場所を討議し、たとえば富士五湖を選ぶことができる。討議によって別の方途を探しだせる。

2　議会の主体性発揮の意義は、これにとどまらない。代表民主制である首長や議会は、住民から信託されるだけではなく、住民の意見をつくり出す役割がある。議員同士の討議によって対立点・問題点が明確になる。議会による住民への呼びかけになる。それにより、住民は代表される側として形成される場合がある。議会における討議が、潜在化している住民の意見を顕在化させるのに役立つ。議会の討議によって争点の論点が明確になる。

　もちろん、「公開と討議」を前提とする議会では、住民に開かれた討議である。

> **ひとこと**
> 　民主主義には2つの側面がある。最終的な決定手法である多数決を重視する思考方法（多元主義的民主主義観）と、討議による合意を重視する思考方法（討議的民主主義観）である。従来、前者が一般的な思考であったが、今日討議の側面を重視する理論が登場している。討議を重視する考え方には、議会の場を強調する考えのほかに、住民による討議を重視し、結果として議会の討議にも生かされるという考え方もある。

Ⅰ編　地方議会改革事始め

二元代表制と議院内閣制
― 地方議会と国会（1）―
［憲法41・93条］

国政

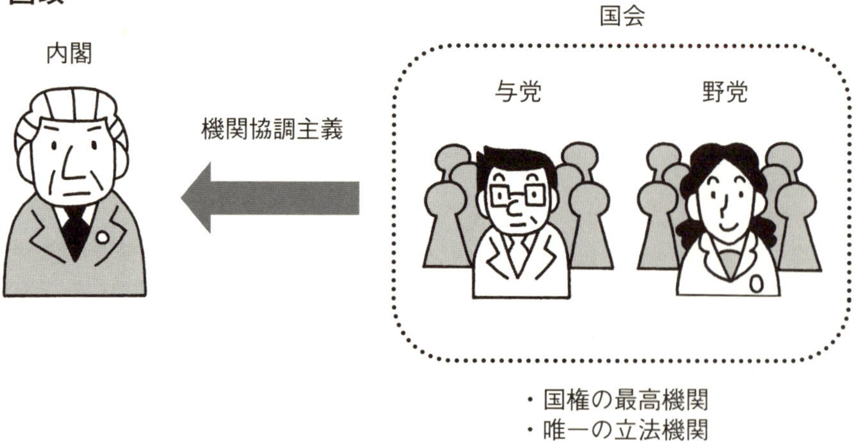

内閣　　　機関協調主義　　　国会
　　　　　　　　　　　　与党　　野党

　←　

・国権の最高機関
・唯一の立法機関

地方自治（国政とは異なる）

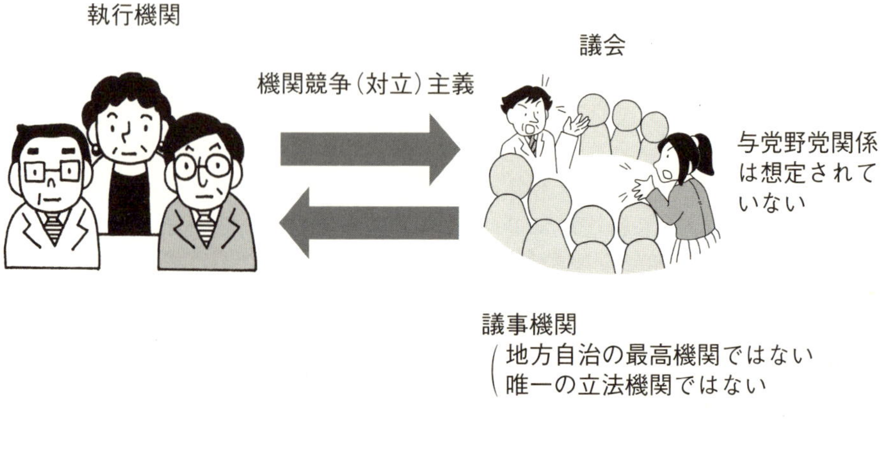

執行機関　　機関競争（対立）主義　　議会

　⇄　

与党野党関係は想定されていない

議事機関
（地方自治の最高機関ではない
　唯一の立法機関ではない）

第2章 地方議会の本来の役割

**ポイント**　地方政府は中央政府の議院内閣制とは異なった二元代表制を採用している。国会は「国権の最高機関」であり、かつ「唯一の立法機関」である。それに対して、地方議会は自治体権力の最高機関でも、唯一の立法機関でもない。地方議会は、重要な権限を有しているにもかかわらず、首長には条例に匹敵するような規則制定権、予算の調製権、提出権があり、また専決処分もできる。実際の運営も首長主導で行われることが多い。

1　地方議会は、多くの権限を持っている。議会が議決しなければ、原則として首長はその執行ができない。首長と切磋琢磨しながら地域の経営を行う機関である。その意味では、地方自治体は、執行機関である首長と、議事機関である議会が時には対立しながらも、それぞれの性格を生かしてよりよい地域経営を行う機関競争（対立）主義を採用している。

2　当然議院内閣制における国会と、二元代表制における地方議会とはその性格を異にしている。議院内閣制の場合、地方自治体では、首相を選出する与党とそれに対抗する野党といった政党政治が存在している。しかし、地方自治体では、首長は議会の多数派が選出するわけではない。議会とともに、首長も住民が選出するという機関競争主義を想定している。地方政治においては、首長を支援する与党的立場、逆に反対する野党的立場は存在する。しかし、全体としての議会は、首長をはじめ執行機関をチェックする野党的立場にあることを再確認することが必要である。議場の多くが国会の議場の縮小コピーであること、議会が準拠する標準議会規則が国会の規則を踏まえてつくられていることは、この誤解を促進させることになる。

ひとこと

　地方自治の二元代表制には、議院内閣制の要素である議会による首長の不信任議決、首長による議会解散といった制度を含み込んでいる（☞44）。
　地方自治は二元代表制に基づいている。国政の議院内閣制の持つ性格である機関協調主義に対して、二元代表制を機関対立主義という場合もある。協調に対してそれとは異なることを主張するには意味がある。しかし、首長と議会は、緊張感を持ちつつも協力する、一言で表せば機関競争主義といえよう。
　議会は「野党」的存在といっても、実際には議会の中には、政策の方向が首長と類似している議員、まったく対立している議員、その中間の議員が混在している。会派についても同様である（☞65-67）。

I編　地方議会改革事始め

9 住民自治の代表と国民代表
― 地方議会と国会（2）―
[自治法74・76・81・86・94条]

国政

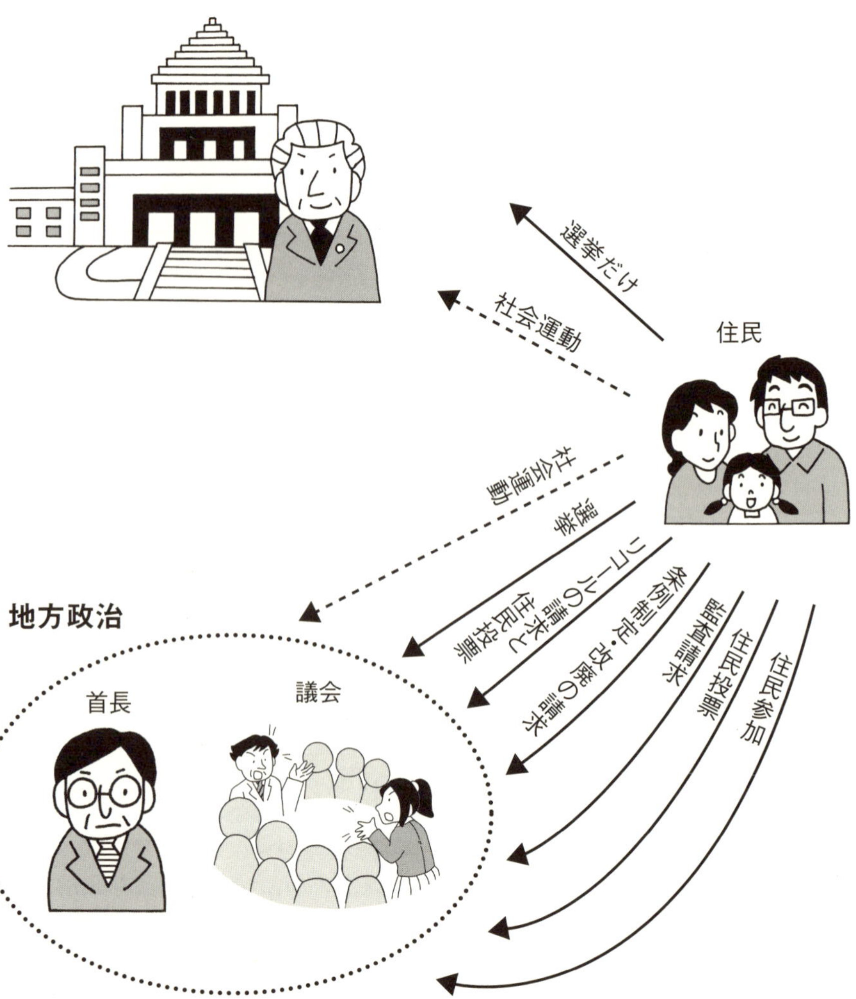

地方政治

選挙だけ
社会運動
社会運動
リコール（解職請求）
条例の制定・改廃請求
監査請求
住民投票
住民参加
首長　議会
住民

第2章　地方議会の本来の役割

　　国会は、国民代表制原理に基づいて運営されている。国会議員は一度選出されたら国民代表となり、良心に基づいて思考し行動し表決しなければならない。この原理では、国民主権といえども国民・住民の意向とは切り離された議会及び議員がイメージされる。
　　それに対して、地方政治は住民参加を基軸に設計されている。地方議会は住民参加を基軸とした自治体の中に位置づけられなければならない。

1　そもそも、二院制の国会に対して、地方議会は一院制を採用している。国会は、衆議院と参議院によるチェック・アンド・バランスを想定している。議院内閣制だけではなく大統領制であっても二院制を設置するのは、それぞれの院が異なった利害を代表し、それぞれが他の院を牽制することが期待されているからである。それに対して、地方議会が一院制なのは、自治体が住民に身近であり、住民がその活動をチェックできると考えているためである。

2　それだからこそ、直接民主制が地方自治体に導入されている。もちろん、国政レベルでも直接民主制度はある。国会が発議する憲法改正の国民投票、最高裁判所裁判官の国民審査がある。地方レベルでは、立法（条例制定）にかかわったり（条例制定改廃の直接請求）、公職者を解職させる（リコール）などの多様な直接請求が採用されている（☞71）。
　さらに町村では、議会に代えて町村総会を設置することができる。なお、条例に基づいて、今日脚光を浴びている住民投票も行うことができる。地方議会は、国民代表制原理を採用している国会とはその原理を異にしている。

ひとこと
　日本の国政にも、直接民主主義の制度は配置されている。したがって、日本の国会は、純然たる意味での国民主権に基づく国民代表制原理で設計されているとはいえず、国会にすべてを任せることではなく、直接民主主義をも内包したものとなっている。とはいえ、地方政治は国政と異なって、その政治の根幹にかかわる分野の住民の直接請求などが採用されている。

Ⅰ編　地方議会改革事始め

監視機能
― 地方議会と国会（3）―
［自治法147・149条、憲法96条］

現状の首長と議会（強首長主義）

首長

統括代表権・規則制定権・専決処分

議会招集権／予算調製・提出権／議案提出権／再議請求権／議会解散権

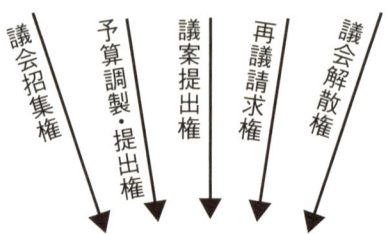

議会

議会の権限は弱いようにみえる?
でも実は強力!!――この認識が重要

 地方議会にも、政策立案機能重視か監視機能重視かといった議論がある。国会を模写した立法体のイメージから政策立案機能を重視する議論や、政策立案のサポート体制が貧弱なのでまずは監視機能を優先させるべきであるといったものである。しかし、地方議会は日本の二元代表制から考えて、政策立案機能と監視機能、両者を有するべきである（☞11）。

1　監視機能重視の見解は、執行権優位の制度を根拠にできる。議会は予算編成権もなければ予算に伴う議案を提出することはできない。条例の制定改廃や予算に関する議会の議決に首長が異議がある場合に再議請求を求めることができる（再議請求権）。専決処分も継続している。こうした状況を端的に表すのは首長が自治体を「統轄し、これを代表する」ことである（自治法147）。そもそも議会の議決事件（同96①②の議会の議決事件、同2の基本構想、同244の2⑥の指定管理者の指定等）のほとんどすべては首長からの提案に「御墨付き」（正統性）を与えるものである。

　こうした首長の優越の制度とともにそもそも議会は「唯一の立法機関」ではなく「議事機関」（憲法93）として設定されている。また、議員とともに首長も条例提出権を持っているし、実際には首長提案が圧倒的に多い。なお、議会の首長に対する不信任決議と、これに対する首長の解散権といった議院内閣制の制度も採用している。首長優位の原則あるいは議院内閣制的な要素を考慮すると、議会は監視機能の重視へと至る。

2　議会が執行機関を監視するためには、決議（議決事件）だけではなく、検査権、監査請求権、調査権、「専門的知見の活用」といった権限を有効に活用しなければならない。実際、全般的にみて議会はこれらの権限さえも有効に活用していない。

ひとこと

　日本の地方自治制度は強首長主義といわれている。一般に強首長主義は、再議請求権（☞42、43）の採用からいわれる。しかし、日本ではその他、専決処分（☞41）、不信任議決に伴う首長による議会解散、といった首長の権限の強さを含む場合もある。

　監視機能にとって必要な議決権限、検査権、監査請求権、調査権、「専門的知見の活用」などを積極的に活用することが必要である（☞36、37）。

I編　地方議会改革事始め

11 政策立案機能
― 地方議会と国会（4）―
[自治法112条]

従来の政策づくり

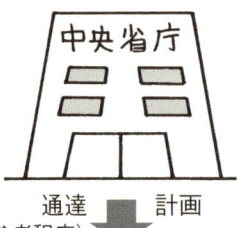
中央省庁
通達（今日は参考程度）　計画

議会
議員個人あるいは会派として活動

執行機関

議会では質問のみ
←
水面下の要望

今後の政策づくり

政策づくり
執行機関　提案→　討議　←提案　議会
↑
住民

第 2 章　地方議会の本来の役割

　議会の政策立案機能の重視は、地方分権一括法以後の自治法改正（条例制定権の範囲の拡大による議員提案条例の範囲の拡大、条例の議員提案要件の緩和（議員定数の 8 分の 1 から 12 分の 1））などに基づいている。議員提出条例などの政策立案機能を重視することは重要である。

1　従来の議員提出条例数はあまりにも少ない。政策立案機能の重視は、仮に理想であるとしても絵に描いた餅に終わりかねない。今日、議員提出条例数が増大している。いまだ小さな一歩ではあるが、監視機能だけではなく政策立案機能も重視する必要がある（☞48）。

2　1 つは消極的な理由である。国政においては議会制民主主義の形骸化、あるいは衰退といった言葉が蔓延し、それに対抗する意味で、国会主導、政治主導に向けた改革が模索されている。それに対して、地方議会は形骸化さえも指摘されていない。「民主的地方自治制度において議会がすべての根幹である」（全国町村議会議長会）といわれながらも、従来の中央集権的構造の下で培ってきた行政主導においては、議会は単なる「正統性付与の機関」の意味しか有していなかった。ここでまた、議員提出条例を軽視する監視機能重視を強調することはあまりにも議会の役割を限定することになる。

3　もう 1 つは、監視を本当に機能させるためには、政策立案能力を高めることが先決である。議会が政策立案機能を積極的に発揮すればするほど、監視機能を向上させ、滋養された条例立案能力によって、首長の提出した案件に対し、審議を深め、修正するなど充実した審議を行うことができる。

ひとこと

　議員提出の政策条例案は、従来ほとんどなかったが、最近では増大してきている。
　政策立案機能は、条例案提出数を参照することが多いが、それだけではなく、議会としての決議や代表質問・一般質問などもその中に含まれる。
　政策立案機能や監視機能を高める手法には、議会事務局の充実をはじめさまざまなことが考えられる（☞74、75）。

I編　地方議会改革事始め

12 住民参加を取り入れる議会
― 住民と協働する議会（1） ―
［自治体の参画と協働の条例・要綱等］

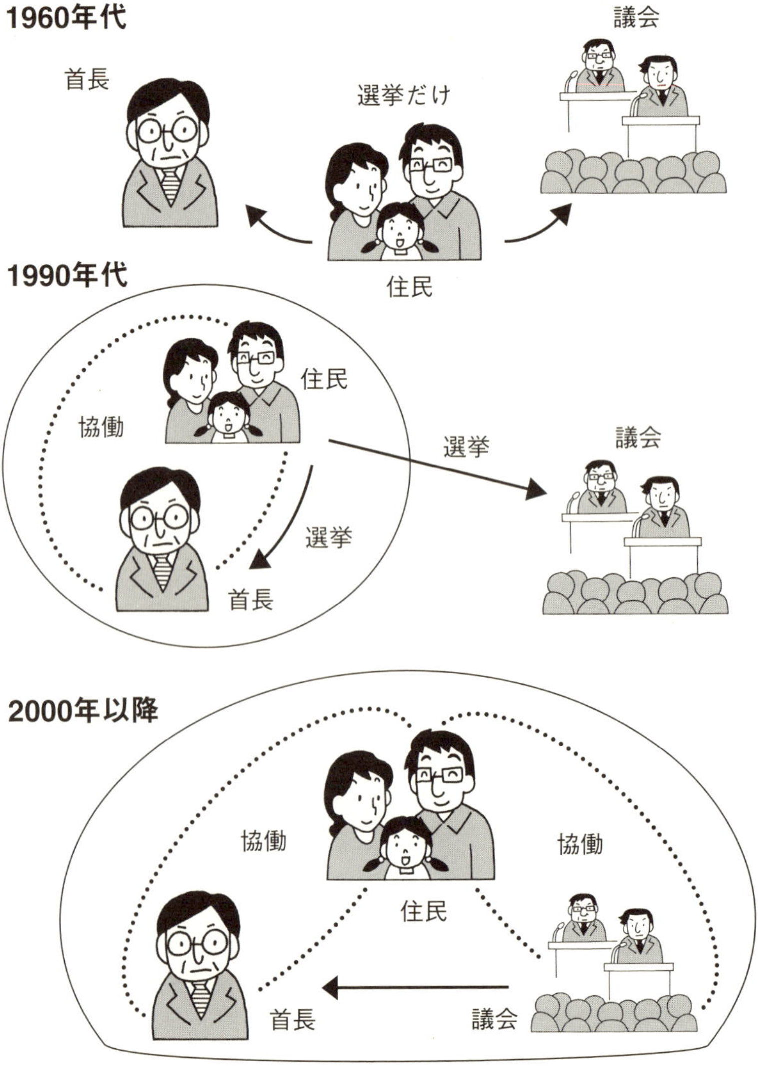

1960年代
首長　選挙だけ　議会
住民

1990年代
協働　住民　選挙　議会
選挙
首長

2000年以降
協働　住民　協働
首長　議会

34

第 2 章　地方議会の本来の役割

> **ポイント**　直接民主主義も重要な原則としている地方政治からすれば、地方議会は、地域民主主義を醸成し住民参加を組み込んだ議会をさらに発展させることが必要である。議会への住民参加を強調するのは、「行政が住民参加を推進しているので議会にも…」という消極的な意味ではない。地方自治の理念からすれば住民参加は不可欠であり、議会こそ導入するべきものである。

1　行政では、住民参加がすでに多様な形式で行われている。そこで、わざわざ議会でやる必要があるのかという疑義も聞かれる。どちらが先でもいいが、多様な意見を政策過程に投げ込むのは合議制である議会が得意とする分野である。多くの住民と討議し、それらの意見をどのように調整するかが行政と議会には問われている。むしろ、住民参加を行政でのみ考える思考こそを問題にしなければならない。行政への住民参加や協働の推進には批判や危惧が提起されることがない。住民参加や協働は、行政の専売特許ではない。議会も含めた自治体全体が参加や協働を促進すればよい。

2　地方自治では、政策過程は常に住民に開かれている。行政への参加や協働が進んでいない場合には、議会が率先して行うとともに、議会が行政への参加や協働を促進させることも必要である。すでに、住民参加を議会に組み込むことが試みられはじめている（☞13）。

> **ひとこと**　住民と行政の協働の進展には目を見張るものがある。住民参加組織メンバーは「充て職」から「公募制の採用」へ、議論の対象は「事務局原案を基礎に」から「白紙から」に、提言は「聴き置く」から「尊重する」に、大きく変わっている。それに比べて、議会への住民参加の進展は非常に遅い。

I編　地方議会改革事始め

13 住民参加を積極的に進める議会
― 住民と協働する議会（2）―
［『地方議会人』や地方自治体関連の雑誌］

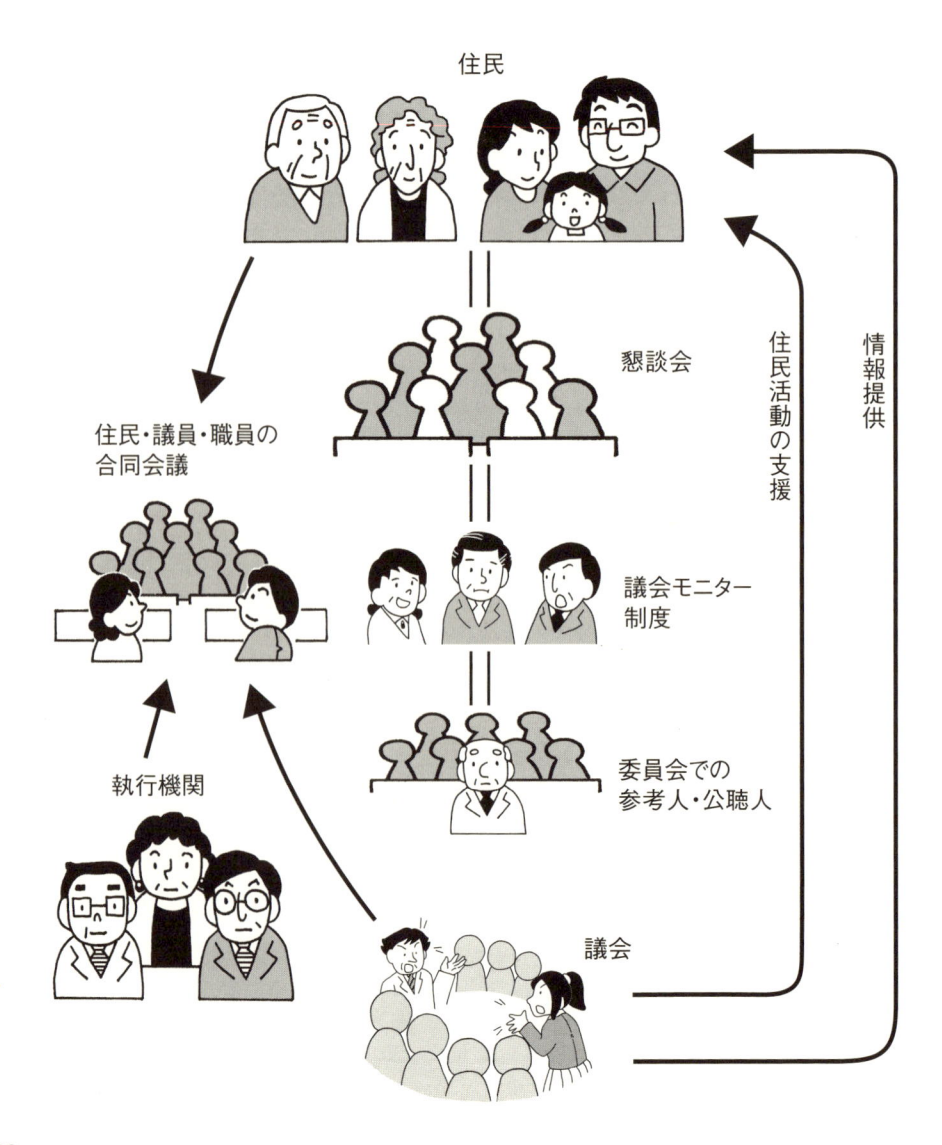

住民

懇談会

住民・議員・職員の
合同会議

議会モニター制度

委員会での
参考人・公聴人

執行機関

議会

住民活動の支援

情報提供

第 2 章　地方議会の本来の役割

> **ポイント**
> 議会に住民が参加する制度は、自治法上も認められている。請願（陳情は自治法ではないが一般に認められている）、委員会の公聴会・選考人制度（☞70）、である。いままで、これらしか行われてこなかった。それが大きく転換している。

　請願や陳情の際に住民から直接委員会で趣旨を聴くということはいくつかの議会では行われていた。とはいえ、自治法上、議会への住民参加の規定が極めて限定的であるために本会議ではもちろん、それ以外でも住民参加を議会に組み込む努力はなされてこなかった。
　しかし、最近になってようやく議会への住民参加が試みられるようになった。

議会への住民参加のパターン	事例	関与者
懇談会	議員定数や報酬についての懇談会（須坂市議会） 地産地消推進条例の策定のための意見交換会やシンポジウム（江刺市議会） 年1回の住民懇談会・必要により開催される一般会議（栗山町議会） 要請により開催される出前懇談会（福島町議会）	住民、議員、関係者
モニター制度の設置	市議会モニターを制度化し、議員の提案に生かしている（四日市市議会）	住民
提案組織設置（審議会に類似した制度）	政治倫理条例を制定するために、議員政治倫理条例に関する懇談会の設置（新宿区議会）	公募住民、議員、学識経験者
提案組織設置（議会・住民・職員の協働型）	自治基本条例の制定のために、公募市民、学識経験者、議員、課長級市職員で構成されている市民会議の設置（飯田市議会）	公募市民、学識経験者、議員、課長級職員
委員会での公聴会・参考人制度の活用、全員協議会の活用	委員会における公聴会・参考人制度の活用（自治法109）。全員協議会での住民と議員との自由な討議の提案（第28次地方制度調査会第19回専門小委員会）	住民、議員
住民活動を支援する議会	住民の意向を無視した執行機関に対立して、住民側に立っての政策立案（多摩市議会）	住民、議員
住民投票の支援	住民投票にあたって、議員は、みずからの主張を、ビラや宣伝車、立会演説会、さらには「住民投票NEWS」で展開し住民投票において討議を巻き起こした（滋賀県米原町）	住民、議員

Ⅰ編　地方議会改革事始め

14 首長と競争する議会
― 住民と協働する議会（3）―
[三重県議会基本条例、北海道栗山町議会基本条例]

従来の首長と議会の関係

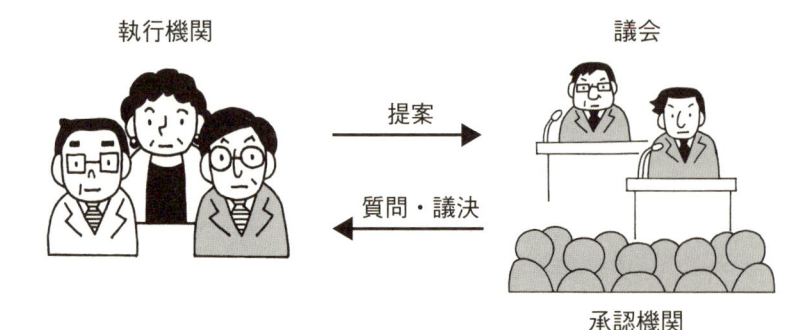

執行機関　　　　　　　　　　　議会

提案 →
← 質問・議決

承認機関
（≠議事機関）

これからの首長と議会の関係

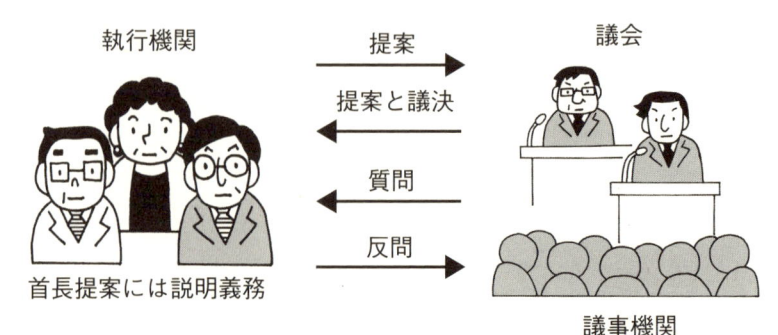

執行機関　　　　　　　　　　　議会

提案 →
← 提案と議決
← 質問
反問 →

首長提案には説明義務

議事機関

・政策等の発生源
・検討した他の政策案等の内容
・他の自治体の類似する政策との比較検討
・総合計画における根拠又は位置づけ
・関係ある法令及び条例等
・政策等の実施にかかわる財源措置
・将来にわたる政策等のコスト計算

支援制度の充実
・議会事務局の充実
・附属機関の設置

第2章　地方議会の本来の役割

> **ポイント**
> 議会は監視機能だけではなく、政策立案機能も担う。独任制である首長と、合議制である議会が切磋琢磨しながら自治体経営を担うという二元代表制（機関競争主義）の展開である。

1　首長と議会が極度の緊張関係に達し、その打開のための議会による首長への不信任議決や首長による議会の解散といった制度が地方自治制度には導入されている。しかし、こうした対立は通常のものとしては想定されていない。むしろ、首長と議会が相互に切磋琢磨する、いわば競争してよりよい地域経営を行うことが想定されている。

2　強い首長に対抗するためには、議会事務局の充実や政務調査費等の充実が必要である（☞74、75）。**三重県議会基本条例**（2006年12月）は、政策立案・監視機能を高めるために、附属機関、調査機関、議員による検討会等の調査機関を設置することを規定している。

　また、首長が政策提案する場合、執行機関の策定過程を追体験することはまず必要である。政策等の発生源、検討した他の政策案等の内容、他の自治体の類似する政策との比較検討、総合計画における根拠又は位置づけ、関係ある法令及び条例等、政策等の実施にかかわる財源措置、将来にわたる政策等のコスト計算、といった7つの項目の説明を義務づけることはまずもって必要である（**北海道栗山町議会基本条例**）。

3　逆に、首長と議会とが競争するのであれば、議員からの一方通行の質問に対して、執行機関の側からその真意やその質問の問題点を問うことも必要である。**栗山町議会基本条例**では、議員の質問に対する執行機関の反問権を認めた。

　さらに、議会側から政策提案をすることが必要である。政策条例の議員提案を積極的に進めたり、地域経営の方向を議会として議決し執行機関に提案することも必要である。

> **ひとこと**
> 議会のパワーアップの手法は、本著全体が答えている。
> 　首長の政策提案における説明の義務づけを議会基本条例に規定することは、首長側としては、すぐに了承できるものではないだろう。しかし、これらの項目を毎回質問することを主張する中で、栗山町議会では議会基本条例に組み込まれた経緯がある。また、二元代表制（機関競争主義）を作動させるためには、首長の反問権も必要である。

I編　地方議会改革事始め

15 討議する議会
― 住民と協働する議会（4）―

[三重県議会、栗山町議会等]

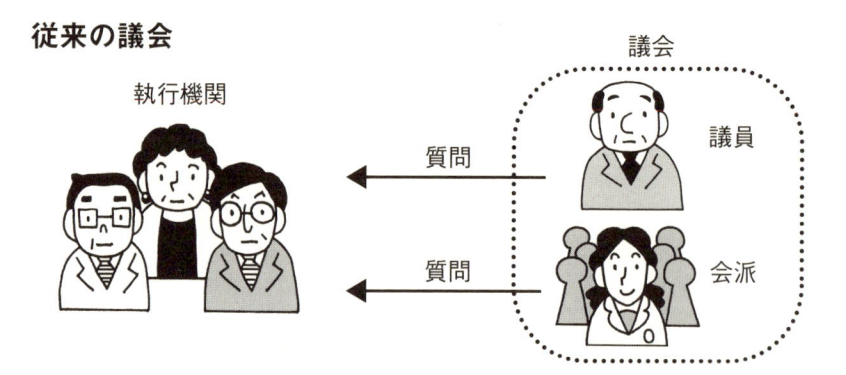

従来の議会

執行機関 ← 質問 ― 議員（議会）
執行機関 ← 質問 ― 会派（議会）

これからの議会＝討議する議会Ⅰ（闘議（ディベート））

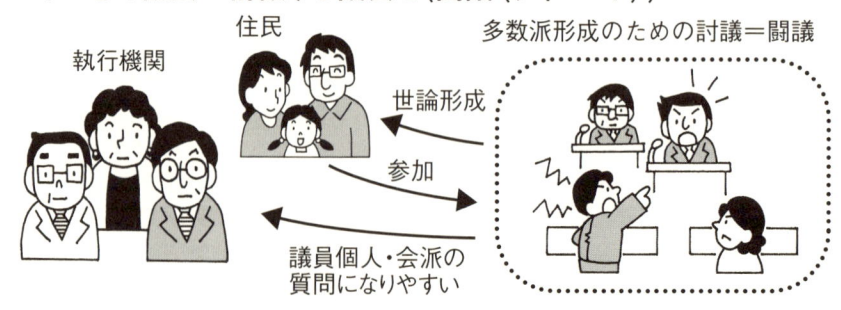

多数派形成のための討議＝闘議

執行機関 ← 世論形成 ― 住民
住民 → 参加 → 議会
議員個人・会派の質問になりやすい

これからの議会＝討議する議会Ⅱ（討議（ディリバレーション））

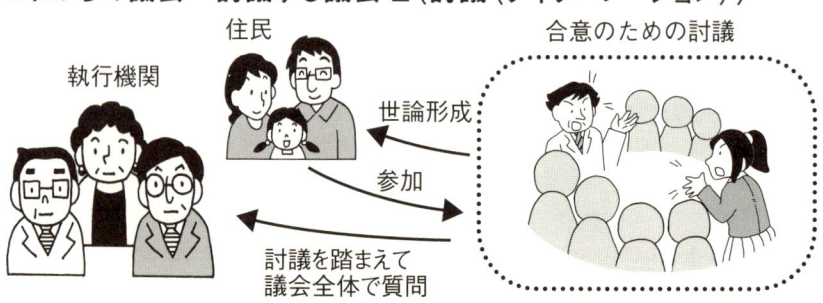

合意のための討議

執行機関 ← 世論形成 ― 住民
住民 → 参加 → 議会
討議を踏まえて議会全体で質問

> **ポイント**
>
> 　住民と協働する議会として、住民参加を醸成する側面（☞13）、住民が選出した首長と競争する側面（☞14）、これらを概観した。もう1つ重要なのは、これらを踏まえて、あるいはこれらを有効に作動させるために議員同士の討議の側面である。

1　公開の場での討議こそ議会の存在意義である。討議は、単なる質問でも、最終的に賛成や反対を明確にする議会が行っている「討論」とも異なる。自由に議員同士が意見を戦わせる、筋書きのない場である。従来こうした討議は行われてこなかったが、最近では、いくつかの議会では試みられはじめている。
　討議のメリットは、問題を多角的複眼的に検討できることである。首長から提案されたものであれ、陳情や請願などを通して議会に提出されたものであれ、議員自身が議会に提出したものであれ、議案として提出されたものを、多くの議員がさまざまに討議することによって、メリットとデメリットを明確にし、対立軸を描ける。さらに、デメリットを緩和する手法も開発できる。
　また、討議は合意を形成する可能性を増大させる。首長への質問だけでは、議員や会派の見解は所与のものとして動かない。議員や会派、それぞれの妥協も合意も難しい。あるとすれば、議会にはあってはならない非公開の場でのものとなる。そこで、妥協、一歩進んで合意の形成のためには、公開の場での議員同士の討議が不可欠である。この合意は、よりよい政策を形成するためにも必要である。同時に、首長に対して議会としての意思を示す場合にも必要である。

2　今日、議会基本条例の制定にあたっては、議員間の自由討議を規定しているところがある。議員間討議（**三重県議会**）や自由討議（**栗山町議会**）などである。これらの討議は、合意形成のために設定されている。

> **ひとこと**
>
> 　議員同士が討議するためには、従来の対面式の議場を変えることも必要である。各地に残っている初代議場は、現在の多くの議場とは異なっている。
> 　討議のためには、相手を打ち負かす技法（ディベート）とともに、意見を調整しつつ合意を見いだす技法（ディリバレーション）が求められている。

I編　地方議会改革事始め

16 都道府県議会と市町村議会

[自治法2条ほか]

市町村＝基礎自治体の議会

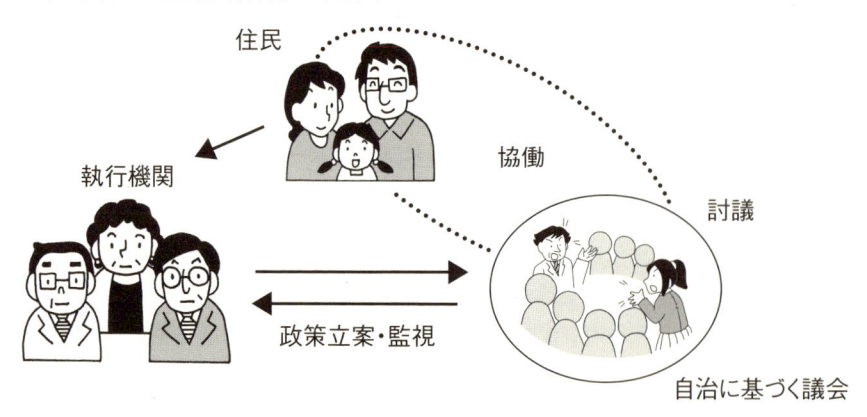

住民
執行機関
協働
討議
政策立案・監視
自治に基づく議会

都道府県＝広域自治体の議会

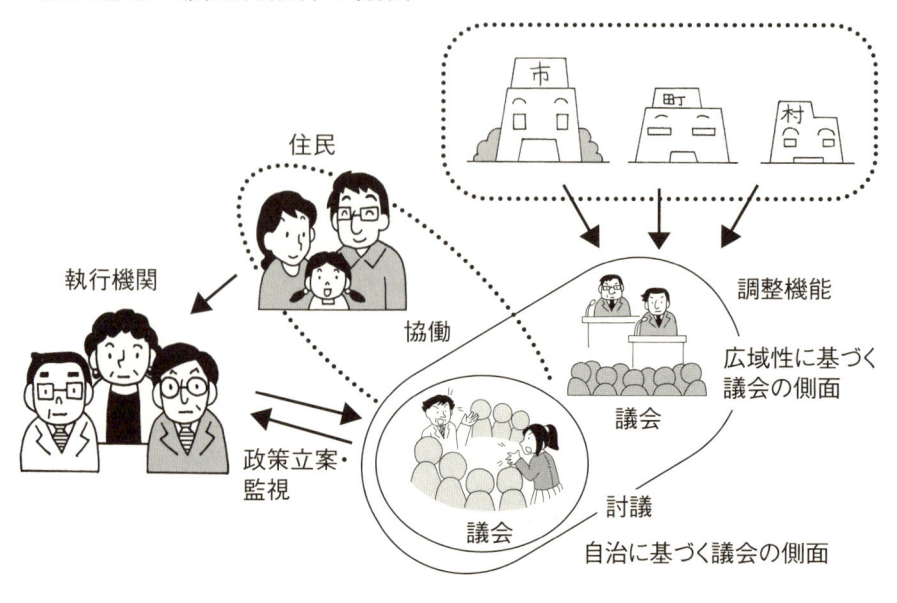

市　町　村
住民
執行機関
協働
政策立案・監視
議会
調整機能
広域性に基づく議会の側面
討議
議会
自治に基づく議会の側面

42

第 3 章　地方議会の位置づけ

> **ポイント**
> 　憲法が、都道府県と市町村という自治体の二層制を規定しているわけではない。自治法等で二層制が規定されているにすぎない。その自治法でも議会としての権限や機能としてはそれほど明確に区分しているわけではない。議員定数（都道府県議会議員（自治法90）、市町村議会議員（同91））や市町村における基本構想の議決権（同2④）、といった程度である。

1　自治法が明確に区分していないとはいえ、都道府県と市町村が担う役割の相違から、それぞれの議会の役割も異なる側面があると考えることが順当である。市町村は基礎的自治体である。それに対して、都道府県は広域自治体である（市町村を包括する広域の地方公共団体）。広域自治体としての都道府県は、広域機能、連絡調整機能、補完機能を担う。

2　地方分権時代の都道府県は、住民との調整能力や市町村との調整能力が求められる。執行機関でももちろんこの調整能力が必要である。しかし、調整を行う公開の公的な場は議会である。調整を行う都道府県議会について、現時点で考える必要がある。

　広域自治体の「自治体」という特徴は、都道府県議会においても市町村議会と同様にあてはまる。監視や政策立案を重視するとともに、住民とともに討議する開かれた議会を含んでいる。

　さらに広域自治体の「広域」という特徴から、市町村を超えた諸課題の調整機関としての議会が重視される。現行では都道府県議会の二院制は困難である。そこで、都道府県議会が住民代表機関であるだけではなく、市町村間の調整を積極的に行う機関となることが必要である。議員や議会を市町村代表として位置づけることから、別途議会に市町村代表から構成される場を設定し、そこでの議論を基礎として議会が決定するという構図である。都道府県全体を視野に入れながら市町村を超えた諸課題を調整する。

> **ひとこと**
> 　都道府県議会（及び市町村議会）が一院制でなければならないとは、憲法も自治法も規定していない。ただし、公職選挙法は、選出にあたっての一院制を想定している。
> 　道州制が提言された（第28次地方制度調査会答申、2006年）。そこでは道州と市町村との二層制が想定されている。その道州は、普通地方公共団体となっている。したがって、道州には長と議会が設置され、両者ともに現行の法体系では公選となる。

ⅰ編　地方議会改革事始め

17 憲法と法律
― 組織と運営の制度化（1）―

[憲法92条、自治法第6章]

憲法第8章

第92条［地方自治の基本原則］
地方公共団体の組織及び運営に関する事項は、地方自治の本旨に基いて、法律でこれを定める。

第93条［地方公共団体の議会、長・議員等の直接選挙］
①地方公共団体には、法律の定めるところにより、その議事機関として議会を設置する。
②地方公共団体の長、その議会の議員及び法律の定めるその他の吏員は、その地方公共団体の住民が、直接これを選挙する。

第94条［地方公共団体の権能・条例制定権］
地方公共団体は、その財産を管理し、事務を処理し、及び行政を執行する権能を有し、法律の範囲内で条例を制定することができる。

第95条［特別法の住民投票］
一の地方公共団体のみに適用される特別法は、法律の定めるところにより、その地方公共団体の住民の投票においてその過半数の同意を得なければ、国会は、これを制定することができない。

地方自治法第6章
・議会を設置
・組織　　・請願
・権限　　・規律
・招集　　・懲罰
・会期　　・議会の事務局
・議長　　・事務局長
・副議長　・書記長
・委員会　・書記
・会議　　・その他の職員

↓拘束　　↙拘束

議会の組織と運営
・会議規則
・委員会設置条例
・傍聴規則
（申し合わせ事項（住民には不透明））

↑任意（にもかかわらずほとんどの議会で従う）

3つの全国議会議長会の標準議会規則

44

第3章　地方議会の位置づけ

> **ポイント**
>
> 　憲法と自治法で、議会の骨格は規定されている。憲法では、「地方公共団体の組織及び運営に関する事項は、地方自治の本旨に基いて、法律でこれを定める」（憲法92）となっている。また、二元代表制であることが明記されている。「地方公共団体には、法律の定めるところにより、その議事機関として議会を設置する」（憲法93①）。「地方公共団体の長、その議会の議員及び法律の定めるその他の吏員は、その地方公共団体の住民が、直接これを選挙する」（同93②）。

1　議会の組織や運営についての骨格は自治法等に詳細に規定されている。

　自治法第6章は、議会の項目であり、「普通地方公共団体に議会を置く」（自治法89）からはじまり、組織、権限、招集及び会期、議長及び副議長、委員会、会議、請願、規律、懲罰、議会の事務局及び事務局長・書記長・書記・その他の職員と続いている。議員選挙については、1950年に公職選挙法に移ったが、第4章に、議員と長の選挙、選挙権、被選挙権の原則の規定だけは残っている（自治法17-19。20-73条は削除された）。また、議員及び長の解職、議会の解散の住民の直接請求といった議員の身分に関する項目は、第5章で規定されている。

　なお、地方自治体は二元代表制である。しかし、町村ではそれとは異なる制度（地方政府形態）を採用することもできる（自治法94）。戦後一時期設けられたところもあるが、現在は存在しない。

2　議会をはじめ、地方自治体の組織や運営については、憲法や自治法などの法律を厳格に適応しなければならない。しかし、従来あまりにも限定的に解釈したことで、自由な領域を狭めてきた。地方分権の時代には、より活動的な議会運営が可能な解釈も生まれている。

> **ひとこと**
>
> 　憲法が示唆した地方自治体の組織や運営に関する法律は、地方自治法のほか、公職選挙法、消防組織法、警察法、地方教育行政の組織及び運営に関する法律、農業委員会等に関する法律、地方公営企業法、地方公務員法、地方財政法、地方交付税法、地方税法など広範囲に及んでいる。
>
> 　憲法では議会は「議事機関」として規定されている。決して地方自治体の「最高機関」でも、「唯一の立法機関」でもない。同時に、「議決機関」でもない。提出された案件を議決するだけではないことも示している。

18 議会基本条例の誕生
― 組織と運営の制度化（2）―
[北海道栗山町議会基本条例]

従来の自治のルール（体系性なし）

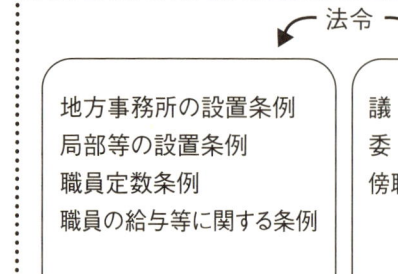

法令

執行機関
- 地方事務所の設置条例
- 局部等の設置条例
- 職員定数条例
- 職員の給与等に関する条例

議会
- 議　会　全　体＝会議規則
- 委　　員　　会＝委員会条例
- 傍聴のルール＝傍聴規則

全体のルールなし

自治のルールがわからない

今後の自治のルール（体系性）

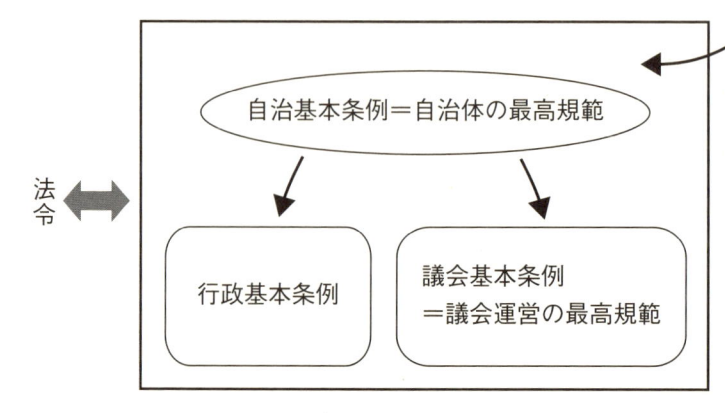

自治基本条例＝自治体の最高規範

↓　　　　　↓

行政基本条例　　議会基本条例
　　　　　　　　＝議会運営の最高規範

⇔ 法令

・自治のルールがわかる
・法令の解釈基準にもなる

第3章　地方議会の位置づけ

> **ポイント**
> 　地方分権の時代には、地域経営のルールの明確化が不可欠である。北海道ニセコ町にはじまる自治基本条例（まちづくり基本条例）制定の動きは全国に広がった。従来の自治基本条例では2つの遠慮があった。自治体の組織や運営を規定する自治法への遠慮であり、議会への遠慮であった。しかし、地域経営のルールであれば、そうした分野にまで踏み込まなければならない。

1 　今日、すでに地方自治法で規定された重要事項を自治基本条例に挿入し可決している例もある。
　　議会の組織や運営を議会基本条例として制定した（**北海道栗山町議会基本条例**）。自治基本条例に議会規定があるとはいえ、数条に限定されていた議会項目を別途取り出して議会の基本条例として制定したところもある（**伊賀市議会基本条例**）。

2 　議会基本条例は、議会運営の「最高規範」である。「この条例に違反する議会の条例、規則、規程等を制定してはならない」（栗山町議会基本条例19①）。議会運営といえば、本会議の規定である「会議規則」（自治法120）、議会の内部審査機関である委員会の規定である「委員会条例」（同109、109の2、110）、「傍聴規則」（同130③）があるが、極めて整合性の悪い体系だった。議会基本条例の制定によって、最高法規としての基本条例の下で、条例、規則、規程という整合性ある議会運営体系が創出された。
　　しかも、基本条例は法令の解釈基準ともなる。地方分権の時代には法令解釈権は国だけにあるわけではない。そこで、それぞれの自治体の解釈基準が必要である。自治基本条例制定はその解釈基準の策定の意味がある。議会は議会に関する憲法、法令の「条項を解釈し、運用する場合においても、この条例に照らして判断しなければならない」ことを栗山町議会基本条例は宣言している（同条例19②）。

> **ひとこと**
> 　自治基本条例に議会運営事項も詳細に挿入する方向か、詳細な議会運営事項を別途、議会基本条例として制定する方向の2つが想定できる。それぞれの自治体が判断すればよい。栗山町議会では、詳細な議会運営事項を別途、議会基本条例として制定する方向が選択され、議員提出条例として可決された。なお、自治基本条例も検討がはじまっている。
> 　都道府県議会では、三重県議会が議会基本条例を制定した（2006年12月）（☞55）。

I編　地方議会改革事始め

19 議会改革の特効薬
[住民に対する議会報告会]

従来の議会＝議会力の低下

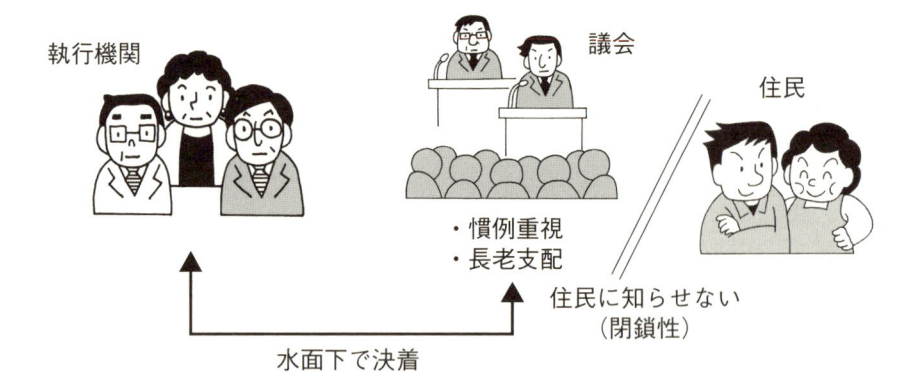

執行機関

議会
・慣例重視
・長老支配

住民

水面下で決着

住民に知らせない（閉鎖性）

今後の議会＝議会力アップ
―― その特効薬 ――

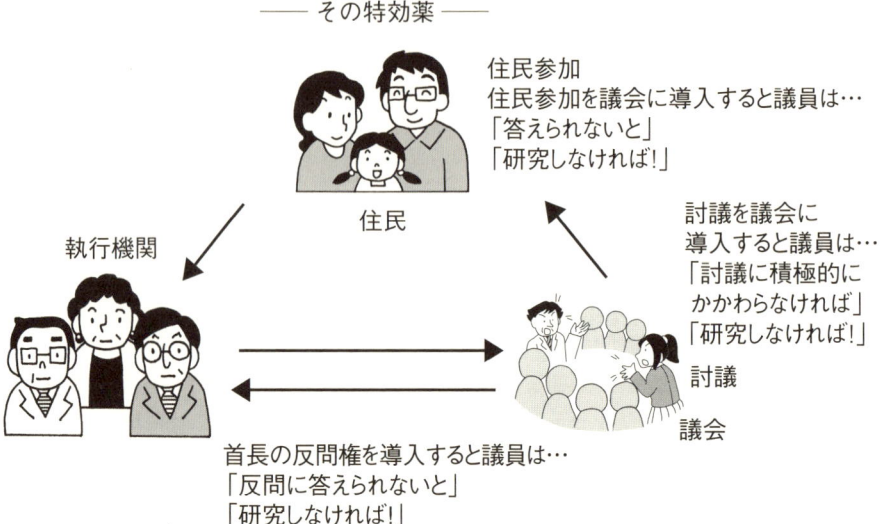

住民参加
住民参加を議会に導入すると議員は…
「答えられないと」
「研究しなければ!」

住民

執行機関

討議を議会に導入すると議員は…
「討議に積極的にかかわらなければ」
「研究しなければ!」

討議
議会

首長の反問権を導入すると議員は…
「反問に答えられないと」
「研究しなければ!」

第3章　地方議会の位置づけ

> **ポイント**
> 議会が活発に活動するためには、権限の活用や条件整備が必要である。しかし、条件を整備しただけで充実するとは限らない（仏つくって魂入れず！）。特効薬として、住民と議員間、議員間、首長と議員間、それぞれの緊張関係をつくり出せばよい。改革が進んだ議会は、これら三者の緊張関係に基づいている。議会改革の「正の連鎖」がつくり出せる。

1　まず、「住民との懇談会」である。ここでは、住民の前に議員が議会の一員として登場し説明し質問に答える。支持者を集めた集会とは異なっている。一般の住民に、議会人として対応しなければならない。しっかりと答えるためには、議会の在り方だけではなく、政策の知識も必要である。政策は執行機関のものだと答えれば、議会はそっぽを向かれる。議会はそれぞれの政策に対してどのように討議し、どう対応したのか、住民にわかりやすく答えなければならない。これらの十分な能力が議員には必要となる。

2　また、「議員同士の自由討議」がある。執行機関への一方的な質問であれば、発言の水準は隠されることも多い。しかし、議員同士の自由討議の導入は、議員発言の質を明確にする。いいっぱなしは許されず、調査研究に基づいた発言が求められる。住民との懇談会では、議会としてどのように討議しどのように考えたかが聞かれる。議員による討議が前提となる。

3　さらに、「執行機関との切磋琢磨」がある。議会側からの質問を充実させるために、さまざまな条件整備が必要である。同時に、議員から執行機関への質問のいいっぱなしではなく、議員の質問に対する反問権を執行機関に与えることが必要である。そこでは、議員の質問が根拠に基づき、しっかりとしたものでなければならない。曖昧な質問は、逆に執行機関からの反問をまねく。質問の水準が問われることになる。ここでも、議員は十分な調査研究に基づく質問を展開しなければならない。住民との懇談会では議会と執行機関とがどのように討議（対立、競争）したかが聞かれる。執行機関との切磋琢磨が前提となる。

4　こうした三者間の緊張関係は、議員の自己研鑽を生み出し、議会の水準を大幅に向上させることになる。特効薬あるいは最初の一撃は住民との懇談会である。

> **ひとこと**
> 住民と議員間、議員間、首長と議員間、それぞれの緊張関係をつくり出す場合も、また住民にとってよりよい政策を考え決定できるためにも、議員自身の資質の有無が問われる。その資質とは、信念を持ちつつも、他者の意見にも耳を傾けることのできるオープンマインドである。

Ⅱ編

幅広い議会の権限

II編　幅広い議会の権限

20 議会権限の現状

[自治法第6章第2節]

議会と執行機関は車の両輪－前後の両輪（いままで）から左右（これから）へ－

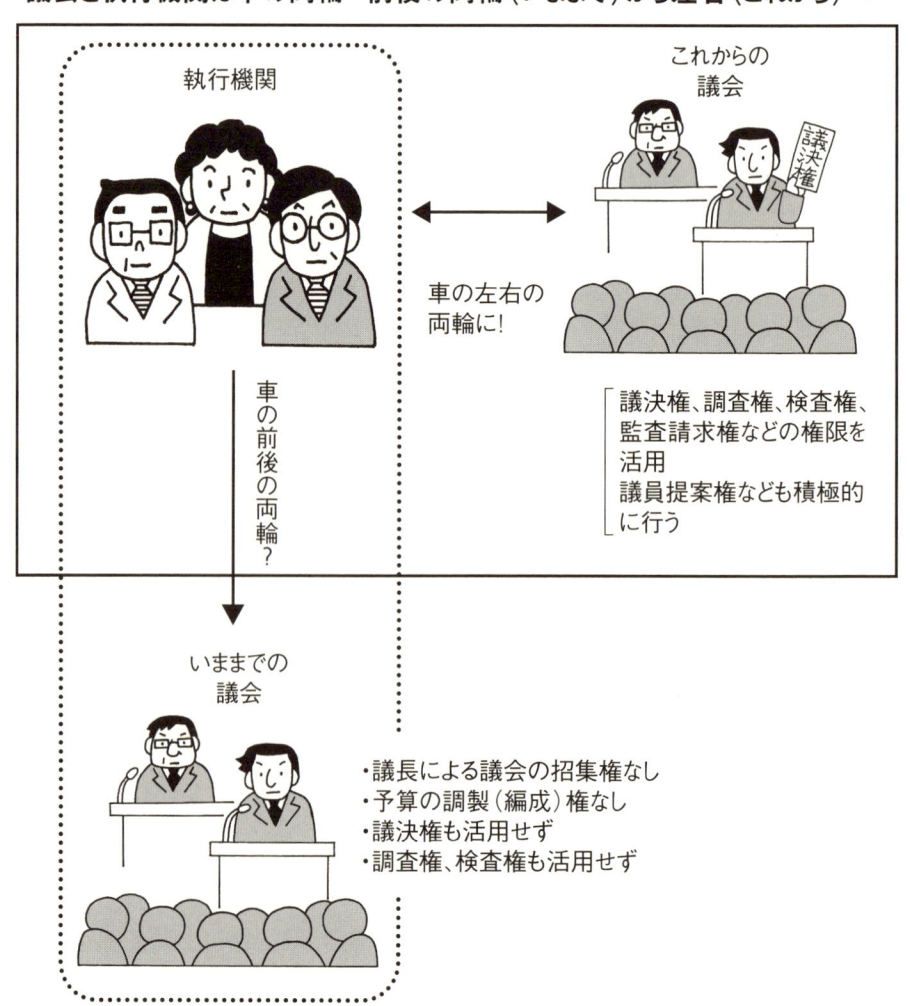

執行機関

これからの議会

車の左右の両輪に！

議決権、調査権、検査権、監査請求権などの権限を活用
議員提案権なども積極的に行う

車の前後の両輪？

いままでの議会

・議長による議会の招集権なし
・予算の調製（編成）権なし
・議決権も活用せず
・調査権、検査権も活用せず

第 4 章　地方議会の権限

> **ポイント**
> 　議会には、政策過程全体にわたって大きな役割がある。そのための権限も付与されている。それにもかかわらず、いままでその権限を十分には発揮してこなかった。

1　政策立案は、議員提案条例だけで理解すべきものではないが、議員による条例案提出は、あまりにも少ない。予算案を含めたほとんどすべての議案は首長から議会に提出される。その議案は無傷で可決されることがほとんどである。可決されれば、それらは実施される。その際、議会は検査権や監視権を有しているにもかかわらず、その権限も有効に活用していない。財務について、議会は予算を決定し、決算を認定する。そのほか、監査委員を議会は議員から送り出している（議選）。監査委員は、事務監査も行うが、決算の審査、現金出納検査、現金出納検査、基金の運用検査など、財務に関する重要な権限を持っている。しかし、これも任期の途中で交替すること、専門性が乏しいことなどにより、十分にその役割を発揮しているとはいいがたい。

　そこで、議会の権限を再確認しつつ、よりよい地域経営を行う上での議会の権限の活用を考える必要がある。

2　なお、首長も多くの権限を持っている。さまざまな執行権とともに（☞21、41-43）、議会の権限を弱める専決処分、再議請求権もある。ただし、地方分権時代となり、議会の権限の見直しが行われ、少なくとも首長の専決処分は自治法改正により容易にはできなくなったはずである（2006年改正）。

Ⅱ編　幅広い議会の権限

21 首長権限と議会権限

[自治法148・149条ほか]

都道府県知事や市町村長は、執行機関の最高責任者として、次のような仕事をする。
❶ 予算や条例案を地方議会に提出する。
❷ 議会の決めた予算や条例に従って、職員を指揮・監督して地方行政を進める。
❸ 地方税をとりたてる。
❹ 地方公共団体を代表して国の政府と交渉したり、国からまかされた仕事をしたりする。
❺ 議会を招集する。
❻ 副知事・副市町村長などの主な補佐機関を任免したり、地方行政委員会の委員を選任したりする。

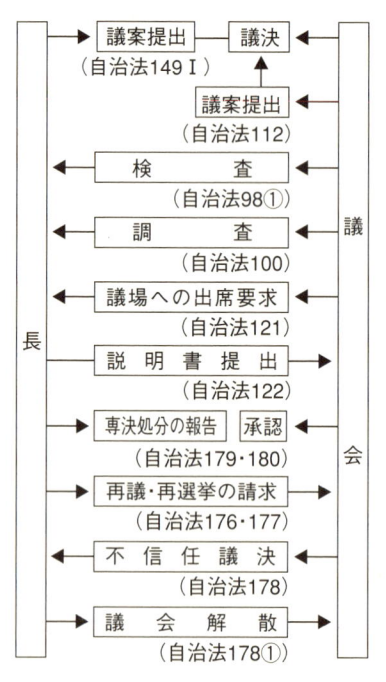

```
長 ← 議案提出 ← 議決 ← 議
    （自治法149Ⅰ）
          議案提出
         （自治法112）
  ← 検　　査
    （自治法98①）
  ← 調　　査
    （自治法100）
  ← 議場への出席要求
    （自治法121）
    説明書提出
    （自治法122）
    専決処分の報告 承認
    （自治法179・180）
    再議・再選挙の請求
    （自治法176・177）
  ← 不信任議決
    （自治法178）
    議会解散
    （自治法178①）          会
```

議会は議事機関として、次のような仕事をする。
① 基本構想を議決する。
② 条例を制定し、または条例を改正したり廃止したりする。なお、条例案を議員や委員会は提出することができる。
③ 予算を定め、決算を承認する。
④ 地方税・使用料・手数料のとりたてなどに関することを決める。
　首長や地方行政委員会の仕事を調べたり、地方公共団体の仕事について監査委員に監査を求めその報告を請求する。
⑤ 住民の請願を受理する。
⑥ 選挙管理委員を選挙し、首長が副知事、副市町村長や他の行政委員を選任する際に、それに同意を与える。
⑦ 公の施設の指定管理者制度にかかわる条例制定を行うだけではなく、実際の指定管理者に同意を与える。

1 **首長の再議求権**　首長は、議会が決めた条例や予算に反対のときは、10日以内に、その理由をつけて審議のやりなおしを求めることができる。これを、再議請求権または拒否権という。
2 **首長の専決処分**　ⓐ議会が必要な議決をなかなか行わないときや、議会を招集する時間の余裕のないときは、首長は自分の判断だけで問題を処理することができる。ⓑこの場合、首長は次の議会でそのことを報告し、議会の承認を得なければならない。
3 **議会の首長不信任議決**　ⓐ議会は、首長の方針や政治の進め方に反対であれば、首長に対して不信任の議決をすることができる。ⓑこの場合、首長は、10日以内に議会を解散することができる。ⓒしかし、10日以内に議会を解散しないとき、または、解散後はじめての議会でふたたび不信任の議決を受けたときは、首長は辞職しなければならない。

注：田村栄一郎編著『くわしい公民』文英社、1998年、81-83頁、鈴木正明・中川浩明・橋本昌『図解地方自治法（第9版）』良書普及会、1994年、を参照し作成。

第4章 地方議会の権限

> **ポイント**
> 議会は、本編で確認するように多くの権限を持っている。しかし、議会は、唯一の立法機関でも、地方自治体の最高機関でもない。議会に与えられているのは限定的な権限とも考えられるが、むしろ首長と議会には、それぞれの権限を駆使してよりよい地域経営を担うことが求められる。

議会の権限の活用を考える前に、首長の権限を概観しておこう。

1 首長は、当該地方公共団体の事務を管理し、執行する（自治法148）。事務として、長は、おおむね次に掲げる事務を担任する（自治法149）。
　ⅰ　議会の議決を経るべき事件につきその議案を提出すること
　ⅱ　予算を調製し、執行すること
　ⅲ　地方税を賦課徴収し、分担金、使用料、加入金、手数料を徴収し、過料を科すこと
　ⅳ　決算を議会の認定に付すこと
　ⅴ　会計を監督すること
　ⅵ　財産の取得、管理、処分を行うこと
　ⅶ　公の施設を設置し、管理、廃止すること
　ⅷ　証書及び公文書類を保管すること

これは、概括列挙といわれるもので、明文の規定で他の権限とされていないもの以外は、首長は広く権限を有するという考えである。このほか、規則制定権（自治法15①）、職員の指揮監督権（自治法154）、行政組織権（自治法155、156、158）ほかの執行機関に対する調整権など、多くの定めがある。

2 さらに、首長には、議会との関係では再議請求権、規則制定権、専決処分が付与されている（☞41-44）。こうした権限をみれば、首長は自治体の運営の多くを担っていることがわかる。短期的には議会を軽視しても自治体運営が可能である。しかし、中期的長期的には、首長による一方的な運営は不可能だといえる。主要な権限はむしろ議会の側にあるからである。

> **ひとこと**
> 自治法は、執行機関の多元主義を採用している。執行機関として、長のほかに、長から独立した性格を持つ行政委員会（教育委員会、選挙管理委員会、監査委員など）を設け、権力の集中を防ぎ、民主的な行政を確保しようというものである。その委員の同意権（選挙管理委員会委員は選挙権）は、議会にある（☞40）。
> 議会と首長が対立し、打開の道がないと考えられるときの調整手法として、議会による首長の不信任議決、首長による議会の解散がある（☞44）。

Ⅱ編　幅広い議会の権限

22 議会権限の構図
― チェック機能の充実強化 ―
[自治法98・100条]

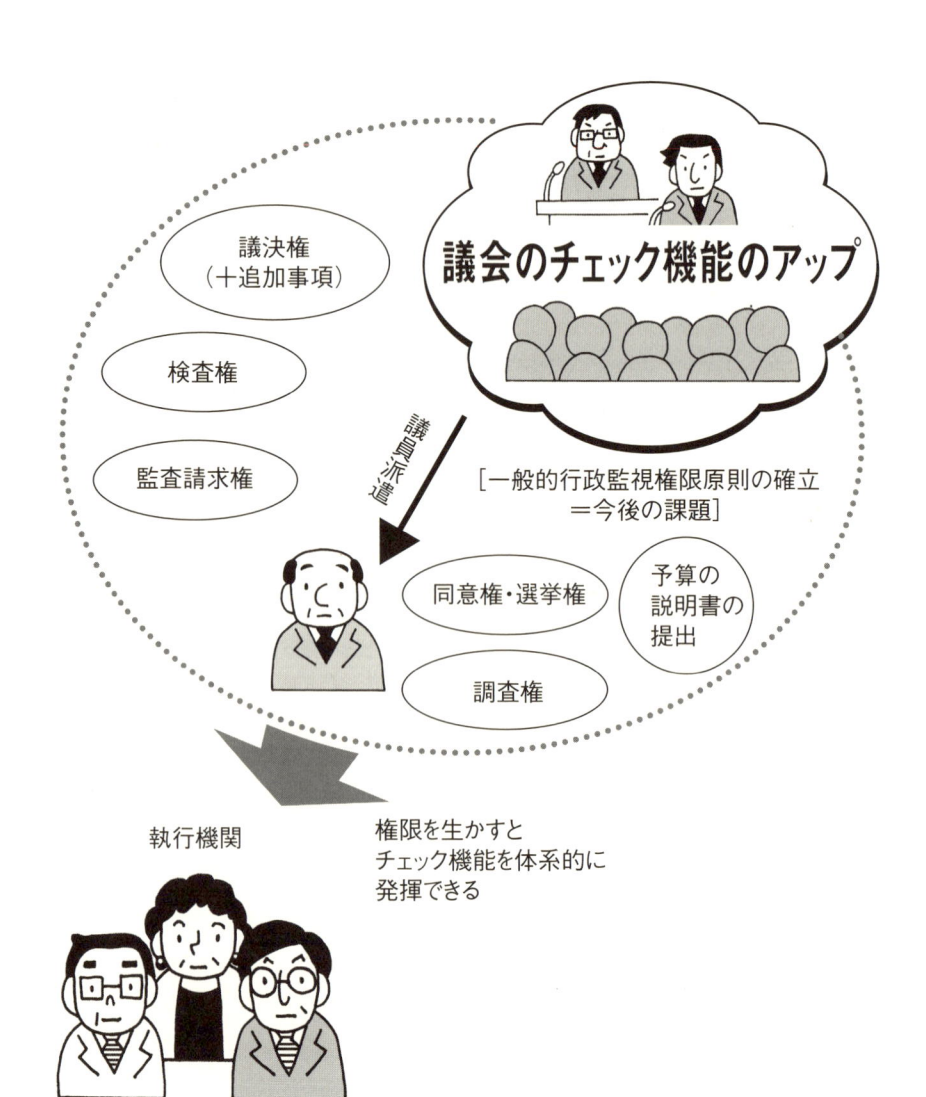

議決権（＋追加事項）

検査権

監査請求権

議員派遣

同意権・選挙権

予算の説明書の提出

調査権

議会のチェック機能のアップ

［一般的行政監視権限原則の確立
＝今後の課題］

執行機関

権限を生かすと
チェック機能を体系的に
発揮できる

第4章　地方議会の権限

> **ポイント**
> 二元代表制の一翼を担う議会は、大きな権限を有している。それにもかかわらず、それを有効に活用していなかった。むしろ、首長の「追認機関」だと揶揄されてきた。地方分権時代では、議会は首長と切磋琢磨してよりよい地域経営を行うためにこれらの権限を活用できる。

1. 議決権。予算、条例、契約、さらに重要な政策（市町村における基本構想）など、自治体の組織や運営は議会による議決を経なければならない。議決する項目は、自治法等で規定されているが、地域経営を考えるにあたって独自に条例で追加することもできる（☞35）。

2. 監視権、調査権を確認しよう。
   監視権（☞36）。二元代表制において議会は議決等を担う。執行は首長等が担っている。そこで、議決の執行に関する監視が必要である。そのために、事務の管理、議決の執行及び出納の状況について検査する検査権を有している。また、監査委員に対し、事務に関する監査を求め、監査の結果の報告を請求する監査請求権を有している。
   調査権（☞37）。議会は監視機能を充実させるためにも、また政策立案機能を発揮するためにも調査しなければならない。そのための権限を議会は有している。議会は、当該自治体の事務に関する調査を行い、選挙人その他関係人の出頭、証言、記録の提出を請求することができる。100条調査権と呼ばれるものである。また、従来議会には附属機関の設置はできないという解釈が流布してきたが、可能だという解釈も広がっている。また、自治法の改正で専門的知見を活用することはできる。議会としてではないが、議員及び会派に調査のための政務調査費が交付できるようになった。
   監査委員を議員は出すとともに、監査請求権がある（☞36）。

3. その他。広い意味での首長に対する牽制制度として、議会に対する長の出席・報告の要求権、同意権（☞40）、予算に関する説明書の提出（☞27-33）などが認められている。また、国会又は関係行政庁に対する意見書提出権（☞45）もある。議会の自立権として、議長・副議長等の選挙権、会議規則制定権（☞18）、議会の自主解散権もある（地方公共団体の議会の解散に関する特例法）。なお、一般的な議会の行政監督権が法律上明記されていない。これを明記する必要がある。

> **ひとこと**
> 議会の招集権は、いまだ首長にある。議員定数の4分の1以上の者の請求で臨時議会が開催される。議長にも臨時議会の請求権が付与された（2006年改正）。

Ⅱ編　幅広い議会の権限

23 自治立法権の意義

[憲法94条、自治法14条]

首長主導の地域経営にみえるが…

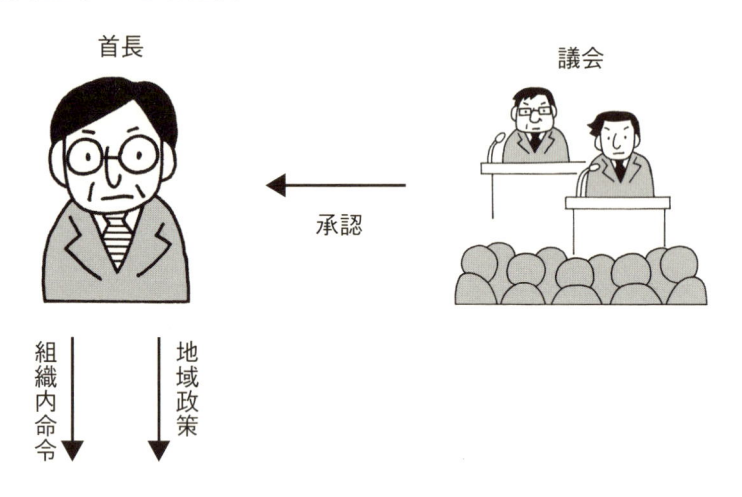

首長 ← 承認 — 議会

首長 → 組織内命令
首長 → 地域政策

実は議会が地域経営を担っている
―条例の議決権は議会にある―

執行機関 ← 内部的事項 — 議会
- 地方事務所の設置条例
- 局部等の設置条例
- 職員定数条例
- 職員の給与等に関する条例

執行機関 ← 住民の負担の根拠を定めるもの

執行機関 ← 事務に関するもの

執行機関 ← 事務を課し、又は権利を制限するもの

第4章　地方議会の権限

> **ポイント**
> 　議会の重要な議決権として条例制定権がある。条例とは、自治体がその自治権に基づいて制定する自主法である。自治体は、その自治権に基づいて自主法を制定することができる。自治体は当然、地域のルールを持つ。その条例は、議会の議決によって設けられる。憲法94条は、地方公共団体は「法律の範囲内で条例を制定することができる」と規定している（自治立法権の保障）。刑罰等によって条例の実効性が保障されている。

1　法令に基づくものの他に地域に関することは、条例を制定することができる。自治事務も法定受託事務も条例制定権の対象となる。なお、義務を課し、又は権利を制限するには、法令に特別の定めがあるものを除き、条例によらなければならない（自治法14②）。ただし、法令（＝憲法、法律、政令、省令、府令）に違反してはならない。したがって、法令に違反した条例は、無効である。また、都道府県条例に違反した市町村及び特別区の条例も無効である（自治法2⑯⑰）。

2　条例の種類として、次のようなものがある。そのほか、地域の実情に即して、さまざまな条例が制定されている。
　　①　内部的事項に関するもの―執行機関を縛ることができる―
　　　地方事務所の設置条例（自治法155）、局部等の設置条例（自治法158）、職員定数条例（自治法172）、職員の給与等に関する条例（自治法203、204）等。
　　②　住民の負担の根拠を定めるもの―世界の国会の起源でもある―
　　　税条例、分担金、使用料、手数料、加入金の徴収に関する条例。
　　③　事務に関するもの―地域特性が出せる―
　　　工場誘致条例、名誉市民条例、屋外広告物法に基づく屋外広告物条例等。
　　④　義務を課し、又は権利を制限するもの―条例でなければならない―
　　　青少年保護条例、公安条例等。

> **ひとこと**
> 　憲法が規定した自治体の「条例」は、議会が議決する狭義の条例のほか、長が制定する規則、委員会が制定する委員会規則をも含むと解するのが一般的である。
> 　罰則について、法令に特別の定めがあるものを除くほか、その条例中に、条例に違反した者に対し刑罰又は過料を科する旨の規定を設けることができる（自治法14③）。刑罰は、2年以下の懲役もしくは禁固、100万円以下の罰金、拘留、科料又は没収の刑（同）。過料は5万円以下である。

Ⅱ編　幅広い議会の権限

24 条例と法律の関係
― 条例の限界 ―
[自治法14条]

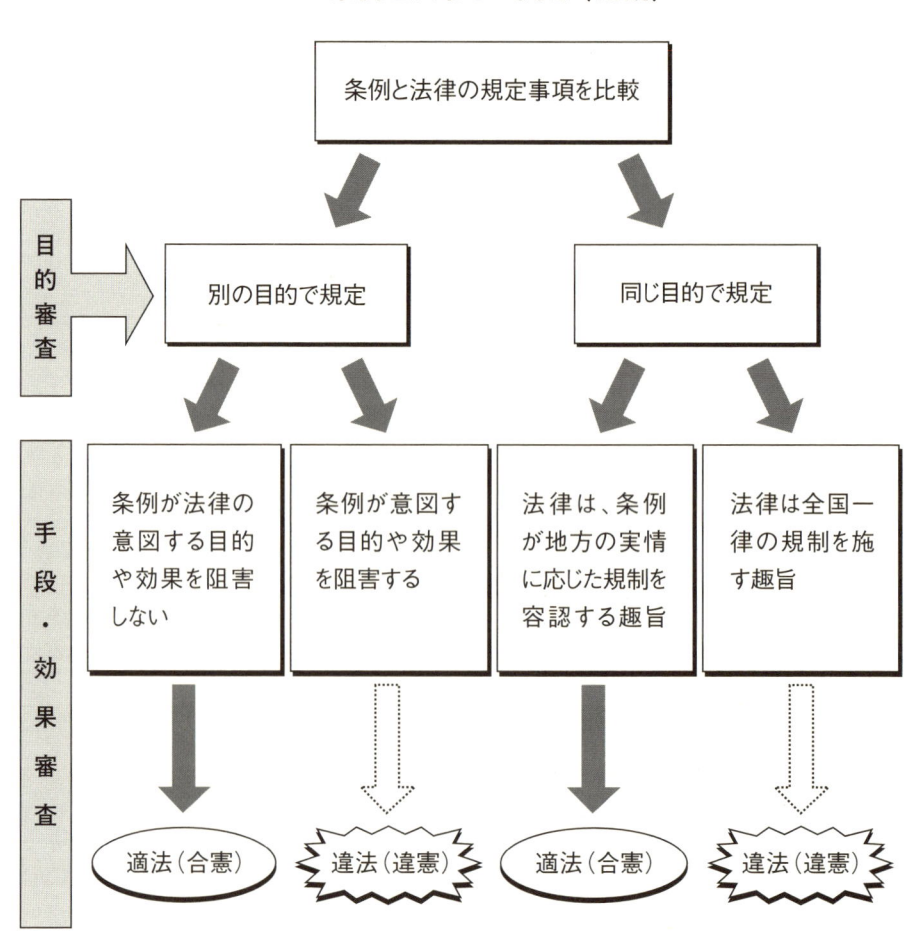

条例と法令との関係（概観）

```
          条例と法律の規定事項を比較
              ↓              ↓
目的審査   別の目的で規定    同じ目的で規定
           ↓       ↓         ↓         ↓
手段    条例が法律  条例が意図  法律は、条例  法律は全国一
・      の意図する  する目的や  が地方の実情  律の規制を施
効      目的や効果  効果を阻害  に応じた規制  す趣旨
果      を阻害し    する        を容認する趣
審      ない                    旨
査      ↓          ↓          ↓          ↓
     適法(合憲) 違法(違憲) 適法(合憲) 違法(違憲)
```

出所：神奈川県自治総合研究センター編集・発行『自治基本条例』2004年。

第4章　地方議会の権限

> **ポイント**
> 条例は、法令に違反しない限りにおいて制定できる。具体的な条例の規定が法律に違反するかどうかについて、最高裁判所は「両者の対象事項と規定文言を対比するのみでなく、それぞれの趣旨、目的、内容及び効果を比較し、両者の間に矛盾抵触があるかどうかによってこれを決しなければならない」としている（実質的判断説）。（最大判昭和50.9.10（徳島市公安条例事件））

　法令と条例の関係は、多くの法令解釈に委ねられている分野であるため、統一的原則を立てることは不可能であり、結局、具体的事例に即して解釈して判断しなければならない。ただし、一般的には次のようにいうことができる。
① 当該事務を規律する法令がなく、法令上まったく空白の状態にあるものについては、条例を制定できる。
② その規制内容が法令の内容に明らかに矛盾抵触している条例は、制定できない。
③ 法令が規律している事項と同一の事項について、その法令と異なる趣旨・目的で規律を行う条例は制定できる。
④ 法令がある事項につき、そのうちの一定の範囲・対象について規制を行っている場合に、同一の趣旨目的の下に、法令により規制が行われていない範囲・対象について規制を行う条例（＝横出し条例）や、法令が一定の基準以上のものを対象に規制している場合に、法令基準を下回るものについて規制を行う条例（＝すそ切り条例）の制定が認められるかどうかは、関係法令の規定の趣旨によるものと解される。
⑤ 法令がある事項につき一定の規制を行っている場合に、同一の目的の下に同一の事項について、より厳しい規制（法令よりも高次の基準の追加、法令よりも強い態様の規制）を行う条例（＝上乗せ条例）の制定が認められるかどうかについても、関係法令の規定の趣旨によるものと解される。
⑥ 横出し条例や上乗せ条例について、明文で認めている例が、環境関係等の法律に見受けられる（騒音規制法27①等）。

　政策条例作成では、とくに専門家の協力を得る必要がある。

> **ひとこと**
> 　自治事務は原則として条例で上乗せや横出しが可能だという原則適法説（阿部泰隆）、法令の基準を標準として、それとは異なる規定を定めることが可能とする標準規定説（北村喜宣）なども提起されている。
> 　第2期地方分権改革では、条例の上書き権（政省令で定められた事項を一定の範囲内で条例で改変できることができる権限）も検討されている。

Ⅱ編　幅広い議会の権限

25 条例・規則・要綱
― 条例の可能性 ―
[自治法15条]

首長

議会

規則制定権
① 法令により規則を制定すべきこととされている事項
② 地方公共団体の事務のうち長の権限に専属することとされている事項
③ その他の地方公共団体の事務で法令により条例で定めるべきものとされていない事項
④ 条例で定められた事項で、条例の委任に基づき又は、条例を施行するためのもの

条例の議決権
［会議規則制定権はある 政策条例の規則の承認、少なくとも報告を受ける必要はある］

拘束あり

条例優位

拘束あり

拘束あり

要　綱
行政運営の指針や手続等

拘束なし

第4章　地方議会の権限

> **ポイント**
> 　地域のルールとしては、条例だけが唯一のものではない。規則や要綱も地域ルールとして活用されている。とはいえ、議会が議決する条例の地域ルールにおける意義を確認することが必要である。

1　規則は、地方自治体の首長が定める自治立法である。首長は、法令に違反しない限りにおいて、その権限に属する事務に関し、次の事項で規則を制定することができる（自治法15①）。しかも、法令に特別の定めがあるものを除くほか、規則中に5万円以下の過料を科する旨の規定を設けることができる（自治法15②）。
　　① 法令により規則を制定すべきこととされている事項（自治令173の2）
　　② 地方公共団体の事務のうち、長の権限に専属することとされている事項
　　③ その他の地方公共団体の事務で法令により条例で定めるべきものとされていない事項
　　④ 条例で定められた事項で、条例の委任に基づき又は条例を施行するためのもの
　　その他の地方公共団体の事務で法令により条例で定めるべきものとされていない事項（上記③）については、条例でも規則でも制定することができる。競合が生じた場合、条例が優先する。

2　自治体は要綱を持っている。土地利用、環境アセスメント等の国の整備が不備であると自治体が判断する分野において、行政運営の指針や手続等を要綱という形式で定め、企業や住民に対して行政指導を行う例がみられる。行政指導の要件、指導内容・基準等が定められている要綱は、条例と異なり法的拘束力はない。
　それにもかかわらず一部の自治体では、あたかも住民に対して拘束力を有しているかのように扱っている事例があった（最小判昭和60.7.16）。

3　議会は会議規則（自治法120）、議長は傍聴規則（同130③）を設けなければならない。

> **ひとこと**
> 　条例を実施するうえでの規則は、その条例を実行あるものにする。その意味で、議会の承認は難しいとしても、議会への報告を義務づけることも必要である。
> 　なお、行政委員会は、法令又は条例若しくは規則に違反しない限りにおいて、その権限に属する事務に関し、規則その他の規定を定めることができる（教育委員会規則、選挙管理委員会が定める規則）。行政委員会の規則には、罰則を設けることはできない。

Ⅱ編　幅広い議会の権限

26 条例案提出と議決
[自治法112・149条等]

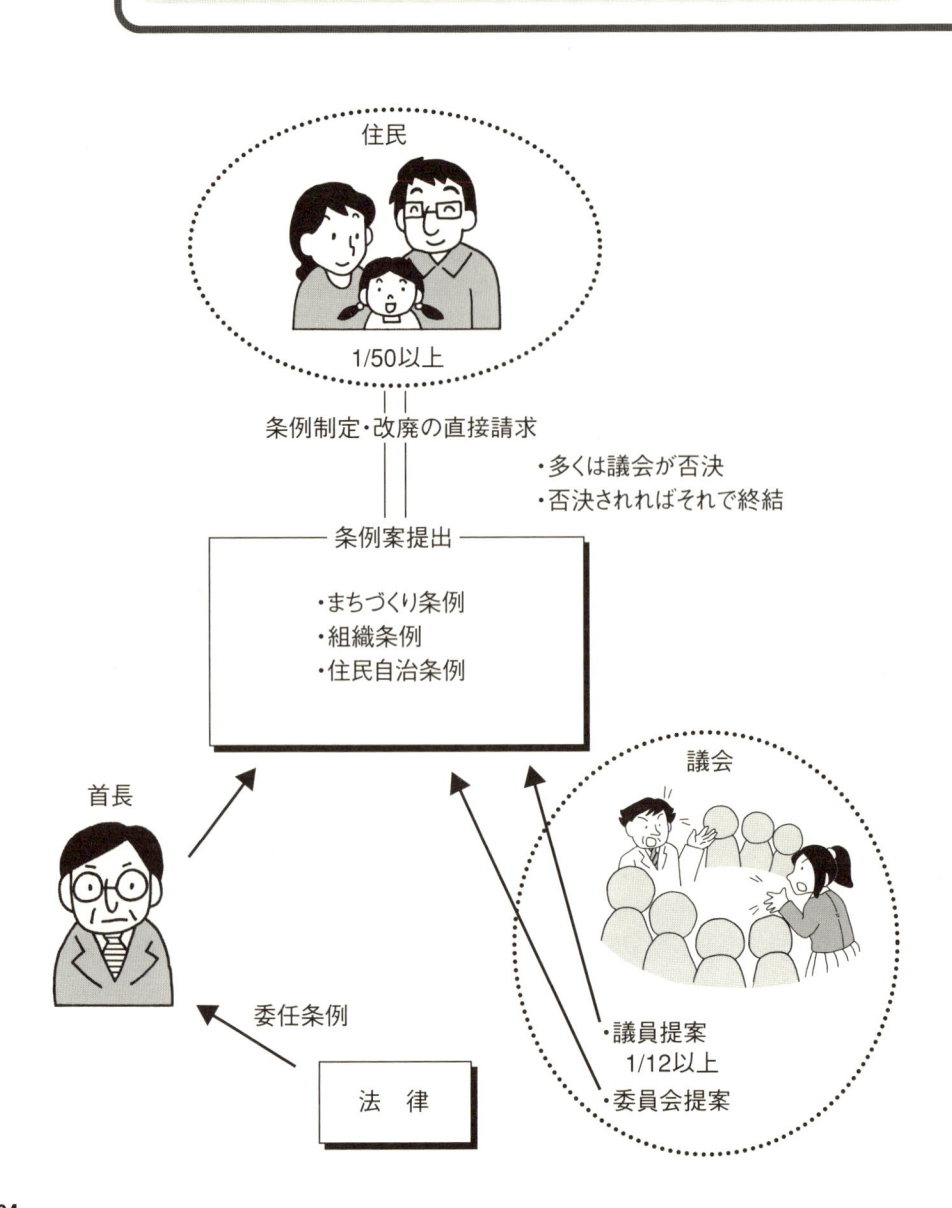

住民
1/50以上

条例制定・改廃の直接請求

・多くは議会が否決
・否決されればそれで終結

条例案提出
・まちづくり条例
・組織条例
・住民自治条例

首長

委任条例

法　律

議会
・議員提案
　1/12以上
・委員会提案

第4章 地方議会の権限

> **ポイント**
>
> 議会への条例案の提案権は、原則として首長と議員にある（自治法112、149）。議員は、定数の12分の1以上の連署によって条例案を提出することができる。また、委員会でも条例案を提出できることになった（2006年自治法改正）。ただし、市町村の支所又は出張所の設置に関する条例等は首長に、常任委員会設置に関する条例等、議会の組織に関するものは議員に専属している。

1　条例の制定改廃については、住民も請求できる（条例制定の直接請求、自治法74）。有権者の50分の1以上の連署によって、首長に提出する。首長は、受理日より20日以内に議会を招集し、意見を付け付議する。この場合、議会は、審議にあたって、請求代表者に意見を述べる機会を与えなければならない。条例の制定改廃の直接請求の条例には、地方税の賦課徴収、分担金・使用料・手数料の徴収に関するものは除かれている。住民自治の基本である税にかかわれないのは奇異に感じられる。

2　条例は議会の議決を経て制定、改正、廃止される。一般には、議決は過半数議決である（自治法116）。ただし、特別多数決を要するものもある。
　　事務所の位置に関する条例の制定改廃には、出席議員の3分の2以上の同意が必要である（自治法4）。条例で定める特に重要な公の施設の廃止や長期的な独占も出席議員の3分の2以上の同意が必要である（自治法244の2）。
　　再議（条例と予算）の議決も特別多数が必要である（自治法176①－③）。条例の制定若しくは改廃又は予算に関する議決に異議あるときは、長は10日以内に理由を示して再議に付すことができる。議会において、出席議員の3分の2以上の多数で、再議に付された議決と同じ議決がなされたときは、その議決が確定する。

> **ひとこと**
>
> 条例の制定改廃の直接請求は、一般にイニシアティブといわれる。アメリカ合衆国の多くの州や市町村で行われているイニシアティブは、住民が条例案を提出すれば、必ず住民投票にかけられるか（直接イニシアティブ）、議会が否決したときにかけられる（間接イニシアティブ）ものである。しかも、住民投票によって、法律、条例の制定が決まる（諮問型ではなく拘束型）。また、税など財政にかかわる事項も対象となる。
>
> 市町村合併の特例法の中には、合併協議会設置の直接請求（有権者の50分の1以上）を行って議会が否決し、再度直接請求を行う場合（有権者の6分の1以上）、住民投票にかけられる。この住民投票は拘束型である。議会が議決したものとみなす。
>
> 議会の特別議決は、ここで示した条例に関するもののほかにもある（☞53）。

Ⅱ編　幅広い議会の権限

27 従来の首長主導の財務
― 財務過程と議会権限（1）―
［自治法149条］

財務過程の現状 ―断片的な議会のかかわり―

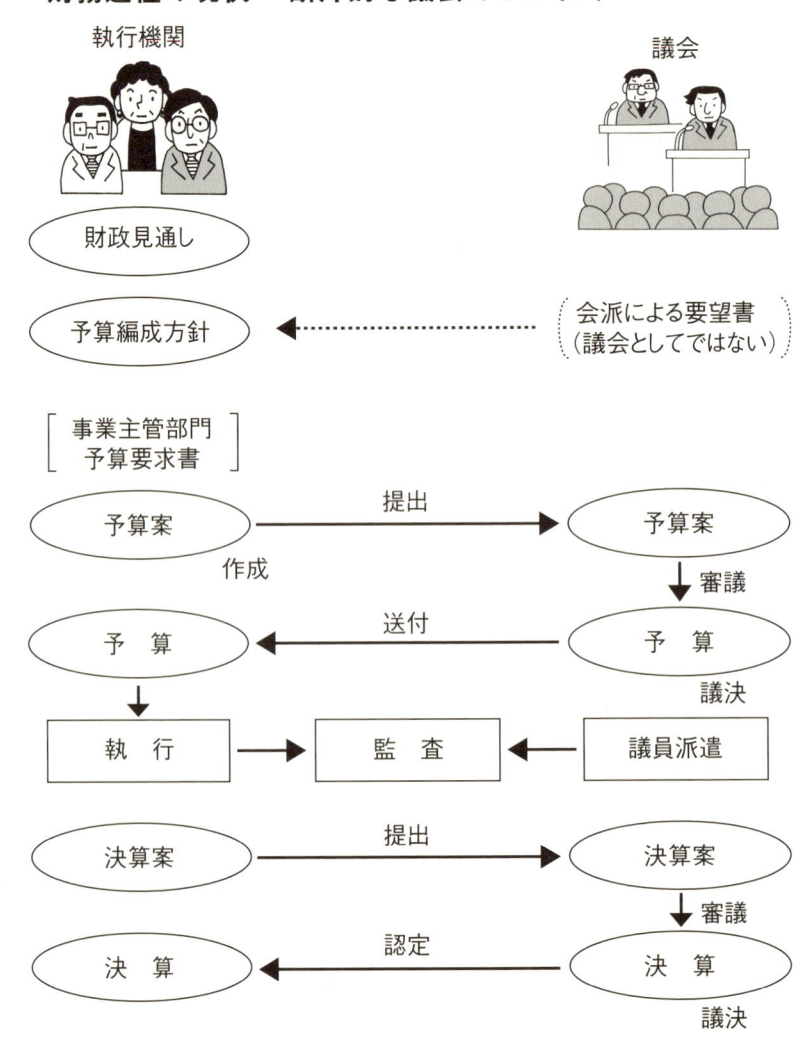

執行機関

議会

財政見通し

予算編成方針 ←……… （会派による要望書（議会としてではない））

［事業主管部門予算要求書］

予算案 ──提出──→ 予算案
作成　　　　　　　　　↓審議
予 算 ←──送付── 予 算
↓　　　　　　　　　議決
執 行 → 監 査 ← 議員派遣

決算案 ──提出──→ 決算案
　　　　　　　　　　↓審議
決 算 ←──認定── 決 算
　　　　　　　　　　議決

第 4 章　地方議会の権限

> **ポイント**　予算調製（編成）権と提案権は首長に属している。また、決算は不認定の場合でも法的効果はないといった解釈によってそれ以上の追求ができない。さらに、自治体が請負契約をする場合、議会の議決が必要ではあるが、政令による拘束のために、議会の権限が狭められている。首長主導の制度により、議会は財政全体に対してかかわることを躊躇してきた。

1　時には代表質問や一般質問によって、あるいはいわゆる「与党会派」の交渉によって一部議員の意向が予算に反映することはある。しかし、議会は財政過程全体に議会としてかかわるわけではない。せいぜい、予算案提出前の議員・会派への執行機関による説明で満足していた。

　財政過程は執行機関の独壇場、あるいは執行機関による自作自演ともいえる。予算調製（編成）権および提出権は、首長にある。そして、それを執行するのは首長である。首長は自分でつくり自分で執行する。自作自演といわれる事態である。

2　しかも、財政にとって大きな影響がある自治体の設立法人・出資法人への議会の監視権が弱く、また地方公営企業にかかわる契約に議会が関与できていない。設立法人・出資法人（資本金・基本金等を2分の1以上出資した法人）の経営状況を説明する書類の作成、その議会提出義務はある（自治法243の3②）。しかし、報告や説明の義務まではないと解釈されている。100％出資法人の代表者の議会への出席と報告を義務化すること、設立・出資法人について、議会の調査権の拡充が必要である。

　また、地方公営企業の予算議決、決算認定を通じて議会がかかわる権限はある。しかし、一切の契約は管理者限りで可能である（公営企業法9①9号、同40①）。

　予算書が款項のみで実質的なことがよくわからない（自治法216）。しかも議会の議決が款項だけだと審議対象が狭められる。これによって実際には安易な目・節間の流用が行われることになる。法制度上限界もあるが、財務過程に議会がかかわれる方途はあるし、関与しなければならない（☞28-33）。

> **ひとこと**　政策過程において議会が蚊帳の外に置かれる傾向は、政策の一環である財政過程についてもいえる。むしろ、住民の意向が一部ではあっても税金の活用を決めるというような、予算編成に実質的な権限を持つ1％条例が広がり（市川市など）、こうした傾向はますます促進されている。議会には予算を定め、決算を認定するなどの財政にかかわる権限がある。それにもかかわらず、財政過程において議会はその力を発揮してこなかった。

Ⅱ編　幅広い議会の権限

28 議会の権限（概観）
― 財務過程と議会権限（2）―
[自治法96条1項]

財務に関する豊富な議会の権限

議会　議員

- 予算の決議
- 決算の認定
- 地方税・使用料・手数料などのとりたて
- 監査請求権
- 財産の取得・処分
- 契約
- 地方税の議決
- 権利の放棄

バリア
（自治法や地方税法）

- 款項のみの予算
- 再議請求権
- 政令による契約基準の拘束
- 専決処分

首長
[予算の調製権・提出権・執行権]

第4章 地方議会の権限

> **ポイント**
> 議会は予算にかかわるさまざまな権限を有している。地方自治法第96条1項には、財務にかかわる議会の権限も列挙されている。

1 議会は、財務にかかわる強力な権限がある。たとえば、予算を定めること、決算を認定すること、地方税・使用料・手数料などのとりたてなどに関すること、政令を基準として条例で定める契約、財産の取得・処分、負担付きの寄附又は贈与を受けること、法律もしくはこれに基づく政令又は条例に特別の定めがある場合を除くほか権利を放棄すること、といった事項である。

2 財務の中で重要な予算をめぐる議会の権限について考えよう。
　予算調製（編成）権は首長にある。議会は予算を審議し議決するだけではない。
　議会には予算編成にかかわれる権限がある。それが予算修正である。しかし、修正も組替えも活用されているとはいいがたい。予算を伴う議案提出も可能であるが、もともと議案提出が少ないために活用されていない。また、予算を定めるのは議会の決議である。しかし、それを乗り越える首長の権限、いわばバリアがある。まず、通常障害となっているバリアには、款項のみの予算、政令による契約基準の拘束、専決処分がある。
　少なくとも議会費予算を議会が提案できる慣例をつくりたい。こうした運用上可能なことは、積極的に活用するとともに、とりあえず補正予算の提案権を議会に付与する制度改革は必要である。最初の予算は首長の提案であっても、補正予算は議会からの提案であっても問題は生じない。

> **ひとこと**
> 財務過程については、国の補助制度等も大きな影響を与える。とりわけ、三位一体改革の行方は常に意識しておく必要がある。
> 本来、政策財務の根幹を占めるのは地方税である。地方税は、地方税法によって縛られている。しかし、地方税を課すためには、それぞれの条例制定が必要である。ここで、課税手続が定められる。この意味で地方税法は枠法という解釈もある。さらに、法定外普通税は、地方分権改革によって（2000年）、許可制から協議制（あらかじめ総務大臣と協議して同意を得る）に変わったし、法定外目的税も新設された（協議制）。

Ⅱ編　幅広い議会の権限

29 予算
― 財務過程と議会権限（3）―

[自治法96条1項2号]

首長 → 予算案調整・提出 → 議会
議会 → ①修正動議 → 首長
議会 → ②組替え動議 → 首長
議会 → ③決議による方向づけ → 首長
首長 → ④財政計画の修正 → 議会

― たとえば　栗山町 ―

首長 → 財政計画（2004年、見直し（2007年）） → 議会
議会 → 要望（委員会審査報告書）（2007年） → 首長
首長 → 赤字解消プラン（2007年） → 議会

・厳しい要望
・議会も財政計画に責任を持つ

― 議会にみる要望書 ―

　平成16年10月に示された町財政の中長期財政推計において、17年度から27年度までの赤字見込み額は74億円であったが、今回（19年1月）の財政推計の見直しでは104億円に達し、前回の推計よりも大幅に増加している。
　第1次、第2次の赤字解消策に基づく効果額を差し引いてなお、18億円の赤字未解消額が発生しており、計画としては未完成かつ不十分である。よって、20年度予算に反映することを考慮し、改めて赤字解消プランを19年度の早い時期に議会に示すことを求める。
　その際には、特別職及び一般職の給与を含めた事務事業の見直しを優先し、住民負担を伴うものは、住民の理解が得られるよう十分に説明責任を果たすことを要望する。

第4章　地方議会の権限

> **ポイント**
> 　予算の調製（編成）は、首長が行い、予算案の提案は首長のみが行うことができる（自治法112①、211①、180の6）。
> 　予算案が議会に提出されれば、議会には制度上重要な権限がある。予算を定める権限である。十分な審議を前提として、可決だけではなく否決もあり得る。もちろん、付再議権が首長にあるが、その場合には、不信任議決という政治決着につらなる例外的状況が生じることもある。

1　不信任議決という例外状況につらなる権限を活用せずとも、議会は予算に影響を与えることができる。修正動議や組替え動議を活用すればよい。

2　修正動議についてである。これは、予算原案に溶け込む形式を伴った修正案を提出しなければならない。修正事項が多数の場合、形式や内容を点検する必要が生じる。現行の事務局体制では困難な場合もある。減額修正は義務費を除き制約はない。増額修正は首長の提案権を侵害するかどうかの問題もあるが、首長との「話合い」で可能となる。
　　実際、修正動議の提出に躊躇する議員も多い。それに代わるものとして組替え動議がある。これは、首長に対して予算を組み替えて提出することを求めるものである。したがって、修正案提出を必要としない。修正箇所が多岐にわたって修正動議を提出できない場合に活用するものではある。しかし、多岐にわたらなくても提出できる。組替えを求める事項と金額が明示されればよい。

3　予算を伴う議案についても提案することはできる。長が議案を提出する場合には必要な予算上の措置が講じられる必要がある（自治法222①）。議員提案の場合は「拘束されないし、また仮に拘束されるおそれがあっても、款項に1円でも計上してあればその増額修正は可能となる」（全国町村議会議長会報告書）。いわば、予算編成権は首長にあるとしても、議会から長への提案や予算の変更は議会にも可能である。
　　そもそも、予算の前提となる基本構想は議会の議決事件である。また、行政改革は、執行機関だけが行うものではない。むしろ、地域経営の根幹にかかわるのであるから議会がかかわらなければならない。実際、栗山町議会は、現行の行政改革プランを不十分として、再提出を議決した。その後、首長から議会の修正要望を踏まえた財政計画が提出された（2007年）。

> **ひとこと**
> 　議会への予算提出権は首長にある。その際、予算に関する説明書をあわせて提出しなければならない（自治法211②）。この説明書をわかりやすくすること、それを活用することが必要である。

II編　幅広い議会の権限

30 決算の認定
― 財務過程と議会権限（4）―

[自治法96条1項3号]

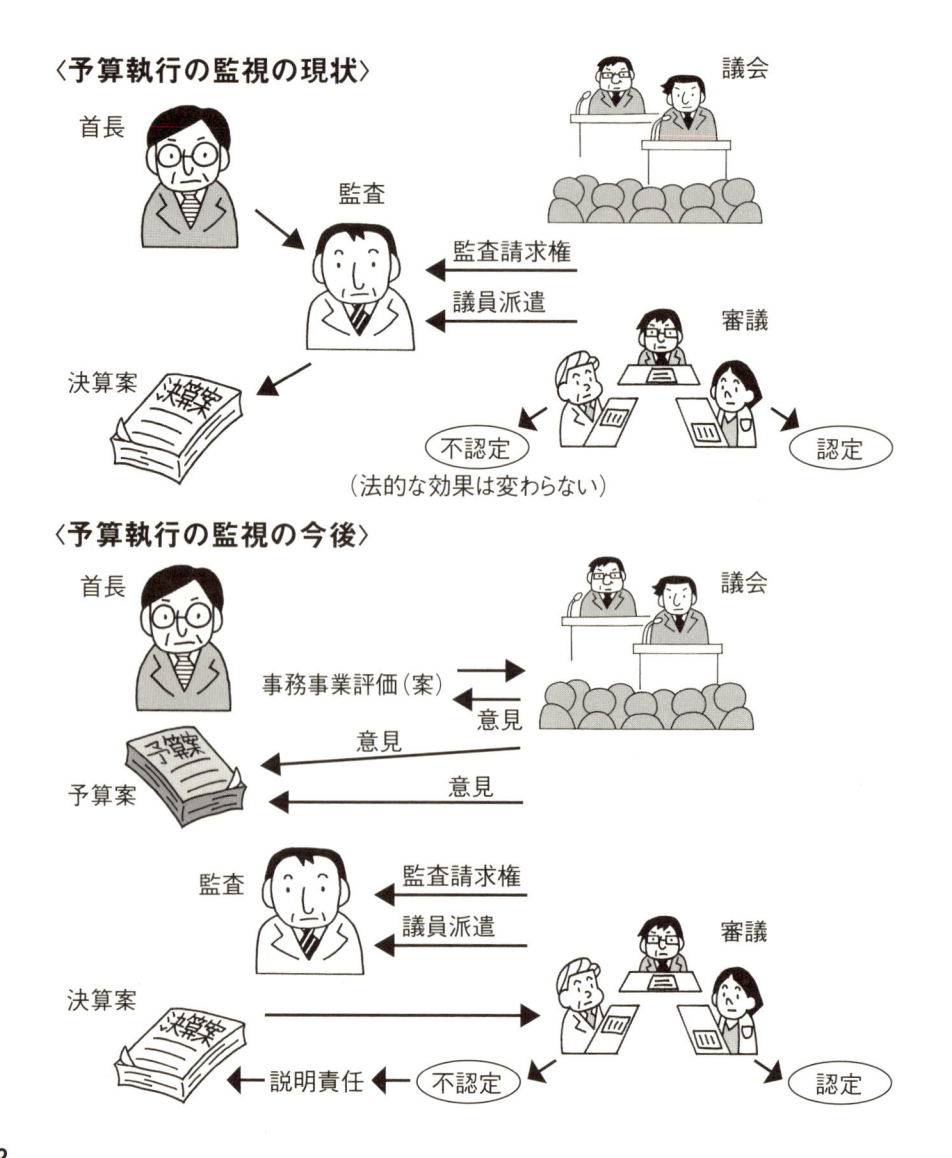

〈予算執行の監視の現状〉

首長 → 監査 → 決算案

議会

監査請求権
議員派遣

審議

不認定　認定
（法的な効果は変わらない）

〈予算執行の監視の今後〉

首長

議会

事務事業評価（案）
意見

予算案 ← 意見
　　　　← 意見

監査

監査請求権
議員派遣

審議

決算案 ← 説明責任 ← 不認定　認定

第 4 章　地方議会の権限

> **ポイント**
> 予算執行の監視といえば、なによりも決算があげられる。決算の不認定にあたっても、法的効果は変わらない。しかし、政治責任が当然発生する。不信任決議の対象ともなる事項である。

1　決算が不認定の場合、不当な処理の再発防止、政策の変更、責任の所在の明確化などについて、首長が議会に説明することを義務づけるルールを確立することが必要である。議会答弁で可能とする慣例をつくることによって実現する道も模索してよい。ただし、それほど頻繁にある事項ではないので慣例に馴染まない、また、条例によることは困難であるという解釈から、自治法に条文として挿入することも提案されている。

予算執行の監視は、決算に限らない。専決処分は、今後厳格に行う必要がある。たとえば、通年議会とすればこの問題は回避できる。そうしない場合でも、大量の専決処分が行われる3月末に議会開催することも考えてよい（☞41）。

2　また、多くの自治体で事務事業評価が行われている。最近では、事務事業評価を翌年の予算編成に連動させる試みもある。事務事業評価は、内部評価や外部評価で行われるが、個々の議員が報告書を活用し質問に生かすことはあっても議会としてかかわるのは一般的ではない。そこで、まず議会として事務事業評価にかかわる手法を開発したい（☞33）。

決算や事務事業評価を踏まえて、議会が予算への政策提言を行うことができる。今後は、たとえば週2回のゴミ収集、小学校における教育の到達点の設定といった成果指標を明確にした予算執行が求められるようになれば、その成果指標の作成に議会は積極的にかかわる必要もある。

> **ひとこと**
> 決算は予算に生かされなければならない。そのためには、決算の時期を翌年の予算編成に生かせるように9月定例議会で審議できることが必要である。また、決算と予算とを連動させる議会のシステムの開発も必要である（☞59）。
> 予算執行は執行機関が行うのは当然ではある。しかし、予算内容の審議と議決だけではなく、執行の仕方にも議会はかかわる必要がある。予算は議会が定めることになっているが、その執行の仕方に議会がかかわれないものもある。たとえば、「目」が対象とされていない。これでは安易な流用をまねきやすい。より重要な問題は、契約の基準が条例で決められるが、それはあくまで政令による基準に基づいている。たとえ、議会がかかわれない要件であっても実際の執行にあたって、議会がその範囲で内容を方向づけることは可能である（☞32）。

II編　幅広い議会の権限

31 その他の財務にかかわる権限
― 財務過程と議会権限（5）―
[自治法96条1項4-10号]

自治令による財務に関する議会の議決の制限

別表第三（第百二十一条の二関係）

工事又は製造の請負	
都道府県	500,000 千円
指定都市	300,000
市（指定都市を除く。次表において同じ。）	150,000
町村	50,000

別表第四（第百二十一条の二関係）

不動産若しくは動産の買入れ若しくは売払い（土地については、その面積が都道府県にあっては一件二万平方メートル以上、指定都市にあっては一件一万平方メートル以上、市町村にあっては一件五千平方メートル以上のものに限る。）又は不動産の信託の受益権の買入れ若しくは売払い	
都道府県	70,000 千円
指定都市	40,000
市	20,000
町村	7,000

議決による権利放棄の2つの考え方

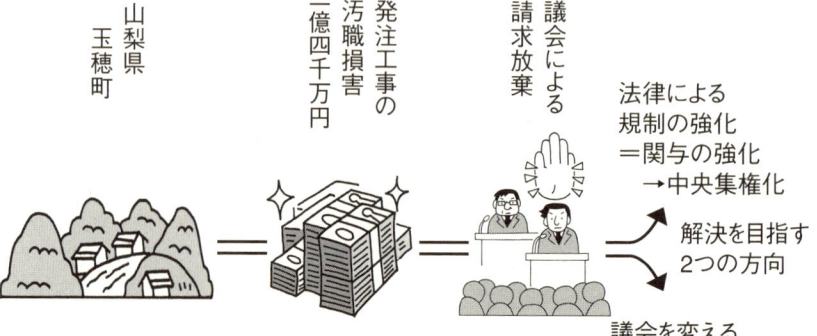

山梨県玉穂町 ＝ 発注工事の汚職損害 一億四千万円 ＝ 議会による請求放棄

解決を目指す2つの方向
- 法律による規制の強化
  ＝関与の強化
  →中央集権化
- 議会を変える
  ＝自治基本条例の制定
  →「失敗の自由」の承認
  ＝分権の推進

第4章　地方議会の権限

> **ポイント**
> 議会は前項までのほかにも財務にかかわる権限を持っている。地方税の賦課徴収、契約、財権の取得・処分などである。契約や財産の取得・処分については自治令で基準が定められている。

1　歳入にとって重要な、地方税の賦課徴収又は分担金、使用料、加入金、手数料の徴収に関すること（自治法96①4号）を議決する権限がある。このほか、契約、財産の取得・処分の権限を持っている。しかし、これらは自治令により基準が定まっている。

2　また、予算を執行する上で重要な契約締結を行うには議会の議決が必要である。その種類及び金額について政令で定める基準（自治令121の2①、別表第3（左頁参照））に従い、条例で定める契約を締結する（自治法96①5号）。

3　自治体を運営する上でこのほか、財産の交換・支払い・譲渡・貸し付け、信託、また重要な財産の取得・処分は議会の議決を得なければならない。
　条例で定める場合を除くほか、財産を交換し出資目的とし、支払い手段として使用し、又は適正な対価なくして譲渡し、貸し付けること（自治法96①6号）、財産を信託すること（自治法96①7号）、種類及び金額について政令で定める基準（自治令121の2①、別表第4（左頁参照））に従い、条例で定める財産の取得又は処分すること（自治法96①8号）である。
　その他、負担付きの寄附又は贈与を受けること（自治法96①9号）、法律・政令又は条例に特別の定めがある場合を除くほか、権利を放棄すること（自治法96①10号）、法律上の義務に属する損害賠償額を決定すること（自治法96①13号）、といった事項も議会は議決する権限がある。

> **ひとこと**
> 契約や財産の取得、処分について政令による高いハードルが設定されている。この改正が必要である。また現行では、契約は一般競争入札条例が原則となっているものの、実際には指名競争入札や随意契約も多い。このチェックからはじめたい。
> 山梨県玉穂町が他の1町1村と合併して中央市となった。発注工事の汚職損害の1億4千万円を玉穂町議会が合併直前に請求放棄を議決した（2006年）。まるで駆け込みだ。このような議決があると地方議会には任せられないという雰囲気が広がり地方分権を大幅に遅らせる。議会の議決は、住民に開かれ住民に役立つように行使すべきことを再確認する出来事であった。

II編　幅広い議会の権限

32 入札にかかわる権限
― 財務過程と議会権限（6）―

[武藤博己『自治体の入札改革』イマジン出版、2006年]

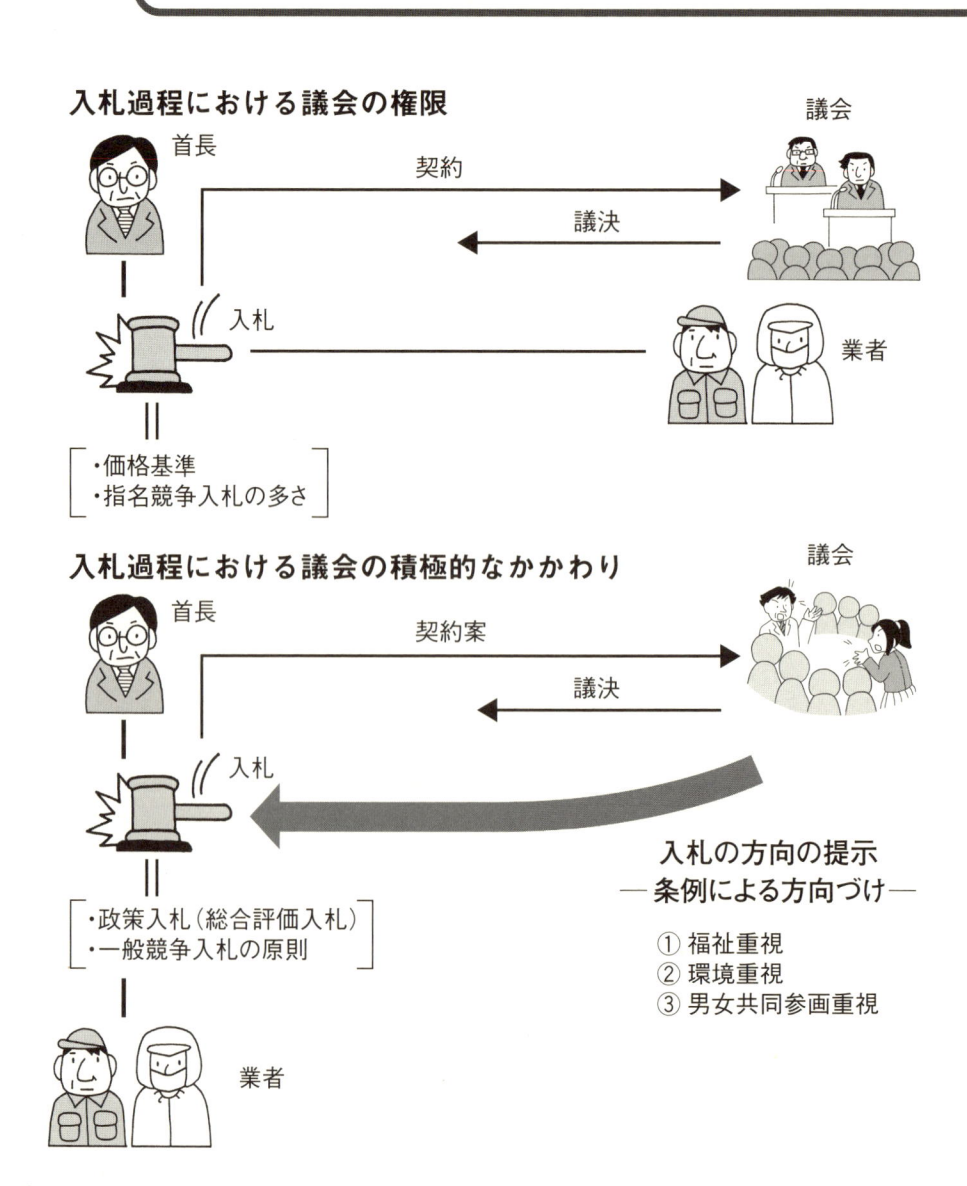

入札過程における議会の権限

首長 →（契約）→ 議会
議会 →（議決）→ 首長
首長 →（入札）→ 業者

= ・価格基準
　・指名競争入札の多さ

入札過程における議会の積極的なかかわり

首長 →（契約案）→ 議会
議会 →（議決）→ 首長
首長 →（入札）→ 業者

= ・政策入札（総合評価入札）
　・一般競争入札の原則

入札の方向の提示
― 条例による方向づけ ―

① 福祉重視
② 環境重視
③ 男女共同参画重視

第4章 地方議会の権限

> **ポイント**
>
> 入札制度は大きく変わった。1999年に自治法施行令改正で「総合評価一般入札」方式が導入された。価格以外の要素も考慮して総合的な観点から選択するという意味で総合評価といわれる。

1　従来、一般競争入札を採用した上で、価格以外の要素を考慮することは「他事考慮」となり、禁止されていた。しかし、この改正によって「総合評価を許容した地方自治法の精神に従って、自治体が独自に条例や規則で総合評価方式を導入することができる」（武藤博己氏は、政策入札と呼んでいる）。追求する価値をそれぞれの自治体が明確にして、それを入札制度に反映させることはできる。

　たとえば、清掃業務の入札にあたって障害者の雇用を重視した**大阪府**（2003年度）、環境を配慮している県内中小企業から印刷物や文具を優先的に購入するグリーン入札制度を導入した**滋賀県**（2006年度）、登録する事業者に対して男女共同参画の推進状況の届出を義務づけている**福津市**（福岡県福間町から、2001年条例可決）、などで総合評価入札が行われている。

2　議会は、この総合評価入札の方向づけに実質的にかかわることができる。男女共同参画を追求する価値として採用した福間町は、「男女がともに歩むまちづくり基本条例」において、町との契約を希望し業者登録をする事業者等に対して、男女共同参画の推進状況の届出を義務づけている（同条例6③）。この条文は福津市男女がともに歩むまちづくり条例にも引き継がれた。議会として、総合評価入札の方向を決めることができる。

> **ひとこと**
>
> 　自治法第96条1項では、条例の制定、予算や決算といった財務のほか、次のような議決権がある（「その他法令による議会権限」（☞34）を除く）。
> 　条例で定める重要な公の施設につき条例で定める長期的かつ独占的な利用をさせること（自治法96①11号）。なお、条例で定める重要な公の施設のうち、条例で定める特に重要なものについて、廃止又は条例で定める長期かつ独占的な利用をさせようとするときは、出席議員の3分の2以上の者の同意が必要（自治法244の2②）。
> 　地方公共団体がその当事者である審査請求その他不服申し立て、訴えの提起、和解、斡旋、調停、仲裁に関すること（自治法96①12号）。
> 　地方公共団体の区域内の公共的団体等の活動の総合調整に関すること（自治法96①14号）。

II編　幅広い議会の権限

33 事務事業評価にかかわる権限
― 財務過程と議会権限（7）―

[文京区議会（自治権・地方分権問題調査特別委員会、決算特別委員会）]

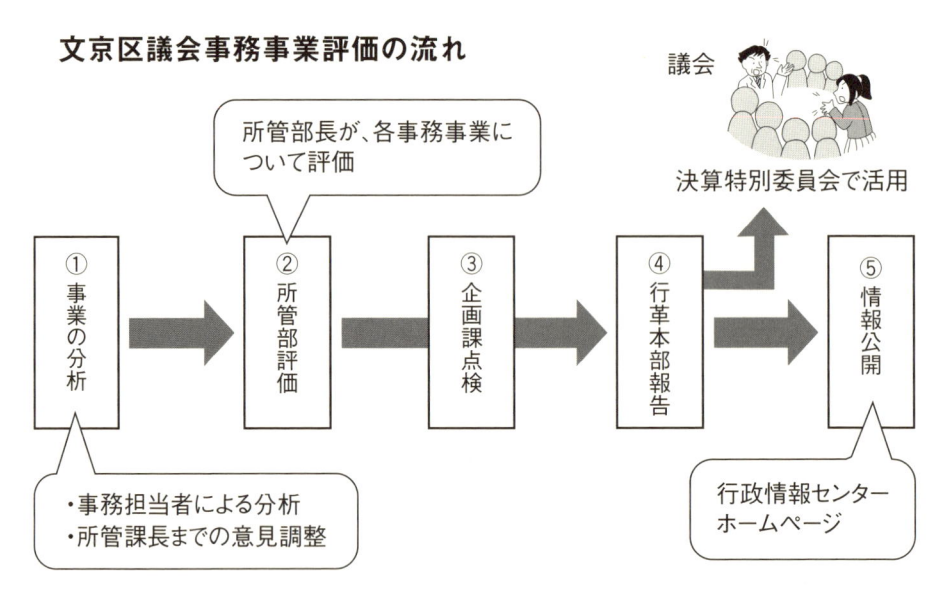

文京区議会事務事業評価の流れ

```
①事業の分析 → ②所管部評価 → ③企画課点検 → ④行革本部報告 → ⑤情報公開
```

- 所管部長が、各事務事業について評価 → ②
- ①← ・事務担当者による分析 ・所管課長までの意見調整
- ④→ 議会　決算特別委員会で活用
- ⑤← 行政情報センターホームページ

① 既定事業は、事業の分析（事後評価）に基づき、事務事業評価表を作成する。
　 新規事業は、事業の実施に先立ち（事前評価）、事務事業評価表を作成する。
② 所管部において、各事務事業について評価を行う。（評価は所管部評価で終了）
③ 企画政策部において、各部から提出があった評価表の内容点検を行い、企画政策部長が指定する事業について、必要な調整を行う。
　 調整の結果を踏まえ、行財政改革推進本部において意見を付し、今後の区政運営に反映させる。
　　　　　　⟶ 自治権・地方分権問題調査特別委員会で検討（従来）
④ 企画政策部長は、各部を総括した事務事業評価実施結果報告書および総括表を作成し、行財改革推進本部に報告する。
　 （議会に実施結果を報告する）⟶ 決算特別委員会で活用 ⟶ 予算審議に連動
⑤ 行政情報センター及び区ホームページにて評価結果を公表する。

注：文京区資料をもとに作成

第4章　地方議会の権限

> **ポイント**
> 最近では、事務事業評価を翌年の予算編成に連動させる試みもある。事務事業評価は、内部評価や外部評価で行われるが、個々の議員が報告書を活用し質問に生かすことはあっても議会としてかかわるのは一般的ではない。そこで、まず議会として事務事業評価にかかわる手法を開発したい。

1　文京区議会は、決算委員会で事務事業評価を参考資料として活用し、質疑等を行っている。そもそも早い時期に文京区議会は、特別委員会（自治権・地方分権問題調査特別委員会）で事務事業評価について審議し政策形成に活用していた（2001年）。当時は、「今回行う事務事業評価制度というものと今後出てくる予算編成の考え方とはとりあえず別のもの、基本的には別のもの」となっていた（2000年、特別委員会議事録、企画部参事企画課長報告）。

　1日の集中審議で、会派ごとに質問・答弁時間の持ち時間があり、その範囲内で行われた。このために、会派ごとに調査、意見・時間調整が行われ事前の準備が行われた。会派によっては時間配分を考慮せず、最初に時間のほとんどを費やしたところもあったが、1週間以上の調査や会派ごとの検討を経て審議は活発に行われた。この審議を議員は「知らない、気がつかなかった事業、今後の方針、検討課題」を発見したと高く評価している。

2　事務事業評価は、自治権等特別委員会から決算特別委員会へと活用の場が移っている。2002年度より決算審査が第3回定例会（一般に9月議会）実施となり、決算審査の過程で議会の意見を新年度予算に反映させることができることになった。そこで、「決算特別委員会の審査の中で、事務事業評価（個表）を参考資料として活用し、質疑を行う」（議会運営委員会資料、2002年7月25日）。個々の記載事項についてはあらかじめ執行機関に確認しておくことになっている。そこで、自治権等特別委員会では、事務事業評価の個々の内容ではなく、その制度自体が討議されることになる。

　こうして、事務事業評価は、事務担当者と所管課長の事業評価、所管部長による各事業についての所管部評価、企画課点検、その後に決算特別委員会による活用が入る。それを受けて行政改革本部報告となり、その後市民に公開される。

> **ひとこと**
> 多摩市議会は、全員による決算特別委員会で、事務事業評価を積極的に行った（2007年9月議会、2006年決算）。市民が関心を持つ重要な事業を集中審議し、評価と意見表明がなされた。審査の結果は、議会広報に掲載された。質疑は、要望的要素が強いものからチェック機能強化へと大きく変わった。

Ⅱ編　幅広い議会の権限

34　その他法令による議会権限

[自治法2条4項等]

〈従来の議会の権限〉

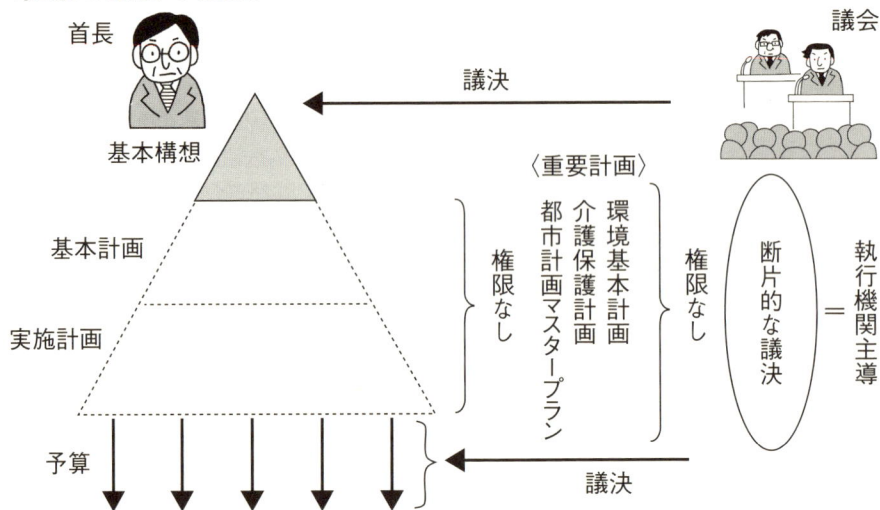

首長 — 議決 ← 議会

基本構想
基本計画
実施計画
予算

〈重要計画〉
環境基本計画
介護保護計画
都市計画マスタープラン

権限なし（基本計画・実施計画）
権限なし（重要計画）

議決（予算）

執行機関主導 = 断片的な議決

〈計画行政における議会の積極的な役割〉

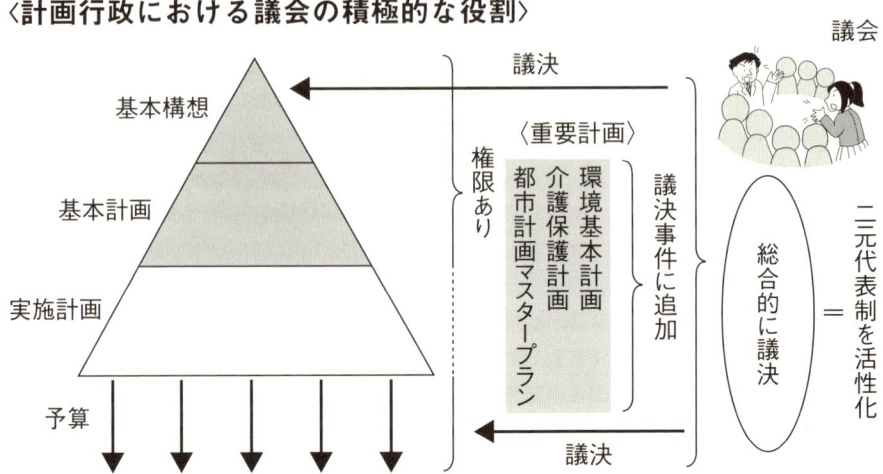

基本構想 ← 議決 — 議会

基本計画
実施計画
予算

〈重要計画〉
環境基本計画
介護保護計画
都市計画マスタープラン

権限あり
議決事件に追加

議決（予算）

二元代表制を活性化 = 総合的に議決

第 4 章 地方議会の権限

> **ポイント**
> 自治法では、「その他法律又はこれに基づく政令（これらに基づく条例を含む。）により議会の権限に属する事項」についても再度議決権を確認している。

1　市町村の基本構想の策定（自治法2④）、市町村の配置分合、境界変更の申請（自治法7⑥）、市町村合併（市町村合併特例法）、都道府県の廃置分合、境界変更の申請（自治法6④）、申請に基づく都道府県合併（自治法6の2②）指定管理者の指定（自治法244の2⑥）、国土利用計画の決定（国土利用法7、8）、道路の認定（道路法7、8）等がある。議会が地域政策の決定にとって重要な役割を果たしていることを想定していることがわかる。

2　とりわけ、それぞれの自治体の地域政策にとって頂点ともいうべき基本構想が議決事件となっていることは重要である（自治法上は市町村のみ）。しかし、基本構想は首長が交替しても変わらないものが目指されることにより極めて抽象的になった。基本計画や実施計画、さらには多くのマスタープラン（都市計画マスタープラン、環境基本計画等）という実質的な計画に議会はかかわれなくなってきた。議会が議決権を有するのは、具体的な年次の予算である。抽象的な基本構想と非常に具体的な予算とを連動させることが必要である。

　このためには、基本計画やマスタープランを議決事件に付加する（☞35）。もう1つの手法は、予算先行型ではなく基本構想の中に予算を想定した具体的な計画を組み込んだり、行政評価を取り入れた実質的な総合計画を策定することである。

> **ひとこと**
> 今日、基本構想で新たな動きがはじまった。たとえば、**多治見市『第五次総合計画』**は、従来の行政計画の末尾についている計画施策一覧を計画の本体としたイメージである。
> 総合計画期間10年で、前期5年を実施計画期間、後期5年を展望期間としている。実施計画に掲載されていないものは原則的に行わない。この実施計画の3年目に首長選挙があるように配置されている。当選した首長の選挙公約や当初想定した展望計画を吟味して、次の実施計画を策定することになる。それが3年目になると再度5年期間の実施計画と5年期間の展望計画を策定することになる。その後は、同じサイクルで循環する。（☞47）

81

Ⅱ編　幅広い議会の権限

35 条例制定による議決事項の追加

[自治法96条2項]

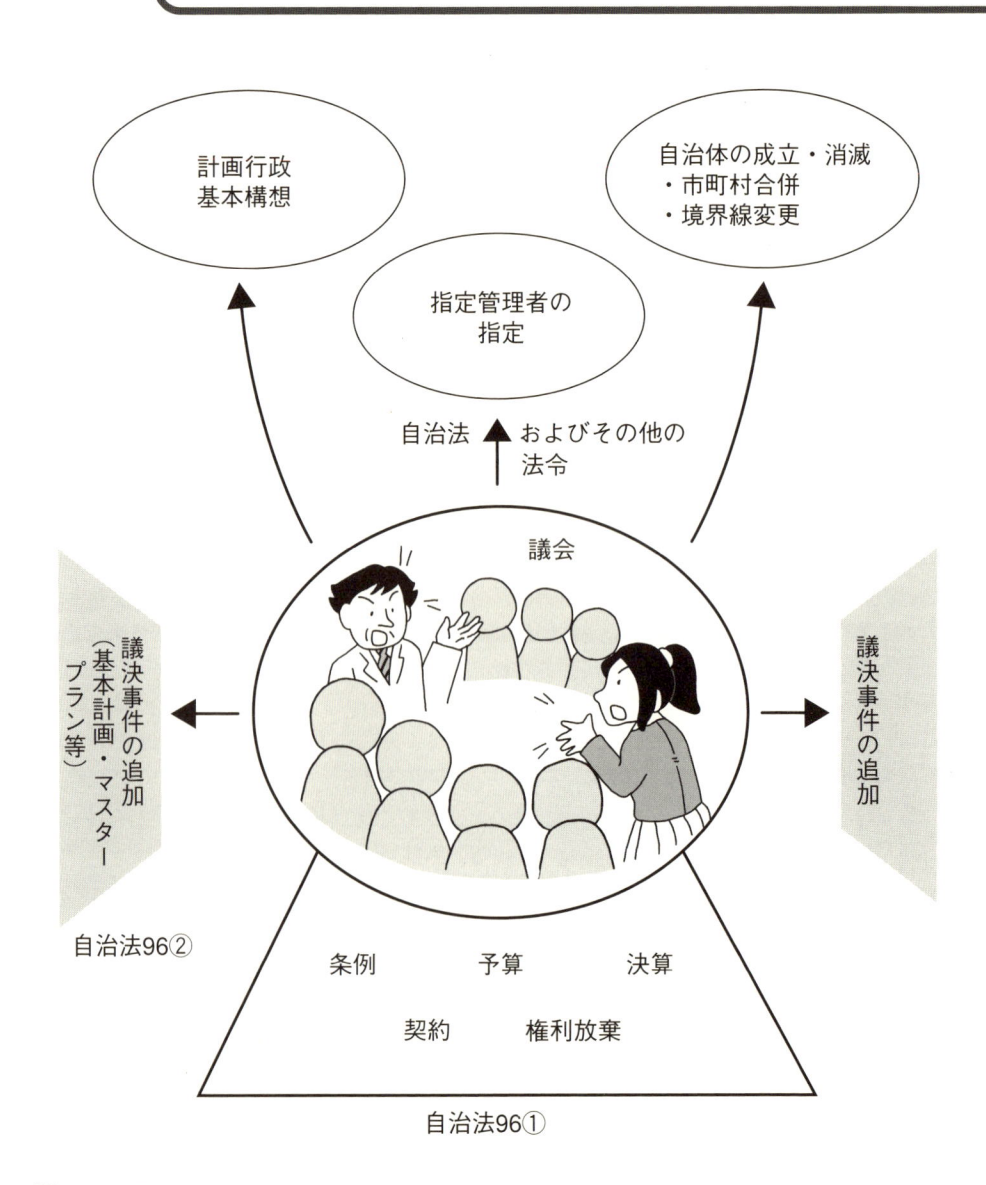

- 計画行政 基本構想
- 指定管理者の指定
- 自治体の成立・消滅・市町村合併・境界線変更

自治法 およびその他の法令

議会

議決事件の追加（基本計画・マスタープラン等）
自治法96②

議決事件の追加

条例　予算　決算
契約　権利放棄

自治法96①

82

第4章　地方議会の権限

> **ポイント**
> 条例に基づいて議会が議決する事項を追加することができる。自治法第96条1項に定めるものを除き、「普通地方公共団体は、条例で普通地方公共団体に関する事件（法定受託事務に係るものを除く。）につき議会の議決すべきものを定めることができる」（自治法96②）。

1　従来、自治法第96条1項は「制限列挙」であり、「これ以外の事項についての団体意思の決定は、長その他の執行機関が、自己の権限内の事項につき行う」と解釈されてきた（長野士郎『逐条地方自治法　第12次改訂新版』学陽書房、1995年、284頁）。機関委任事務があった時代ならいざ知らず、地方分権時代にはすべての領域に議会は関われる。地域経営の一翼を担う機関だからである。

2　福島県月舘町は自治法第96条2項を活用して、「基本構想に係る基本計画に関すること」を議決すべき事件とした（2000年）。また、四日市市では、議会主導の政策サイクルには執行機関を拘束し過ぎるという批判を考慮し基本計画や実施計画などは見送ったものの、法に基づく地域防災計画、老人保健計画、介護保険事業計画、都市計画マスタープランを議会で議決する事件とした（2000年）。政策の全体を把握し執行機関を監視する議会の登場である。

　北海道栗山町では、議会の議決事件の追加を議会基本条例で規定した。自治法第2条4項の規定に基づく基本構想及び総合計画、都市計画マスタープラン、住宅マスタープラン、高齢者保健福祉計画・介護保険事業計画、次世代育成支援行動計画、である。なお、「代表機関である議会が、町政における重要な計画等の決定に参画する観点と同じく代表機関である町長の政策執行上の必要性を比較考量のうえ」という但書きがある（同条例8）。

　これからの議会は、この水準から出発することになる。死文化していた議会の議決事件の付加条文（自治法96②）は、地方分権によってよみがえった。

> **ひとこと**
> 自治法第96条2項の解釈の転換を本文で指摘した（制限列挙主義からの転換）が、この項には、意義とともに、もう1つ今後解決しなければならない問題も残している。「法定受託事務に係るものを除く」という括弧書きが挿入されていることである。第一期地方分権改革では、自治事務だけではなく法定受託事務も自治体の事務とした。当然、括弧書きは削除するべきであろう。

Ⅱ編　幅広い議会の権限

36 監視権と監査請求権

[自治法98条]

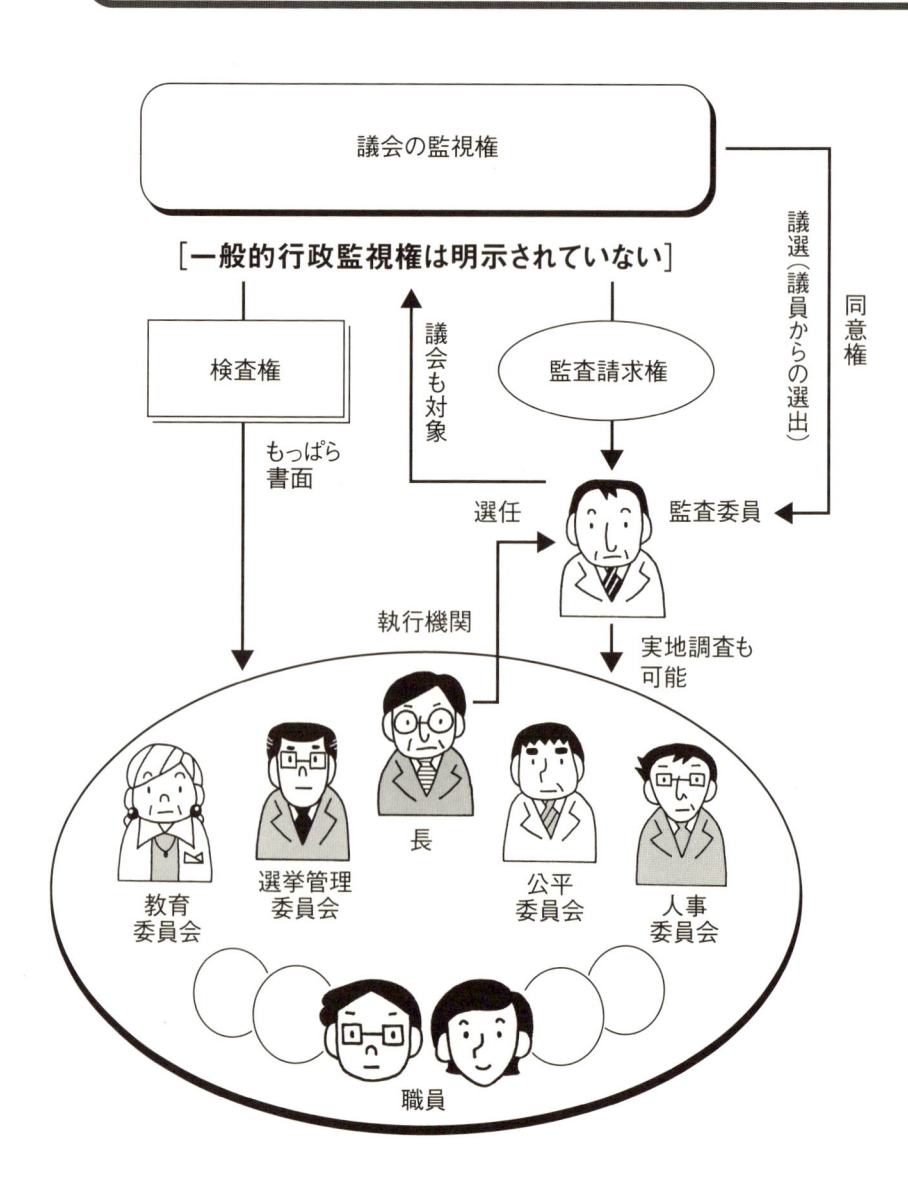

```
                    議会の監視権
         ┌──────────────────────────┐
         │                            │議選(議員からの選出)  同意権
    [一般的行政監視権は明示されていない]
                      ↑
                   議会も対象
   検査権              監査請求権
    │                    │
   もっぱら              ↓選任        監査委員
   書面
    │        執行機関      ↓実地調査も可能
    ↓   ┌──────────────────────┐
        │ 教育    選挙管理   長   公平    人事  │
        │ 委員会  委員会         委員会  委員会 │
        │           職員              │
        └──────────────────────┘
```

84

第4章　地方議会の権限

> **ポイント**
> 議会は執行機関の監視のために、検査権と監査請求権がある。自治法上一般的な行政監視権が明示されていない。明確な規定が必要である。ここでは、検査権と監査請求権の議会による活用を考えたい。

1　検査権は、もっぱら書面で行う。検査権として、議会は、当該地方公共団体の事務に関する書類や計算書を検閲すること、長その他の執行機関の報告を請求して、事務の管理、議決の執行及び出納の状況について検査することができる（自治法98①）。
　ただし、検査権も自治体の事務すべてに及ぶわけではない。自治事務では、労働委員会及び収用委員会の事務が法令上除かれている。また、法定受託事務では、検査に際し開示することにより国の安全を害するおそれがある事項に関する事務（害するおそれのある部分に限る。）又は個人の秘密を害することとなる事務（害することとなる部分に限る。）及び収用委員会の事務は法令上除かれている。

2　実地調査が必要ならば監査請求権によることとなっている（昭28（1953）4.1行実）。監査請求権は、議会が監査委員に対し、当該地方公共団体の事務に関する監査を求め、監査の結果に関する報告を請求することができるものである（自治法98②）。
　ただし、自治事務についても対象外の事項もある。労働委員会及び収用委員会の事務である。また法定受託事務では、監査に際し開示することにより国の安全を害するおそれがある事項に関する事務（害するおそれのある部分に限る。）又は個人の秘密を害することとなる事務（害することとなる部分に限る。）及び収用委員会の事務は除かれている。

3　議会は監査委員の同意権を持っている。また、議員からも監査委員を選出している（議選）（☞38）。監査の責任は議会にもある。そもそも監査は議会機能の一部である。

> **ひとこと**
> 住民の事務監査の請求は、有権者の50分の1以上（自治法12②）であり、住民監査請求と住民訴訟は1人でも可能である（自治法242、242の2）。議会の場合は、検査権も監査請求権も行使できるのは、過半数議決によってである。
> 監査は、そもそも議会の役割に入る。監査委員の独立性を保つ必要がある（☞39）。
> 第29次地方制度調査会では、監査委員の選出方式を首長の選任から議会の選挙に改正することでまとまった（『自治日報』2008年4月4日付）。

Ⅱ編　幅広い議会の権限

37 調査権

[自治法100条・100条の2]

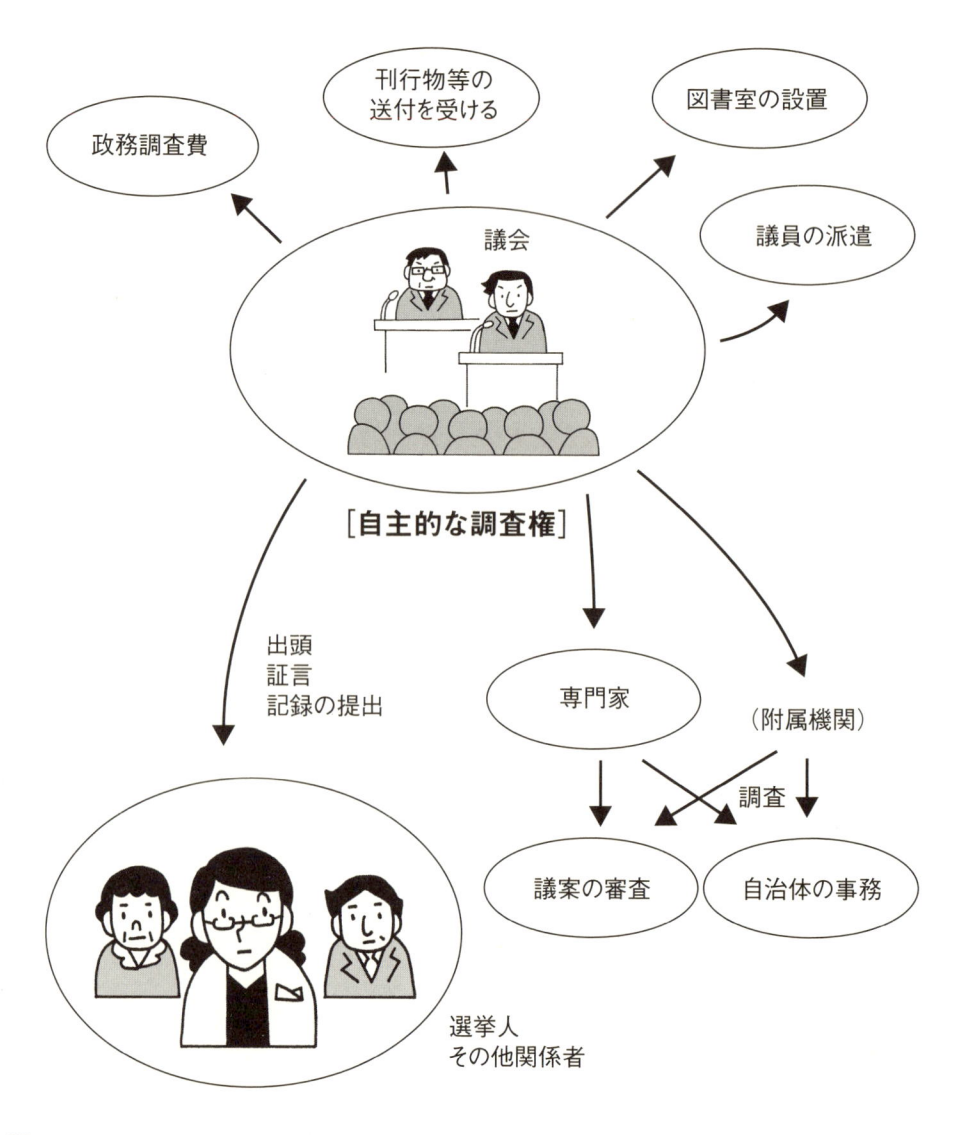

- 刊行物等の送付を受ける
- 図書室の設置
- 政務調査費
- 議員の派遣
- 議会

[自主的な調査権]

- 出頭
- 証言
- 記録の提出

- 専門家
- （附属機関）
- 調査
- 議案の審査
- 自治体の事務

選挙人
その他関係者

第4章　地方議会の権限

> **ポイント**
>
> 議会は、みずから調査を行うことのできる自主的な調査権を持っている。つまり、議会は当該自治体の事務に関する調査を行い、選挙人その他関係人の出頭、証言、記録の提出を請求することができる（自治法100①）。
> また、議会は学識経験者等に調査させることもできる（自治法100の2）。

1　自治法第100条に規定されている議会の調査権（100条調査）では、正当な理由がなく、調査のための関係人の出頭、証言、記録の提出の請求を拒んだときは6箇月以下の禁錮又は10万円以下の罰金に処される。また、宣誓した者が虚偽の陳述をしたときは、3箇月以上5年以下の禁錮に処される（自治法100③、⑦）。公務員の職務上の秘密に関する事項については、当該官公署の承認が必要とされている（自治法100④－⑥）。

　なお、当該自治体の事務すべてに調査権は及ぶわけではない。自治事務では、労働委員会及び収用委員会の権限に属する事務で政令で定めるものは対象外となっている。法定受託事務では、国の安全を害するおそれがあることその他の事由により議会調査の対象とすることが適切でないものとして政令で定めるものも同様に対象外になっている。

2　議会は、個人や複数の学識経験者等に調査をさせることも可能である。従来、議会は自治法上首長とは異なり附属機関の設置が明記されていないために、附属機関の設置はできないと解釈されてきた。しかし、自治法改正（2006年自治法改正）によって、「普通地方公共団体の議会は、議案の審査又は当該普通地方公共団体の事務に関する調査のために必要な専門的事項に係る調査を学識経験を有する者等にさせることができる」（自治法100の2）。

　三重県議会基本条例では、議会の機能の強化の文脈で、附属機関の設置（学識経験者）、調査機関の設置（学識経験者、議員）、検討会等の設置（議員）を規定している。

> **ひとこと**
>
> この100条調査権を有効に作動させるために、「議会が第1項の規定による調査を行うため当該普通地方公共団体の区域内の団体等に対し照会をし又は記録の送付を求めたときは、当該団体等は、その求めに応じなければならない」（自治法100⑩）、「議会は、第1項の規定による調査を行う場合においては、予め、予算の定額の範囲内において、当該調査のため要する経費の額を定めて置かなければならない。その額を超えて経費の支出を必要とするときは、更に議決を経なければならない」（同⑪）という規定がある。
>
> 調査権を有効に活用するために、議員の政策立案・監視能力を高めなければならない。自治法第100条には、議員派遣、政務調査費、図書館設置等も規定されている（☞75、89）。

II編　幅広い議会の権限

38 議会による監査委員の活用

[自治法199条]

監査委員

都道府県と政令市は4人、その他の市町村は2人（条例による増加可）（自治法195②）。
議員のうちから選任する監査委員の数は都道府県及び政令指定都市では2人又は1人、その他の市町村では1人とする（自治法196①）。
※当該自治体職員が識見を有する者の枠で監査委員になる際の人数制限有り（自治法196②）。

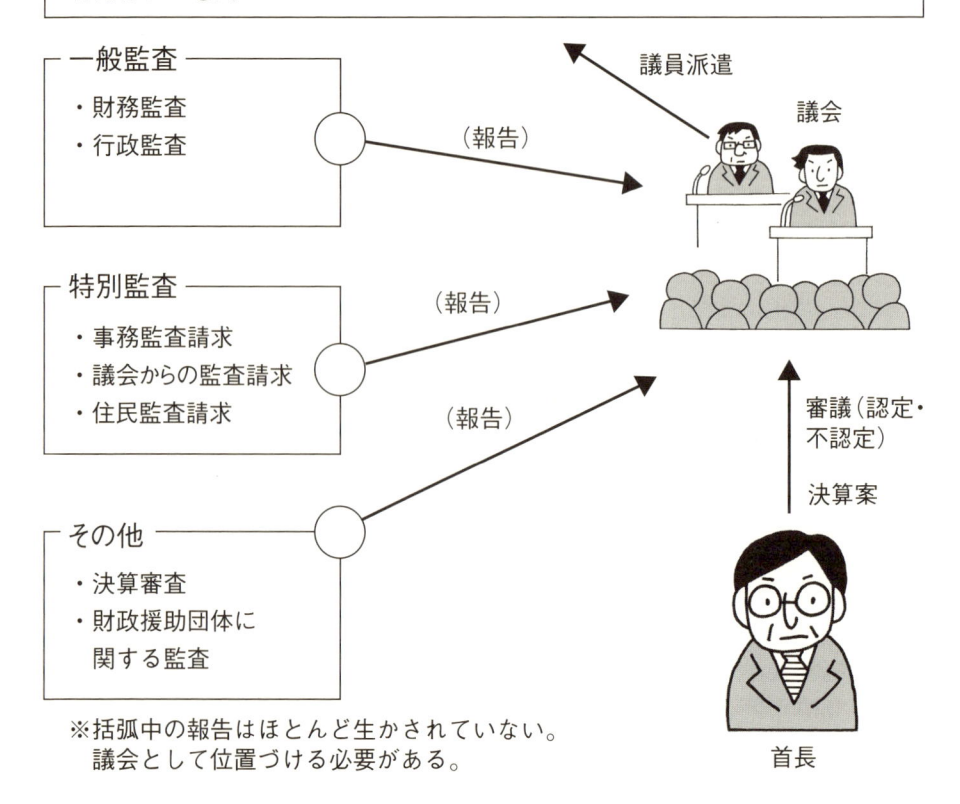

一般監査
・財務監査
・行政監査

（報告）→ 議会
議員派遣

特別監査
・事務監査請求
・議会からの監査請求
・住民監査請求

（報告）→ 議会

その他
・決算審査
・財政援助団体に関する監査

（報告）→ 議会

首長 → 決算案・審議（認定・不認定）

※括弧中の報告はほとんど生かされていない。議会として位置づける必要がある。

第4章　地方議会の権限

> **ポイント**
>
> 監査委員は自治体に必ず設置され、公正・効率的な運営を保障するために、行政運営、特に財務会計事務を監査する専門機関である。監査委員に議員もなる。議員のうちから選任する監査委員の数は、都道府県及び政令指定都市では2人又は1人、その他の市町村では1人とする（自治法196①）。

1 議員のうちから選任される者は議員の任期による。つまり4年である（自治法197）。それにもかかわらず、議選（議員選出）は、短期交代が多く、専門的知識が身につきにくい。他の議員人事に連動して、議長経験者等の「古参議員」が就く傾向にある。事務局体制の充実が求められる。そのため、町村においては全国町村監査委員協議会なども設置されている。

2 監査委員の役割には、一般監査、特別監査、その他の監査・検査等がある。
　一般監査とは、地方公共団体の事務全般について実施されるもので、財務監査だけでなく行政監査を行う権限を有し、その対象として、財務に関する事務の執行、経営に係る事業の管理、地方公共団体の事務の執行が規定されている。
　除かれるものは、自治事務については労働委員会及び収用委員会の権限に属する事務、法定受託事務については国の安全を害するおそれがある事項に関する事務、個人の秘密を害することとなる事項に関する事務、収用委員会の権限に属する事務。
　一般監査には、毎会計年度少なくとも1回以上期日を定めて行う定例監査（自治法199④）、必要と認めるとき随時行う臨時監査（自治法199⑤）がある。
　特別監査とは、他の機関等から要求があった場合に行う監査である。これには住民の事務監査請求による監査（自治法75①）、議会からの請求による監査（自治法98②）、長の請求による監査（自治法199⑥⑦）、住民監査請求による監査（自治法242①）がある。
　その他の監査・検査等には、財政援助団体等の出納その他の事務執行の監査（自治法199⑦）、決算審査（自治法233②）、現金出納の検査（自治法235の2①）、指定金融機関等における公金の収納等の監査（自治法235の2②）、職員の賠償責任に関する監査（自治法243の2③）がある。

> **ひとこと**
>
> 監査を充実させるには、監査委員事務局の充実が不可欠である。都道府県では必置であるが、市町村では任意設置である（自治法200①②）。設置が必要である。事務局を設置しても、総務課や議会事務局の併任となることも多い。独立性を保つには人数の確保、専任化が必要である。
> 　監査には、新たに外部監査制度が設けられた（1997年改正、自治法252の27等）。外部監査契約を結ぶときは議会の議決が必要である。

Ⅱ編　幅広い議会の権限

39 議選の監査委員を支援する体制

[自治法196・199条]

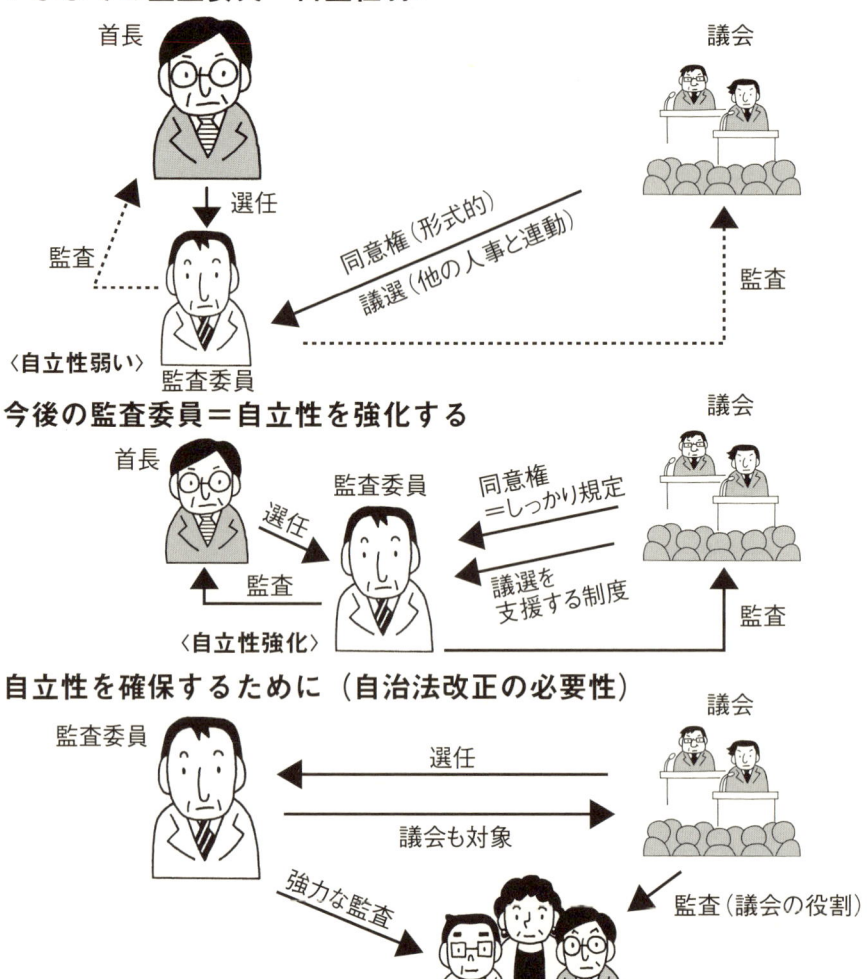

いままでの監査委員＝自立性弱い

首長 → 選任 → 監査委員〈自立性弱い〉
監査委員 → 監査 → 首長
議会 → 同意権（形式的）／議選（他の人事と連動）→ 監査委員
監査委員 → 監査 → 議会

今後の監査委員＝自立性を強化する

首長 → 選任 → 監査委員〈自立性強化〉
監査委員 → 監査 → 首長
議会 → 同意権＝しっかり規定／議選を支援する制度 → 監査委員
監査委員 → 監査 → 議会

自立性を確保するために（自治法改正の必要性）

議会 → 選任 → 監査委員
監査委員 → 議会も対象 → 議会
監査委員 → 強力な監査 → 執行機関
議会 → 監査（議会の役割）→ 執行機関

第4章　地方議会の権限

> **ポイント**
> 　監査委員は、首長が議会の同意を得て選任する。執行部に対して毅然とした態度がとれる人材が期待されている。議員選出（議選）の監査委員を支援する体制も必要である。

1　監査委員の役割を発揮するために、監査委員の権限として、監査のために必要があるときは、関係人の出頭を求めることができ、関係人について調査し、関係人に対し帳簿・書類その他の記録の提出を求めることができる（自治法199⑧）。監査の結果に関する報告を長・議会・関係機関に提出し、これを公表しなければならず、またその場合にはその地方公共団体の組織・運営の合理化に資するため、報告に添えて意見を提出することができる（自治法199⑨－⑪）。

2　議会から監査委員を派遣できることは、その監査委員がパイプ役となって、議会の財務機能、監視機能を強化することができる。議会選出の監査委員から議会として報告を受けるとともに、議会全体としてその監査委員を支援することが必要である。監査委員の任期を1-2年で終わることなく、専門家を派遣することが必要である。したがって、監査委員は名誉職ではあり得ない。

3　監査委員が行っていることは、まさに議会の役割でもある。そこで、監査委員を設置しないこと、あるいは設置したとしても議会からの選出委員を置かないことも考えられる。しかし、議会がそうした監査機能を発揮することと監査委員の設置、議会の派遣も矛盾するものではなく、相互補完的だと考えられる。また、監査委員は識見だけでよいという意見もあるが、議員だから資料提出などの協力を得ることができるという意見もある。監査委員の未設置、あるいは議会派遣の否定を目指す意見は、現行では監査機能を弱めることにつらなる。

> **ひとこと**
> 　監査委員の自立性を高めるためには、議会による選任が必要である。今後の自治法改正を期待したい。なお、監査委員の自立性を高めるためには、監査委員の公選も考えられる。しかし、現行では政争の具になる可能性もある。
> 　ともかく、監査はそもそも議会の役割である。議会の監査機能をより充実させるための監査制度が必要である。

Ⅱ編　幅広い議会の権限

40 主要な執行機関に対する議会の同意及び選挙

[自治法162条等]

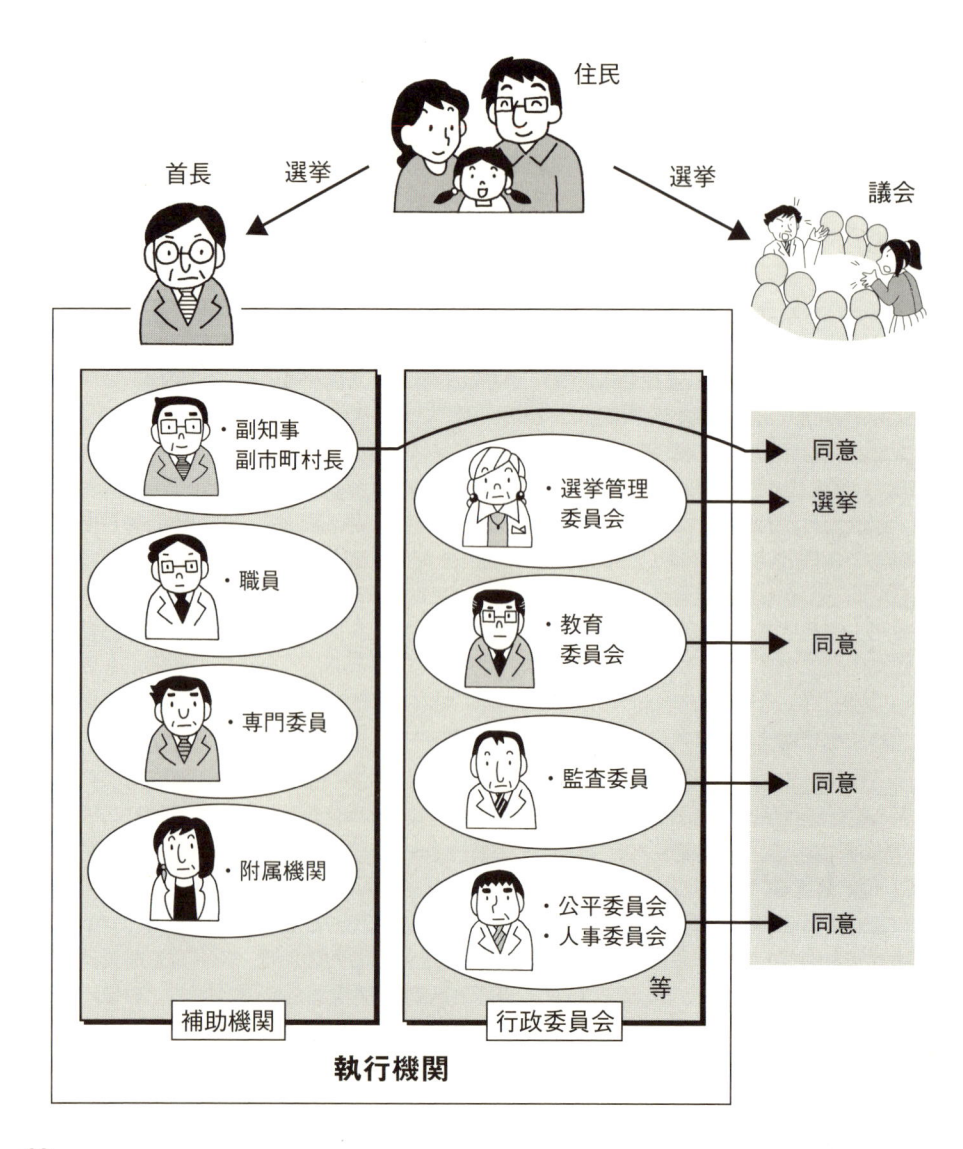

住民

首長　選挙　　　　選挙　議会

- 副知事
  副市町村長　　　　　　　　　　　　　→ 同意
- 職員　　　・選挙管理委員会　　　　→ 選挙
- 専門委員　・教育委員会　　　　　　→ 同意
- 附属機関　・監査委員　　　　　　　→ 同意
　　　　　　・公平委員会
　　　　　　・人事委員会　　　　　　→ 同意
　　　　　　　　　　　等

補助機関　　行政委員会

執行機関

第4章　地方議会の権限

> **ポイント**
> 　二元代表制では、首長はもちろん公選である。とはいえ、議会は主要な執行機関の選挙権や選任の同意権を有している。首長を牽制する議会権限であるともいえる。もちろん、この権限を政争の具として扱ってはならない。それぞれの政策判断、知見、人格を考慮して、議会は同意、選挙しなければならない。

1　自治体（正確には執行機関）のナンバー2といわれる副知事・副市町村長は、議会の同意を必要としている。「副知事及び副市町村長は、普通地方公共団体の長が議会の同意を得てこれを選任する」（自治法162）。

2　独立性・中立性のために設置される行政委員会の多くも、議会による同意や議会による選挙を必要としている。
　選挙管理委員会は、4人の選挙管理委員から構成される。この委員を選出するのは議会による選挙である。「選挙管理委員は、選挙権を有する者で、人格が高潔で、政治及び選挙に関し公正な識見を有するもののうちから、普通地方公共団体の議会においてこれを選挙する」（自治法182①）。補充も同様である（同②）。
　監査委員は、議会の同意を経て首長が選任する（自治法196）。識見（財務管理、事業の経営管理その他行政運営に詳しい者）のほか議員も選任される（☞38、39）。
　その他、教育委員会委員（地方行政教育法4①）、公平委員会委員・人事委員会委員（地方公務員法9の2②）、公安委員会委員（都道府県、警察法39①）、収用委員会委員（都道府県、土地収用法52③）は、議会の同意を必要としている。

> **ひとこと**
> 　行政委員会の意義として、権力の集中を排除し、行政運営の公正妥当を期するとともに、行政の民主制を確保するために、数人の公務員の合議によって行政を処理していくよう設けられた合議制の行政組織をいう。行政委員会は、地方自治体の根本組織であるから、その設置は必ず法律根拠が必要である（自治法138の4①）。監査委員は、地方公共団体に対して自主的に行政の公正と能率を確保させることを目的として設置される独任制の機関である。ただし、監査の結果に関する報告や意見の決定などは監査委員の合議によるとされており、複合的な性格を持つ。
> 　最近では、教育委員会改革の提案等、行政委員会が有効に機能していないのではないかという批判もある。この批判には、選任にあたって同意権や選挙権を有している議会も無関係ではない。

Ⅱ編　幅広い議会の権限

41 専決処分の承認権

[自治法179・180条]

従来の専決処分の使われ方

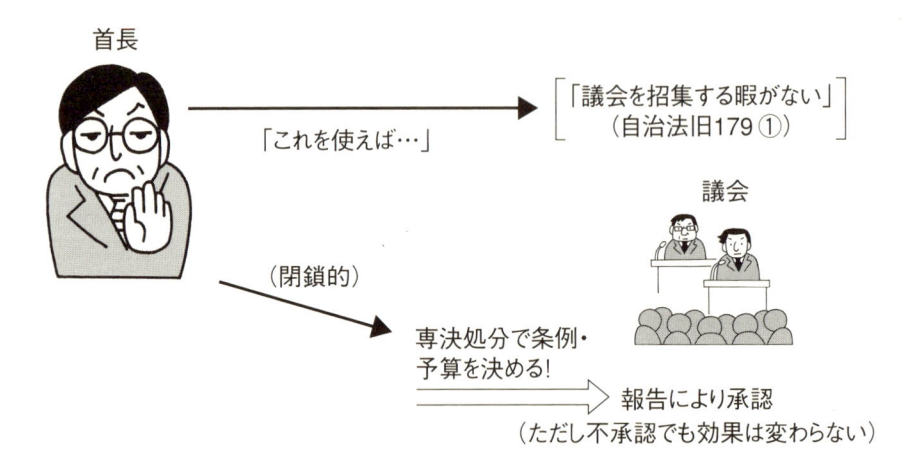

首長

「これを使えば…」 → 「議会を招集する暇がない」（自治法旧179①）

（閉鎖的）

専決処分で条例・予算を決める！ ⟹ 報告により承認
（ただし不承認でも効果は変わらない）

議会

これからの専決処分

首長

「特に緊急を要するため議会を招集する時間的余裕がないことが明らかであると認めるとき」（自治法179①）
→議長と相談することを義務づけるなどのルールの確立が必要

議会

（開放的）

専決処分は限定的に
・議会が不成立のとき
・議決しないとき

議会

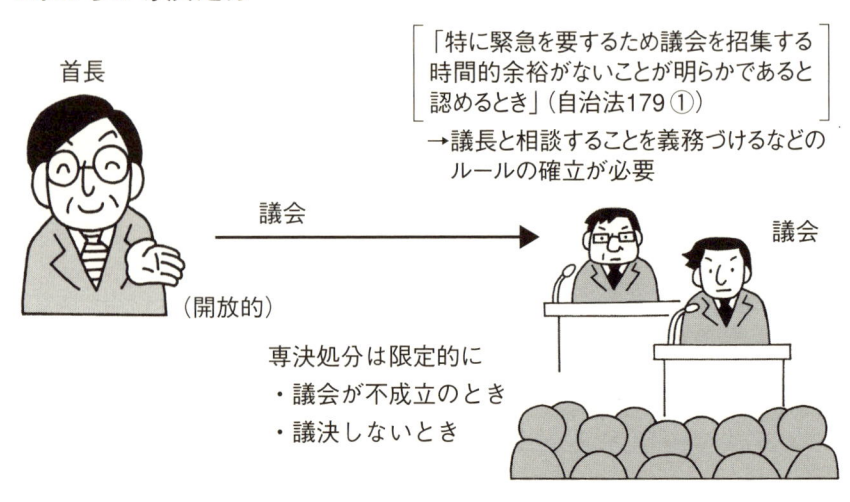

第4章　地方議会の権限

ポイント　議会の権限に属する事項を、議会の議決を経ないで、首長がそれを処分することを専決処分という。専決処分とは、議会の権限に属する事項を長が代わって行うことが認められている制度である。

1　議会の権限に属する事項でも安易で、しかも議会が議決により指定している事項を長が専決処分できる（任意代理的専決処分）。「普通地方公共団体の議会の権限に属する軽易な事項で、その議決により特に指定したものは、普通地方公共団体の長において、これを専決処分にすることができる」（自治法180①）。この場合でも、首長は議会に報告しなければならない（同②）。

2　問題なのは、重要な事項を、議会が指定していないにもかかわらず、専決処分する事項である（法定代理的専決処分）。首長提出議案のうちの専決処分の割合は都道府県3.4％、市5.0％、町村6.6％である。内容の割合は都道府県（損害賠償59％、予算26％、条例22％）、市（資料なし）、町村（予算54％、条例40％）である（加藤幸雄『新しい地方議会』学陽書房、2005年、139－144頁）。専決処分の理由は都道府県と町村とも「議会を招集する暇がない」がほとんどすべてであった（市については資料はない）。しかも、議会の権限の根幹である税にかかわる条例がほとんどであった。交通が整備され情報化が進展しているにもかかわらず、この方法が安易に使われてきた。

2006年自治法改正では「議会が成立しないとき」「議会において議決すべき事件を議決しないとき」は同様であるが、「議会を招集する暇がない」を厳格にして「特に緊急を要するため議会を招集する時間的余裕がないことが明らかであると認めるとき」に改正された（自治法179①）。しかし、この判断に議会がかかわるわけではない。議長と相談するなどのルールを確立したい。

この専決処分にあっては、「次の会議においてこれを議会に報告し、その承認を求めなければならない」（自治法179③）となっている。しかし、議会によって承認されなくても、その処分の効力には影響がないと解されている。とはいえ、自治法の「承認」をそれほど軽視してよいわけではない。首長には説得的な説明が必要であるし、その承認をめぐって、議会としても十分に審議する必要もある。

ひとこと　専決処分の多さを是正するには、承認をめぐっての十分な審議のほかに次のことも想定できる。1つは、専決処分の多い時期（3月下旬、税条例の改正の時期）に議会を開催することである。もう1つは、通年議会を開催することである（☞54）。

Ⅱ編　幅広い議会の権限

42 一般的拒否権
― 首長の拒否権と議会の権限（1）―
[自治法176条1〜3項]

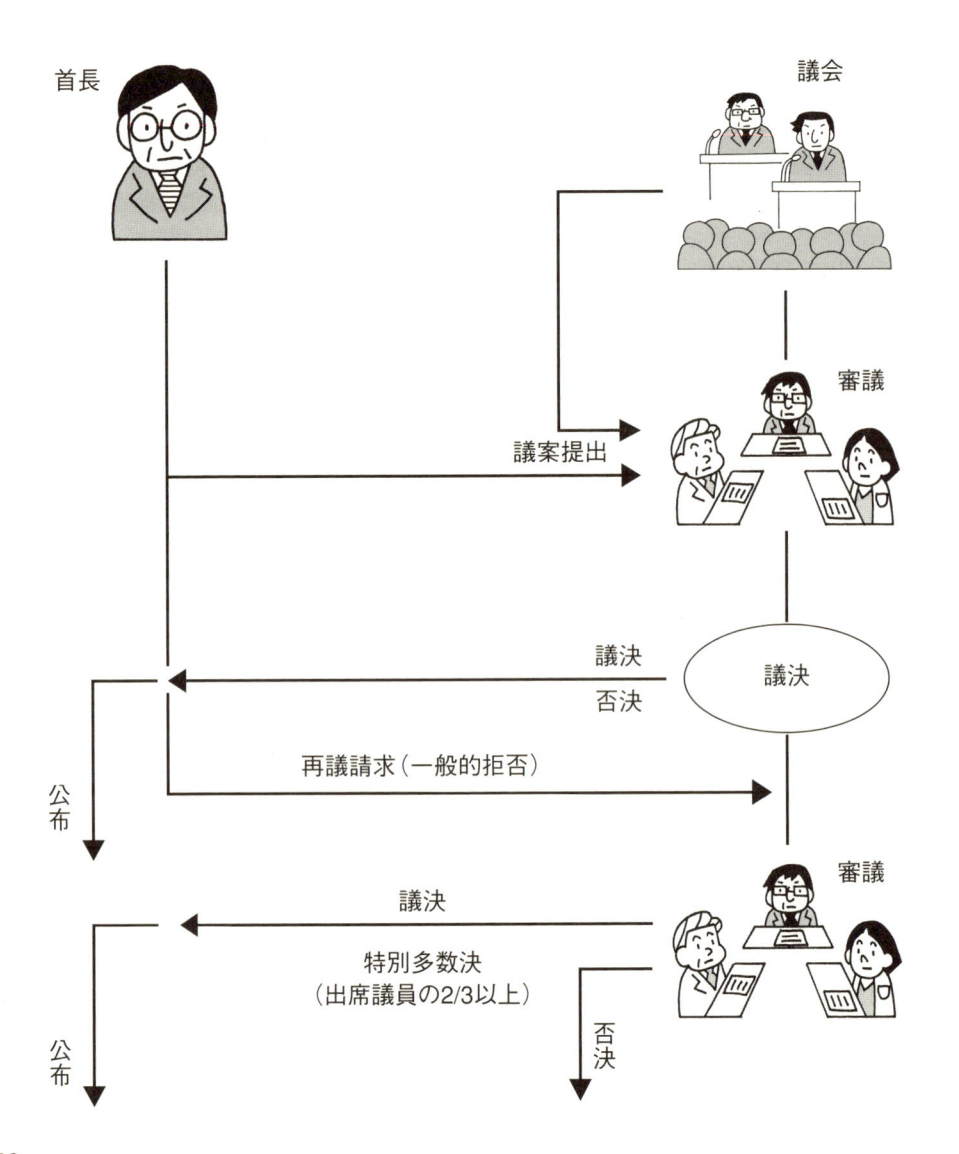

首長

議会

議案提出

審議

議決

議決

否決

公布

再議請求（一般的拒否）

議決

特別多数決
（出席議員の2/3以上）

審議

否決

公布

第4章　地方議会の権限

> **ポイント**
>
> 　二元代表制の対立状況を解決する手法として、首長の再議請求権がある。再議とは、首長が議会の議決または選挙を拒否して、再度審議及び議決などを要求するものである。首長と議会の間に対立がある場合に、首長の側からこれを調整する手段として認められている。国の関与を排除する意味もある。二元代表制を採用する場合に特徴的な調整制度であり、首長の拒否権ととらえることができる。

1　自治法は、一般的拒否権（異議があれば発動できる）と、特別的拒否権（特別の要件の下で発動できる。☞43）を認めている。

2　異議があれば発動できるという任意による再議（一般的拒否権）は、アメリカ連邦議会の議決に大統領が署名せず拒否権の発動と報道される事柄と類似している（法案は議員からしかできない点でまったく異なる）。
　　一般的拒否権とは、条例の制定若しくは改廃又は予算に関する議決に異議あるときは、首長は10日以内に理由を示して再議に付すことができることである（自治法176①－③）。

3　議会はこれに対して、再度慎重に審議して議会の意思を示せばよい。その際、議会において出席議員の3分の2以上という特別多数で、再議に付された議決と同じ議決がなされたときは、その議決が確定する。

> **ひとこと**
>
> 　一般的拒否権も特別的拒否権も概観すれば「旧憲法下で、本来政治の主体の官吏が、客体にすぎない住民の代表たる議会を信用せず、その行動の監督をし、予期しない方向へ進まないよう是正措置を確保したものであり、沿革をたどればその名残がなお強い」ことに留意する必要がある（第2次地方（町村）議会活性化研究会（全国町村議会議長会）『分権時代に対応した新たな町村議会の活性化方策―中間報告―』2005年）。
> 　なお、一般的拒否権は二元代表制を明確に位置づけた自治法制定時には、挿入されていなかった。府県会規則（1881年）で類似した制度があったが、議会軽視という理由から戦後の自治法には挿入されなかったと思われる。しかし、長は住民に対して直接責任を負っていること、議会と長との均衡関係を保つことを理由にアメリカ大統領制を参考に導入された（1958年自治法改正）。

43 特別的拒否権
― 首長の拒否権と議会の権限（2）―

[自治法176条4〜8項・177条1〜4項]

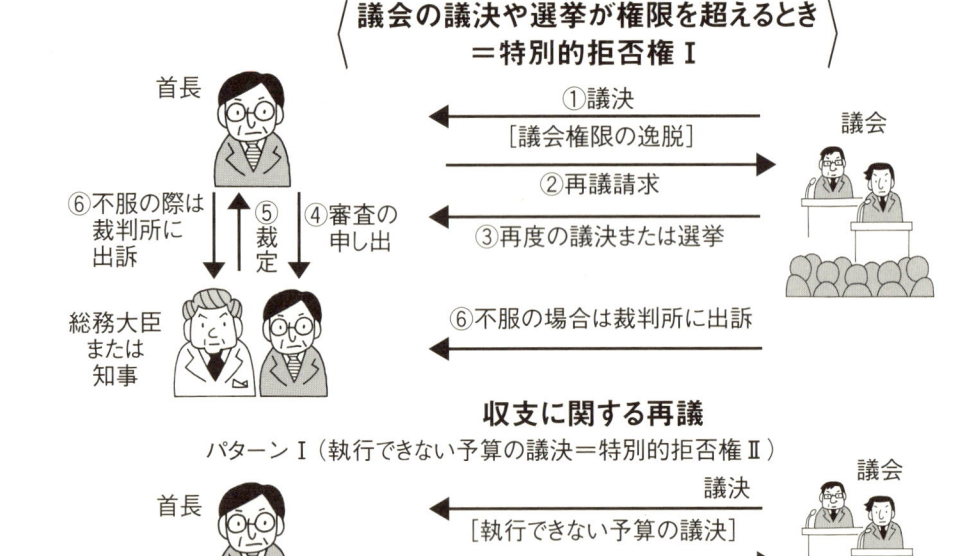

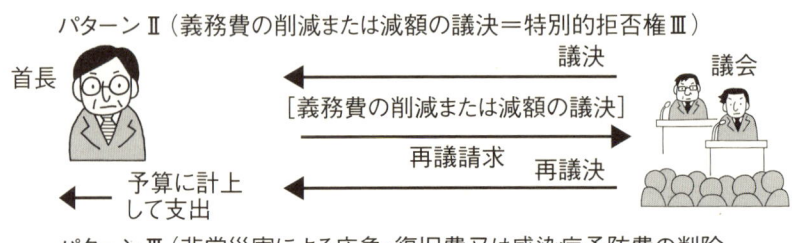

〈議会の議決や選挙が権限を超えるとき＝特別的拒否権Ⅰ〉

首長 ←①議決［議会権限の逸脱］— 議会
首長 —②再議請求→ 議会
首長 ←③再度の議決または選挙— 議会
④審査の申し出 ↑ ⑤裁定 ↓
総務大臣または知事
⑥不服の際は裁判所に出訴
⑥不服の場合は裁判所に出訴

収支に関する再議

パターンⅠ（執行できない予算の議決＝特別的拒否権Ⅱ）

首長 ←議決［執行できない予算の議決］— 議会
首長 —再議請求→ 議会
首長 ←再議決— 議会
有効に成立

パターンⅡ（義務費の削減または減額の議決＝特別的拒否権Ⅲ）

首長 ←議決［義務費の削減または減額の議決］— 議会
首長 —再議請求→ 議会
首長 ←再議決— 議会
予算に計上して支出

パターンⅢ（非常災害による応急・復旧費又は感染症予防費の削除又は減額の議決＝特別的拒否権Ⅳ）

首長 ←議決［緊急なものの否決］— 議会
首長 —再議請求→ 議会
首長 ←再議決— 議会
不信任議決とみなす

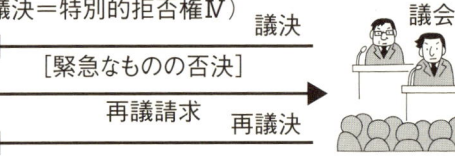

第4章　地方議会の権限

> **ポイント**
> 再議には、一般的拒否権（☞42）のほかに特別的拒否権の再議もある。特別的拒否権は、違法性、財政的制約、義務的経費による拘束、緊急性といった要因を根拠に首長が議会に再議を請求するものである。議会の議決によるその後の対応はさまざまである。

1　違法な議決または選挙への再議。議会の議決、選挙がその権限を超えまたは法令、会議規則に違反すると認めるときは、首長は理由を示して再議に付し、または再選挙を行わせなければならない（自治法176④-⑧）。結果がなおも違法であると認めるときは、首長は総務大臣・知事に対し審査を申し出ることができる。総務大臣・知事は、審査の結果によって、当該議決または選挙を取り消す旨の裁定をすることができる。この裁定に不服があるときは、議会または首長は、裁定があった日から60日以内に裁判所に出訴することができる。

2　収支に関する議決への再議（自治法177①）。議会の議決が、収入、支出に関し執行することができないものがあると認めるときは、首長は、理由を示して再議に付さなければならない。議会が再び同じ議決をしたときは、その議決は有効に成立する。

3　義務費の削除または減額の議決への再議（自治法177②1号）。議会が法令により負担する経費（生活保護費など）、法律の規定に基づき当該行政庁の職権により命ずる経費（道路分担金など）その他の地方公共団体の義務に属する経費（損害賠償金など）を削除・減額する議決をしたいときは、その理由を示して再議に付さなければならない。議会がなお、削除・減額する議決をしたときは、首長は、予算に計上して、その経費を支出することができる（原案執行予算（自治法177③））。

4　非常災害による応急、復旧費・感染症予防費の削除、減額の議決への再議（自治法177②2号）。議会が非常の災害による応急、復旧の施設のために必要な経費または感染症予防のために必要な経費を削除・減額する決議をしたときは、その理由を示して再議に付さなければならない。議会がなおも削除・減額する議決をしたときは、首長は、その議決を不信任議決とみなすことができる（自治法177④）（☞44）。

II編　幅広い議会の権限

44 議会による首長の不信任議決

[自治法178条]

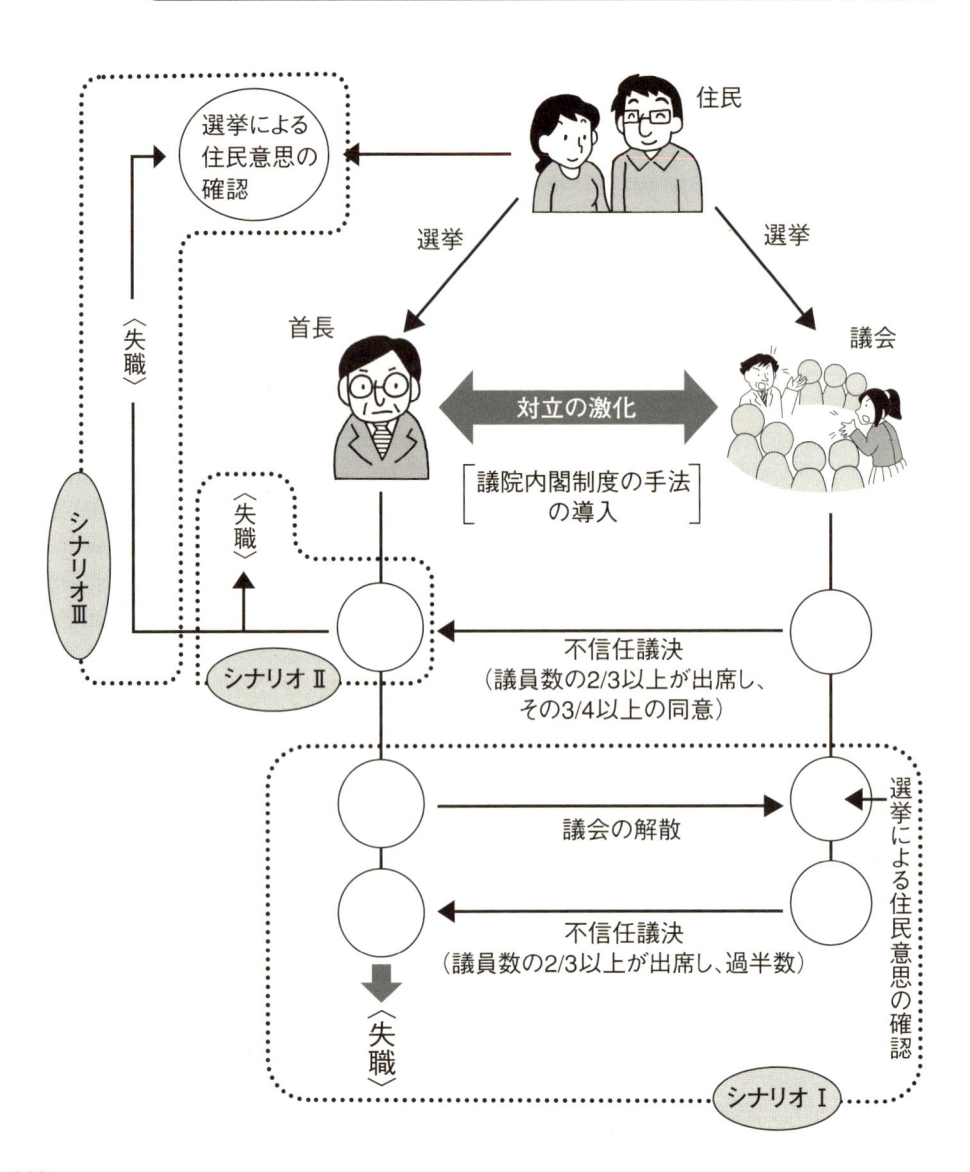

住民

選挙による住民意思の確認 ← 選挙

選挙

〈失職〉

シナリオⅢ

首長 ←→ 対立の激化 ←→ 議会

[議院内閣制度の手法の導入]

〈失職〉

シナリオⅡ

不信任議決
（議員数の2/3以上が出席し、その3/4以上の同意）

議会の解散 →

← 不信任議決
（議員数の2/3以上が出席し、過半数）

〈失職〉

選挙による住民意思の確認

シナリオⅠ

第4章　地方議会の権限

> **ポイント**
> 議会と長が決定的に対立し、調整がつかなくなったときの措置として、議会による長の不信任議決とそれに対抗する長による議会の解散という制度が設けられている。これは、長と議会の対立を、選挙による住民の判断に委ねようとするものである。

1　議会において、長の不信任議決をしたときは、議長はただちにその旨を長に通知しなければならず、通知を受けた日から10日以内に議会を解散しない場合、長は失職する（自治法178①②）。不信任議決が成立するためには、議員数の3分の2以上の者が出席し、その4分の3以上（特別多数）の同意がなければならない（自治法178③）。長が議会を解散した場合に、解散後はじめて招集された議会において、議員数の3分の2以上が出席し、過半数の同意で再び不信任の議決があったときは、長はその職を失う（自治法178③）。

2　こうした自治法に即した解説からは、「極度の緊張状態→議会による首長の不信任議決→首長による議会解散→議員選挙（→議会による再度の不信任議決→首長の失職）」の系列と、「極度の緊張状態→議会による首長の不信任議決→首長の失職（→首長選挙）」の系列があることが理解できる。この場合、後者の系列の最後の首長選挙は、失職した首長ではない者が立候補すると解釈する者もいる。しかし、住民が最終的に決着させるのであれば、みずからの失職、議会の解散、といった2つの道のほかに、「失職→再選挙」という選択もあってよい。
　実際、田中康夫長野県知事が、議会の不信任議決に対して、そうした選択を行った（2002年）。住民自治の原則からすれば、議会による不信任議決がなされた場合、首長の再選挙を組み込むことの方が、直接的で明確である。
　この制度は、議会が選任しているわけではない首長を議会が不信任議決するという、二元代表制では馴染まないものである。極度の緊張関係を解決するために、議院内閣制に類似した制度を導入している。究極的には住民による選挙により決着という住民自治を制度化したものである。

> **ひとこと**
> 緊張状態は望ましいとはいえ、地域経営が進まないほど極度にしないためには、対立する論点を住民に問う住民参加や住民投票等を制度化することも必要である（☞71、72）。
> 　首長が、任期中に退職の申し出をして、その後の選挙で立候補して当選した場合には、前職の在任期間となる（公職選挙法259の2）。首長が自分に有利に選挙を行わないためと、首長が自発的に住民に信を問う方法を認めるためである。

Ⅱ編　幅広い議会の権限

45 国の政策に影響を与える意見書提出権
[自治法99条]

住民　　　　　　　　　住民

議会

意見書
（自治法99）

決　議

首長

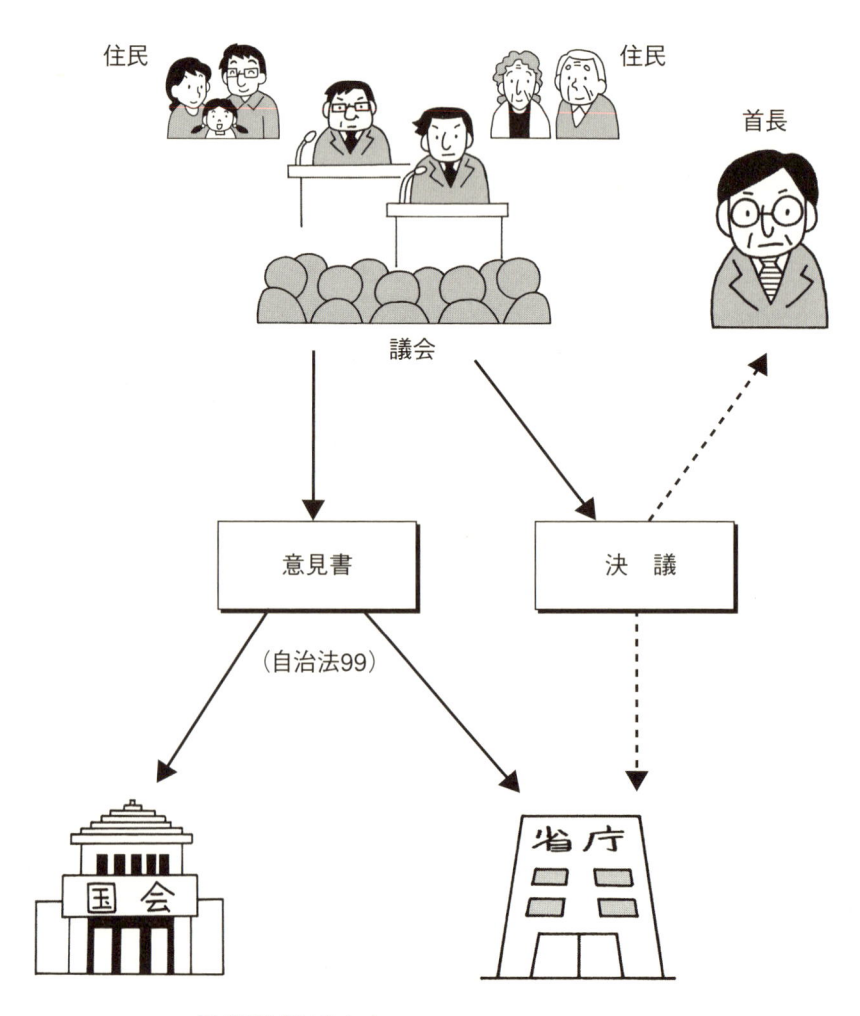

国会　　省庁

・政策形成に生かす
・少なくとも処理状況の応答を義務づける必要あり

第4章　地方議会の権限

> **ポイント**
>
> 議会は、意見表明権を有している。国（中央政府）の政策変更を促すために意見書提出権もその1つである。
> 　地方公共団体の公益に関する事件について意見書を国会又は関係行政庁に提出することができる（自治法99）。

1　意見提出権は、国（中央政府）の政策形成過程において、地方議会から政策の形成や修正に影響を及ぼすことを目的としている。地方分権改革の中で、国会（裁判所等を除く）にも意見提出を行うことができるようになったのは（自治法2000年改正）、この趣旨をより充実させるためである。

　従来も議会は、さまざまな争点について決議をあげてきた。この意見書提出権は、従来のように決議をあげるだけではなく、意見書として国会や関係省庁に提出できる権限である。しかし、現状のように意見書の出しっ放しで終わってしまっては、その目的にあわない。応答義務が必要である。少なくとも、処理状況の照会に応じる義務を制度化する必要がある。

2　決議は議会としての意思を表明するものであるために法律に基づく意見書と異なって法的拘束力を持たない（したがって、議案提出要件は適用されない）。とはいえ、政治的効果はある。決議は、「公益に関する事件」に限定された意見書と異なり、範囲は限定されていない。この決議は「議員辞職決議」「議員の発言に対する問責決議」、あるいは政策の方向づけの決議（☞46）などのもので、法的効果を生じる首長の不信任決議、議会解散決議とは異なる。

3　議会の意見表明権として、意見書提出権のほか、諮問答申権がある。それは、給与付与の不服申し立ての議会への諮問に対する意見（自治法206④）、職員の賠償責任の議会への諮問に対する意見（自治法243の2⑫⑬）などがある。

> **ひとこと**
>
> 意見書について、かつて外務省から自治省に「外交問題に関する地方議会の議決の自粛通達」の徹底の申し入れがあり（1966年）、自治省は通達を出した。しかし、今日グローバリゼーションの中で、住民の生活と無関係な「外交問題」はほとんど存在せず、逆にいえば、「外交問題」であろうと意見書は提出できると考えるべきだろうし、多くの議会もそうしている。
> 　1993年の自治法改正により地方6団体が内閣に対して意見を具申し、国会に意見書を提出することができることになった（自治法263の3②）。その最初の意見書は、「地方分権の推進に関する意見書」であった。

II編　幅広い議会の権限

46 議会による提言

[三重県議会の新しい政策サイクル]

中期的視点に立った新しいシステムの構築（政策サイクル）

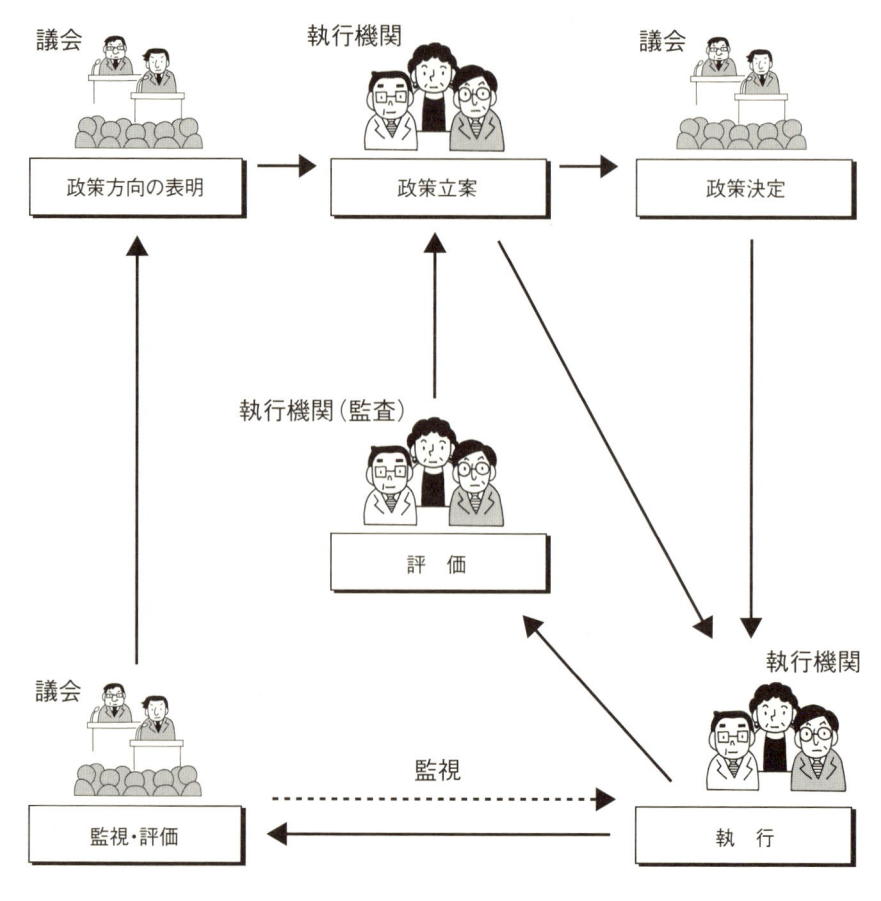

議会　政策方向の表明 → 執行機関　政策立案 → 議会　政策決定

執行機関（監査）　評価

議会　監視・評価 ←―監視―― 執行機関　執行

注：二元代表制における議会の在り方検討会（三重県議会）『二元代表制における議会の在り方について（最終検討結果報告書）』(2005年)より作成。

第4章 地方議会の権限

> **ポイント**
> 条例だけが地域の重要な政策ではない。政策立案機能を広く考えて、政策の形成に積極的にかかわる議会を想定することはできる。議会が執行機関に対して網をかぶせて、首長の施策の方向づけを行い、議会がそれに基づいて提出された施策案を討議し決定し、執行の評価を行うという「新しい政策サイクル」という視点を導入することもできる。＜議会による政策方向の表明＞→＜政策決定＞→＜執行の監視・評価＞→＜次の政策方向の表明＞といったサイクルである。

1 　行政改革の主要な手法であるニュー・パブリック・マネージメント（NPM）では「戦略計画の策定と個々の重点政策の目的に見合った数値目標の提示は長の役目となっている」。しかし、これとは異なる新しい政策サイクルという「このフレームではそれをさらに踏み込んで、議会が、長の策定する戦略計画と数値目標に基本的な方向づけを与えようとするところにポイントがある」（三重県議会）。

　もちろん、価値観が対立している議員や会派によって構成されている議会が、統一見解を作成し提言し網をかぶせることには困難がつきまとう。統一見解は作成できないか、できたとしても極めて抽象的なものになり実効性は乏しくなることも想定される。それでも三重県議会は、議員や会派の努力によって実効性のある施策の方向づけの統一見解を作成している。

　従来のような決議・意見書も提出されているが、最近では提言という形式で活発に行われている。委員会で議論したものは、委員会名で、また外部の専門委員による調査報告を踏まえたものは、議会名でそれぞれ提言されている。

　こうした新しい政策サイクルについては、条例や申し合わせ事項があるわけではない。しかし、最近ではこうしたサイクルを意識しながら議会運営が行われている。それが、議会基本条例制定によってさらに進展する。

2 　決議・意見書、さらには提言にしろ、執行機関には実行義務も応答義務もない。しかし、議会が統一見解を提出したことは無意味ではなく、それを意識した行政運営が行われることになる。議会としてもこれらを形骸化させないためには、常に議会自身の提言を意識した質問や討議を行うことになる。

> **ひとこと**
> 三重県議会の最近の提言として、「平成18年度　県本庁組織再編に関する提言」（東紀州地域経営調査特別委員会、2005年9月）、「地域医療・次世代育成対策特別委員会　提言に向けての中間報告書」（地域医療・次世代育成対策特別委員会、2005年12月）、「三重県環境保全事業団経営健全化に向けた提言」（三重県議会、2006年1月）等がある。

Ⅱ編　幅広い議会の権限

47 首長マニフェストに対する議会の関与

[松下圭一著『自治体再構築』公人の友社、2005年]

多治見市の総合計画

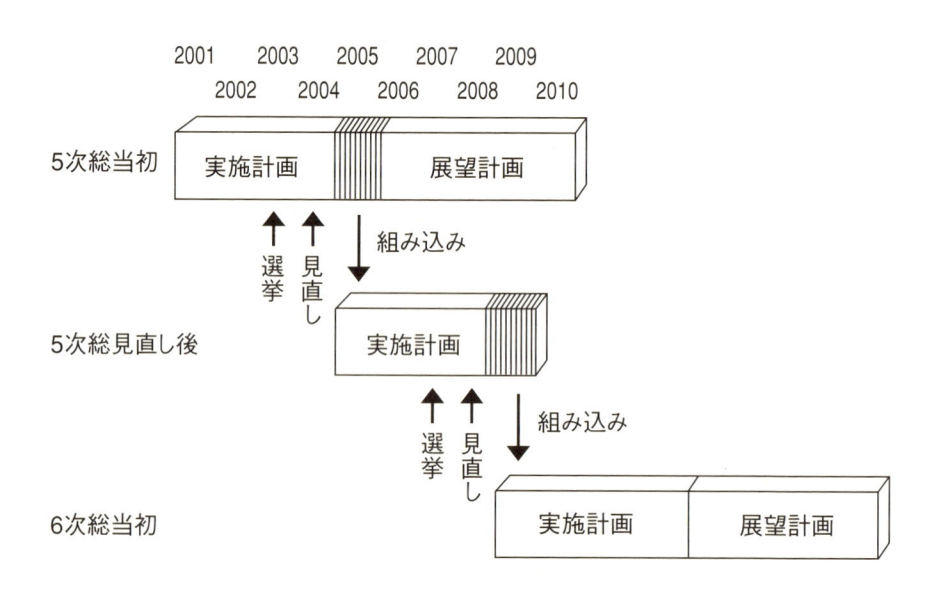

```
          2001  2003  2005  2007  2009
            2002  2004  2006  2008  2010

5次総当初  [ 実施計画 ][ 展望計画 ]
              ↑   ↑    ↓組み込み
              選  見
              挙  直
                  し

5次総見直し後      [ 実施計画 ]
                      ↑   ↑    ↓組み込み
                      選  見
                      挙  直
                          し

6次総当初                 [ 実施計画 ][ 展望計画 ]
```

出所：西寺雅也『多治見市の総合計画に基づく政策実行』公人の友社、2004年。

第4章 地方議会の権限

> **ポイント**　地域政策の分野では、予算先行型ではなく地域政策の中に予算を入れ込んだり、行政評価を取り入れた実質的な総合計画の策定が試みられるようになった。いくら議会が基本構想の議決権を有しているとはいえ、基本構想、基本計画、実施計画、それに基づく予算が一体化していなければ、地域政策全体を把握することは困難である。

1　いまだに基本計画や実施計画に載っていない予算が提出されることもまれではない。議員は個々バラバラな予算を読み、決議することになる。議員は、せいぜい自分の関心で意見をいい修正を行う。

　地域政策の分野では、かつて上乗せ条例や横出し条例などの革新があった。そしてようやく、地域政策の計画分野でも新たな動きがはじまった。たとえば、**多治見市『第五次総合計画』**は、「いわば、官僚答弁のようなゴマカシができる記述型から明確な個別・具体のプログラム型へという、計画スタイルの転換となった」（松下圭一『自治体再構築』公人の友社、2005年、149頁）。従来の行政計画の末尾についている計画施策一覧を計画の本体としたイメージである。

　総合計画期間10年のうち、前期5年を実施計画期間、後期5年を展望期間としている。実施計画に掲載されていないものは原則的に行わない。この実施計画の3年目に首長選挙があるように配置されている。当選した首長の選挙公約や当初想定した展望計画を吟味して、次の実施計画を策定することになる。それが3年目になると再度5年期間の実施計画と5年期間の展望計画を策定することになる。その後は、同じサイクルで循環する。

2　達成目標や財源構成も含まれた総合計画は、実質的な地域政策といえよう。しかも、この総合計画は、議会が十分にかかわることができる。実質的な計画に、8年ごとに議決権を行使できる。首長のマニフェストが総合計画に盛り込まれるがゆえに、マニフェストが議会の議論の俎上にのぼる。首長と議会は具体的な政策議論が可能となる。なお、実施計画を議会の議決事件に追加すれば4年ごとに議会はかかわることができる。もちろん、議決事件としなくとも、議会で議論することは可能である。

> **ひとこと**　「個別・具体のプログラム型へ」の転換によって、議会は地域政策に実質的にかかわることができるようになってきた。多治見市のほか、**江東区、町田市、深谷市、横須賀市、大和市、豊中市、**などは行政評価等マネジメントシステムを取り入れて総合計画を策定している。

Ⅲ編

自治を推進する議会の組織と運営

Ⅲ編　自治を推進する議会の組織と運営

48 高すぎる首長提案の原案可決率

[都道府県、市、町村の全国議会議長会のホームページ]

議員による提出議案の割合と内訳

〈市議会〉

- 議員側による提出議案　9.0%
- 執行側による提出議案　91.0%

内訳：
- 条例案　10.9%
  - うち政策的条例案　0.8%
- 規則案　2.2%
- 意見書案　63.4%
- その他　17.8%
- 決議案　5.7%

出所：全国市議会議長会

議員提出による新規の政策的条例案（原案可決のみ）
（2006年1月1日～12月31日、80市121件）

※政策的条例案については、各市の判断に基づき、取り扱うものである。

都道府県	市	条例名
北海道	札幌市	札幌市住宅耐震化促進条例案
北海道	小樽市	小樽市文化芸術振興条例
岩手県	大船渡市	大船渡市行政に係る基本的な計画の議決等に関する条例
秋田県	秋田市	秋田市未来を築く子どもを育むための市民や社会の役割に関する条例
秋田県	男鹿市	男鹿市議会議員定数条例
秋田県	仙北市	仙北市議会政務調査費の交付に関する条例
山形県	新庄市	議会の議員の期末手当の特例に関する条例
山形県	上山市	上山市議会議員の期末手当の特例に関する条例
福島県	福島市	福島市サル餌付け禁止条例
新潟県	胎内市	胎内市議会議員の定数を定める条例
長野県	飯田市	飯田市自治基本条例
長野県	飯田市	飯田市の議決すべき事件を定める条例
長野県	千曲市	千曲市まちづくり基本条例
長野県	千曲市	千曲市美しいまちづくり景観条例
長野県	上田市	上田市議会の議決事件に関する条例
神奈川県	小田原市	小田原市深夜花火規制条例
神奈川県	逗子市	逗子市深夜花火規制条例
茨城県	石岡市	石岡市政治倫理条例
茨城県	笠間市	笠間市政治倫理条例
茨城県	取手市	取手市自転車安全利用条例について
栃木県	宇都宮市	宇都宮市地産地消の推進に関する条例
栃木県	下野市	下野市議会委員会条例
栃木県	下野市	下野市議会事務局設置条例
埼玉県	秩父市	秩父市議会の議員の定数を定める条例
埼玉県	北本市	北本市大規模小売店舗等の立地に伴う市及び設置者等の役割を定める条例
千葉県	市川市	市川市男女共同参画社会基本条例
千葉県	船橋市	船橋市市政に係る重要な計画の議決に関する条例
千葉県	流山市	流山市指定管理者における市長及び流山市議会議員の兼業禁止に関する条例
三重県	名張市	名張市子ども条例
三重県	志摩市	志摩市議会政務調査費の交付に関する条例
大阪府	枚方市	職務の執行に対する意見、要望等の記録等に関する条例
兵庫県	赤穂市	赤穂市犯罪被害者等支援条例
兵庫県	丹波市	丹波市議会議員政治倫理条例
兵庫県	丹波市	丹波市議会定数条例
広島県	呉市	呉市議会議員政治倫理条例の制定について
広島県	三次市	三次市議会の議決に付すべき事件に関する条例
広島県	三次市	三次市議会政務調査費の交付に関する条例
福岡県	福岡市	福岡市議会議員選挙公報発行条例案
福岡県	福岡市	福岡市市行政に係る重要な計画の議決に関する条例案
福岡県	福岡市	福岡市風俗関連の営業に係る勧誘、誘引及び客待ち等の防止に関する条例案
長崎県	大村市	大村市水道水源保護条例
長崎県	壱岐市	壱岐市水道水源保護条例
大分県	由布市	由布市議会の議決事件に関する条例
沖縄県	那覇市	那覇市路上喫煙防止条例

第5章　地方議会の組織と運営の課題

> **ポイント**
> 議会で審議される議案のほとんどは執行機関からの提案である。しかも、執行機関からの提案は、ほぼ100％原案可決となっている。執行機関に対する牽制権限を地方議会は活用していない。

1　地方議会像には、大まかにいって2つのモデルがある。従来はコップの中の嵐にしか考えられていなかった機関競争（対立）主義の要素に由来する2つのモデルのうち、どちらを目指して改革を行うかが問われるようになった（☞11）。

　まず、「議会＝政策立案機関」モデルがある。議員立法を駆使し、執行部と並んで政策立案にかかわる議会像である。専門化した少数の常勤議員が活動し、議会事務局などの補佐制度の充実が提起される。それに対して、「議会＝行政コントロール機関」モデルがある。"一概には言えない"が、専門職ではなく素人の議員となり、住民と議会とが乖離せず執行部を統制する。

　両者のモデルは制度からすればどちらも妥当するとまずいえる。やっかいなのは実際には政策立案機関モデルが依拠する議員提案があまりにも少ないことが、政策決定の中心は議会外で行われているとする行政コントロールモデルの依拠する前提となっている。したがって、全体的に見れば行政コントロールモデルが妥当するようにも思われる。

　しかし、逆に議員提出条例が増大していることを考慮すれば、政策立案機関モデルの要素が拡大しているといえる。いまだ小さな一歩ではある。したがって、政策立案機関モデルの比重は少ない。

2　とはいえ2つの意味で積極的に政策立案機関モデルを推進する意味がある。1つは消極的な理由である。従来の中央集権的な構造下では、行政主導で議会は単なる「正統性付与の機関」程度の意味しか有していなかった。ここでまた、議員提出条例を軽視する行政コントロールモデルを強調することは議会の役割をさらに限定することになるからである。もう1つは、行政コントロールモデルを本当に機能させるには、政策立案能力を高めることが先決だからである。

> **ひとこと**
> 執行機関からの提案には、すでに議員の意向（会派の要望書や、首長との懇談）が反映されているがゆえに、議員の政策立案能力を低く評価することは誤りであるという見解がある。公開の原則から逸脱した行為は、たとえ影響力があろうとも、住民からは「談合」とみなされ、無視されることになる。

III編　自治を推進する議会の組織と運営

49 議会質問の「慣習慣例」

[各議会の議事録]

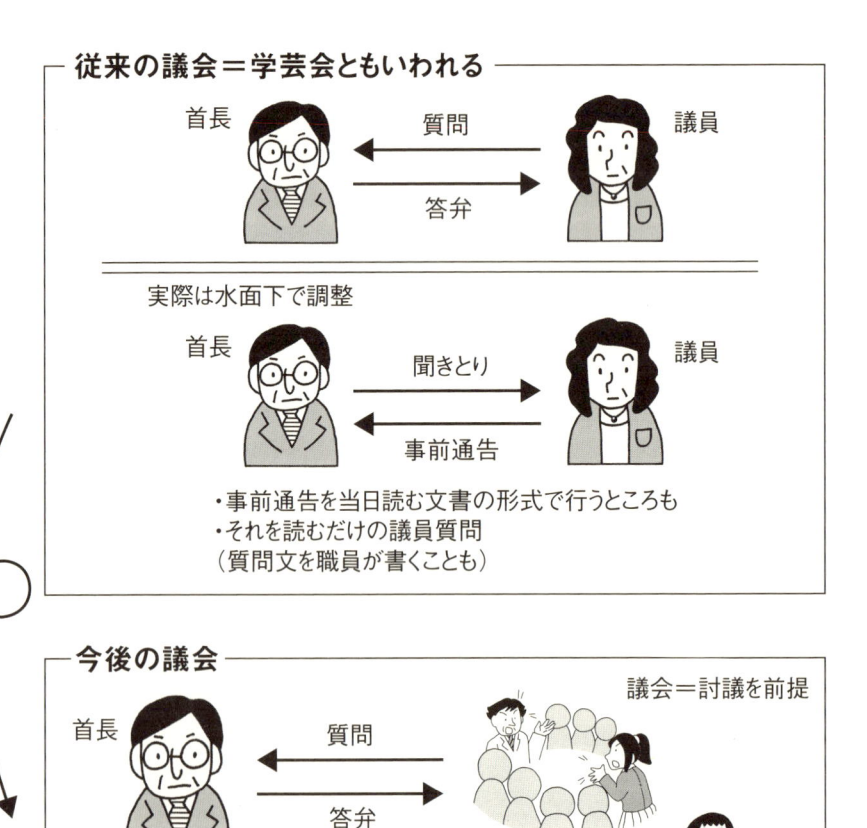

従来の議会＝学芸会ともいわれる

首長 ←質問— 議員
　　 —答弁→

実際は水面下で調整

首長 —聞きとり→ 議員
　　 ←事前通告—

・事前通告を当日読む文書の形式で行うところも
・それを読むだけの議員質問
（質問文を職員が書くことも）

今後の議会

議会＝討議を前提

首長 ←質問— （討議する議員たち）
　　 —答弁→

職員 ←職員を活用— 議会事務局

第5章　地方議会の組織と運営の課題

> **ポイント**
> 議会は、本来「公開と討議」の場であるが、ほとんどすべての議会では「質問の場」に化している。執行機関に対する質問さえ行わない議員もいる。まさに議員の自殺行為だといえよう。また、その質問を執行機関に頼んでいる慣習があるとすれば、議会は茶番劇を演じる場に化していることになる。驚くことに、こうした議会が存在している。

1　さまざまな研究会や研修会に参加していて、議員あるいは自治体職員から実際に職員が質問をつくり、答弁もつくり、さらには再質問もつくっているということが指摘される。まさかと思いつつ聞いていた。新聞で報道されたことを紹介しておこう。

　ある県で県議の質問に県が関与している「なれ合いの実態」が明確になった。県政策秘書室長が「慣習慣例」と答えていることでも信憑性はある。

　9月初めから質問作成に入り、県が用意した原稿にある議員が手を入れるなどして調整を進めた。彼が訂正した原稿を職員に渡し、翌日職員から受け取った原稿には訂正箇所が反映されていなかった。逆に、別の文が挿入されていた。この県議は「自分の意図しない原稿を読むことを求められたため質問を辞退した」という。

　これに対して、県の担当者は過去の原稿や県議の考え方を考慮して質問を作成した。提案した原稿を読むかは県議の判断で、「要請や依頼もしていない」と反論しているという。「慣習慣例であり、県議から依頼があれば質問作成を手伝ってきた。正式な職務として位置づけられていないが、問題はない」と話したという（『山梨日日新聞』2006年9月30日付）。

2　この記事の3年前にも「なれ合い」は指摘されている。「山梨県議会では議員の質問づくりまで県職員が手伝ったり、職員主導で質問がつくられたりしているといわれる。これは執行部と議会の『なれ合い』にほかならない」（同2003年4月3日付社説）。

　この事例は山梨県議会にだけ妥当するわけではない。議員が、このように行政側の単なるアクター（行為者）として演じるとすれば、それでは議会の存在意義が問われる。

> **ひとこと**
> 「全部のセンセイがそうではないが、3割が丸投げ。自分で作ってくるのは2割。残りがその中間かな」、こうしたレポートが続く（『下野新聞』2003年1月1日付）。「一番ひどい」（片山善博）と名指しされた北海道では「事前に提出した質問事項を元に議員と道職員が協議し、質問と答弁を練り上げる。あらかじめ再質問まで用意するなど芸も細かい」、「水面下で議会と執行機関がシナリオを描くケースは〔全国では〕決して珍しくはない」（『日本経済新聞』2007年11月19日付）。こうした八百長、学芸会をやっていれば議会は住民から本当に見放される。

III編　自治を推進する議会の組織と運営

50 議員の定数の決め方

[自治法90条1・2項、91条1・2項]

市区町村議員定数の削減と有権者数

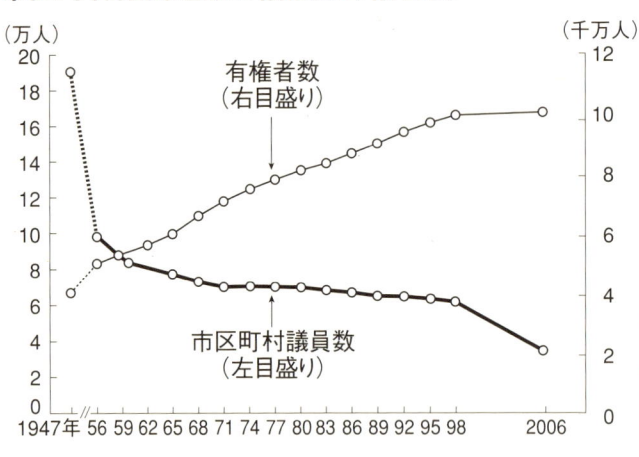

有権者数（右目盛り）

市区町村議員数（左目盛り）

注：朝日新聞特別取材班『政治家よ―不信を超える道はある―』朝日新聞社、2000年、115頁、に加筆。

議員定数は条例で定める（自治法90①、91②）
――それにもかかわらず、上限が決まっている（同90②、92②）

[都道府県]

人口	議員定数
75万未満	40人
75万以上100万未満	70万を超える数が5万を増すごとに1人を40人に加えた数
100万以上	93万を超える数が7万を増すごとに1人を45人に加えた数（その数が120人を超える場合は120人とする）
東京都の特例	特別区の存する区域の人口を100万で除いて得た数を、上記に定める数に加えた数（その数が130人を超える場合は、130人とする）

[市町村]

人口	議員定数
2千未満の町村	12人
2千以上5千未満の町村	14人
5千以上1万未満の町村	18人
1万以上2万未満の町村	22人
5万未満の市 2万以上の町村	26人
5万以上10万未満の市	30人
10万以上20万未満の市	34人
20万以上30万未満の市	38人
30万以上50万未満の市	46人
50万以上90万未満の市	56人
90万以上の市	50万を超える数が40万を増すごとに8人を56人に加えた数（その数が96人を超える場合は96人とする）

第5章 地方議会の組織と運営の課題

> **ポイント**
>
> 議会の設置は、憲法及び地方自治法で規定されている。その議会の構成員である議員の定数は、条例で定めることになっている（自治法90①、91①）。しかし、条例で定めるといいながら、人口に比例して上限を設定するという拘束がある（自治法90②、91②）。ただし、市町村合併の場合、定数の増員が認められる（市町村合併の特例に関する法律3）。

1　そもそも、議員定数の根拠についての定説はない。議会は多様な意見を吸収し、さまざまな視点から議論する場であるがゆえに、「相当」の人数が必要であるという見解もある。しかし、多様な意見の集約は、いまや住民参加でも可能である。実際、有権者に対する議員数は一貫して減少している。

　それに対して、定数削減が、首長サイドと並ぶもう1つのパワーセンターを成立させるという見解もある。「平成の大合併」によって議員定数は大幅に削減された。そのことによって議員は、従来の地区代表からより広い視点から討議する議会活動に専念することができる。競争することによる議員の質の向上も想定できる。

2　多様な意見集約は、住民参加を導入した議会でも可能となる。したがって、多様性を定数拡大の根拠とすることは困難である。しかし、少なければ少ないほどよいか。合議体という議会の前提条件を侵さないとすれば3人以上ということになる。討議できる人数とはどのくらいか。それこそ自治体のポリシーに基づくものである。これを明確にできないで、議員定数の削減をいうのは、議会の自信のなさを表している。

> **ひとこと**
>
> すべての議員の報酬額を一定として、人数の削減には高額の報酬を、人数を多くする場合には少なくした報酬額を、という議論がある。そもそも、報酬が明確ではないため、この議論の根拠も弱い。
>
> 定数の基準を便宜上示せば、本会議主義の場合は、人数は少なくてよい。それに対して、委員会主義を採用している議会は、委員会数×討議できる人数ということになる。そこで、討議できる人数とはどのくらいかといえば、6-10名程度、本会議中心主義の議会では15人程度、委員会中心主義の議会では6-10人×常任委員会数、したがって3常任委員会だとすれば、18-30人ぐらいが妥当だと思われる。

Ⅲ編　自治を推進する議会の組織と運営

51 議会の招集は首長

[自治法101条]

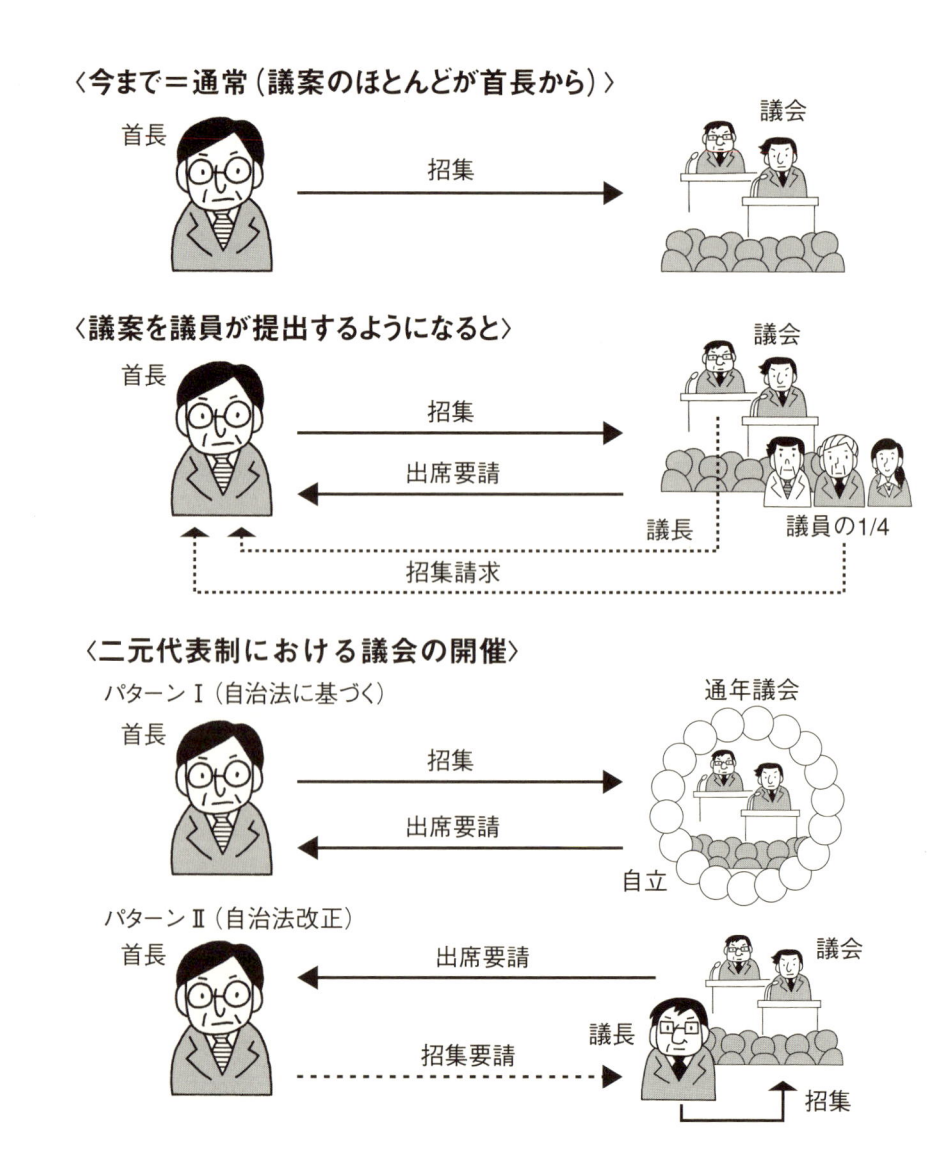

〈今まで＝通常（議案のほとんどが首長から）〉

首長 →招集→ 議会

〈議案を議員が提出するようになると〉

首長 →招集→ 議会
首長 ←出席要請← 議長
首長 ←‥‥招集請求‥‥ 議員の1/4

〈二元代表制における議会の開催〉

パターンⅠ（自治法に基づく）

首長 →招集→ 通年議会
首長 ←出席要請← 自立

パターンⅡ（自治法改正）

首長 ←出席要請← 議会
首長 ‥‥招集要請‥‥→ 議長 →招集→ 議会

第 5 章　地方議会の組織と運営の課題

> **ポイント**
> 　議会活動を開始する前提として、議員に対して一定の日時に一定の場所に集合することを求めることを「招集」という。国会は天皇の国事行為であるために特別に「召集」が使われる。地方議会では「召集」ではない。議会の招集は、議長ではなく首長が行う（自治法101）。なお、議員定数の4分の1以上の者から会議に付すべき事件を示して臨時会の招集請求があるときは、長は招集しなければならない（自治法101）。2006年自治法改正では議長に請求権が付与された（自治法101②④）。

1　議会は、議会活動を行う前提として議員定数の半数以上が在籍していることで成立する。議会は、議員定数の半数以上の議員が出席しないと、会議を開くことができない（自治法113）。この定数の半数を定足数という。例外として①除斥のため半数に達しないとき、②同一事件について再度招集しても半数に達しないとき、③招集に応じた議員は定数の半数以上であっても、出席議員が定足数を欠き議長が出席を催告してもなお半数に達しないときや出席の催告によりいったん半数に達してもその後半数に達しなくなったとき（自治法113）、会議を開くことができる。

2　国会の召集権が天皇にあるように、地方議会の招集権が統轄権を有する首長にあっても問題はないという見解が流布している。しかし、議会は、執行機関と並ぶ議事機関である。さらに、従来は質問・表決一辺倒であった。今後は議員提案も増大し、議員同士で討議することになる。そうだとすれば、議会自体で会議を開催する権限が必要である。そもそも、首長等は「議会の審議に必要な説明のため議長から出席を求められたときは、議場に出席しなければならない」（自治法121）のであって、毎回議場に出席する必要はない。議長に招集権があり、首長に招集請求権があることが順当である。

3　通年議会を開催すれば（北海道**白老町議会**）、一度首長によって招集された議会は独自に運営することができる（☞54）。

> **ひとこと**
> 　長の招集権については、ほとんどの議案が首長提出である現状、また必要があれば議員や議長は臨時議会を請求できることから支障はないという見解がある。しかし、二元代表制を機能させるには、議会の招集権を議長に付与すべきである。その場合でも、首長からの提案が多いことを考慮して首長から招集要請があった場合は何日以内に招集しなければならないという項目を追加する。
> 　議会の告示は、インターネットの普及にもかかわらず、住民に伝わってはいない。公共施設に議員の質問事項を掲示する等（北海道栗山町議会）、工夫が必要である（☞62）。会期中も、本会議日、委員会日、休会等とわかりにくい。議会は議員のためだけのものではない。事前にスケジュールの概観を明示すべきである。

Ⅲ編　自治を推進する議会の組織と運営

52 議長のリーダーシップ力

[自治法104条]

首長

議長
対等な関係に基づくリーダーシップ

上下関係を前提としたリーダーシップ

議員

執行機関

上位下達

・議会の秩序を保持
・議事を整理
・議会の事務を統理
・議会の代表
・委員会に出席し意見を述べる

第5章　地方議会の組織と運営の課題

> **ポイント**
>
> 執行機関をまとめている（統轄）のは首長である。それに対して、議事機関である議会をまとめているのは議長である。執行機関と議会が切磋琢磨するには議長のリーダーシップが必要である。議長は議会の顔である。
> だからこそ、議長の職務権限として、議長は議会の秩序を保持し、議事を整理し、議会の事務を統理し、議会を代表する（自治法104）。

1 具体的には、議場の秩序維持（自治法104、129、130、131）、議事の整理権（同113、121、137等）、事務の統理権（議会事務局職員の任免等、同138）、議会代表権（同104）がある。議長には委員会に出席して意見を述べることもできる（同105）。

2 議長及び副議長は議員の中から選挙によって選出される（同103）。リーダーシップを発揮するには相当の期間が必要である。自治法では、議長の任期を議員の任期による（＝4年）と定めている（同103）。

　したがって、議長を単に多数派で当選回数が多いという理由から選出するわけにもいかない。そうしたリーダーシップ能力と関係のない理由で選出される議会の議長任期は短期である。実際、自治法の規定にもかかわらず、任期が短かったり、多数派の3期目の議員を4年間で割った任期だけを議長に選出したり、議長を単なる名誉職と勘違いしている議会もみられる。

　リーダーシップを発揮できる議長を選出するためには立候補による信念の表明後に、リーダーシップ能力を比較して選挙を行うなど、議長選出の仕方を改革することが必要である。

> **ひとこと**
>
> 議会には、議長のほか副議長、仮議長、臨時議長の役割がある。議長が欠けたり、事故があるときは、副議長が議長の職を行う（自治法106①）。これは、議員によって議会の中から議長とともに選挙される。仮議長は、議長、副議長ともに事故がある場合には、仮議長を選挙し議長の職務を行わせる（自治法106②③）。臨時議長は、議長、副議長又は仮議長の選挙を行う場合において、議長の職務を行うものがないときは、その時出席している議員のうち、最年長者が臨時の職務を行う（自治法107）。

III編　自治を推進する議会の組織と運営

53 自治法から考える議会運営の原則

[自治法113・115条等]

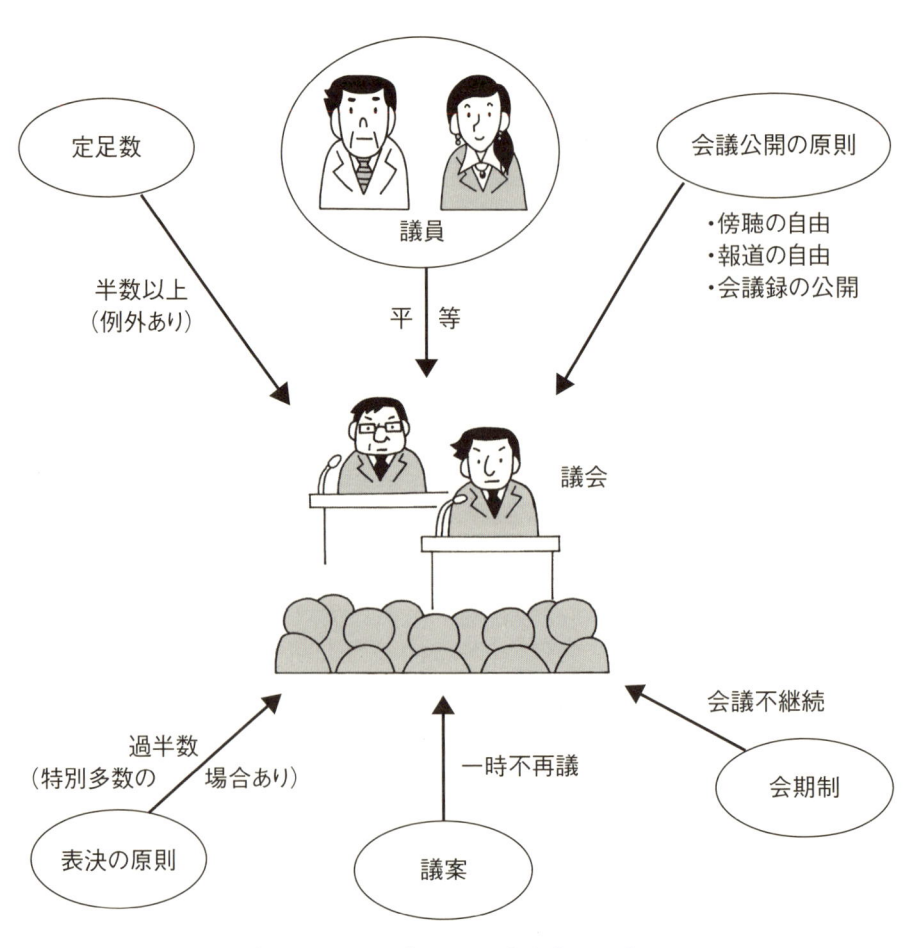

```
        議員
定足数   ↓平等   会議公開の原則
半数以上           ・傍聴の自由
（例外あり）        ・報道の自由
                  ・会議録の公開
         ↓
        議会

過半数      一時不再議   会議不継続
（特別多数の
  場合あり）
表決の原則    議案        会期制
```

重要なこと＝忘れてはならないこと

・住民参加を議会に！
・討議する議会に！
・執行機関と切磋琢磨する議会に！

第5章　地方議会の組織と運営の課題

> **ポイント**　議会運営が本会議中心主義であろうと、委員会中心主義であろうと、議会の議決権限は本会議に属する。自治法に基づく議会運営の原則を確認しておこう。会議公開の原則、定足数の原則、表決の原則、一時不再議の原則、会議不継続の原則である。

1　会議公開の原則（自治法115）。議会は「公開と討議」をその存在意義としている。そこで、①傍聴の自由、②報道の自由、③会議録の公開は当然である、秘密会を開催するには、議長又は議員3人以上の発議により、出席議員の3分の2以上の多数で議決したときにのみ開くことができる。

　なお、本会議の原則として解釈されているために、委員会は公開されていないところもあるし、全員協議会は公開されていないところの方が多い。公開原則は、公的な会議にも実質的な会議にも適用されるべきである。

2　定足数の原則（自治法113）。原則として、議員の定数の「半数以上」の議員が出席することで、会議を開催することができる。議長も含める。

3　表決の原則。表決には、多数決を原則としているが、特別多数決もある。
　①　多数決の原則、つまり出席議員の過半数による表決を原則とする（自治法116）。可否同数の際には、議長が決める。
　②　自治法に特別の規定がある場合は、特別多数決となる。
　　(a)　出席議員の3分の2以上の同意：地方公共団体の事務所の位置を定める条例（自治法4）、秘密会の開催（自治法115）、議員の資格決定（自治法127）、条例・予算の再議決（自治法176③）、特に重要な公の施設の廃止（自治法244の2②）。
　　(b)　出席議員の4分の3以上の同意：直接請求に基づく副知事、副市長村長等の主要公務員の解職の決定（自治法87）、議員の除名（自治法135）、長の不信任議決（自治法178）等。これらの場合には、議員数の3分の2以上の出席が必要。
　　(c)　出席議員の5分の4以上の同意：議会の自主解散の決定（地方公共団体の議会の解散に関する特例法）。この場合は、議員数の4分の3以上の出席が必要。

4　一時不再議の原則。同一会期中に一度議決された同一事項については、再び審議の対象とすることができない（昭33（1958年）・3・26行実）。

5　会議不継続の原則（自治法119）。議会は、会期ごとに独立の存在として活動するものであり、会期中に議決に至らなかった事件は、後会に継続しない。例外として、閉会中に委員会による継続審査の措置がある（自治法109、109の2、110）。

6　議員平等の原則。議員は平等な権限を有している。

Ⅲ編　自治を推進する議会の組織と運営

54 会期制と通年議会

[自治法102条]

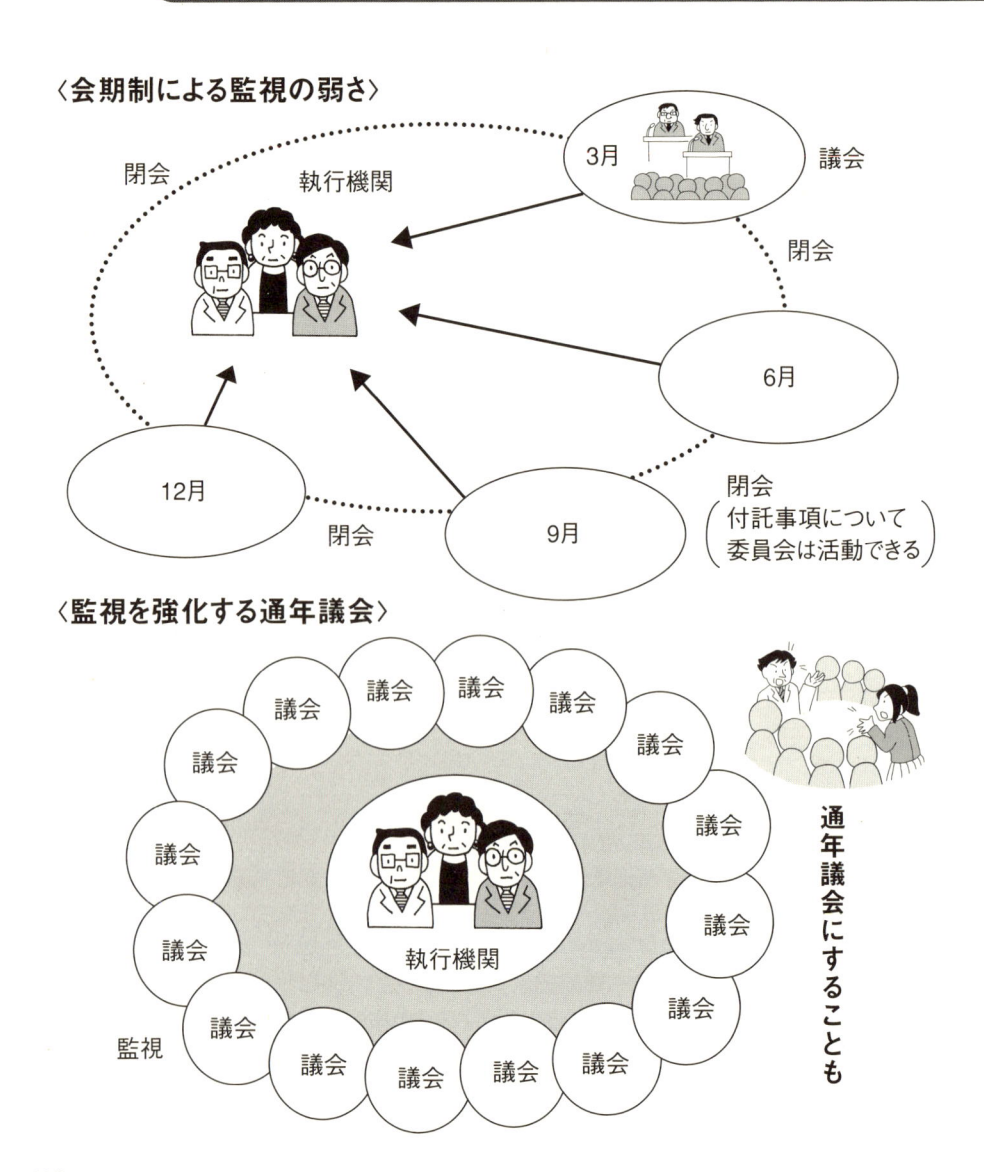

〈会期制による監視の弱さ〉

閉会　執行機関　3月　議会
　　　　　　　　　　　閉会
　　　　　　　　　6月
12月　　　　　　　　　閉会
　　　閉会　9月　　　（付託事項について委員会は活動できる）

〈監視を強化する通年議会〉

議会（執行機関を囲む）
監視
通年議会にすることも

第5章　地方議会の組織と運営の課題

> **ポイント**
>
> 　議会には定例会と臨時会がある。定例会は、毎（暦）年、条例で定める回数招集される（自治法102）。それまでは4回以内という制限があったが、当然ながらそれもなくなった（2004年）。臨時会は、必要がある場合に、付議すべき事件を告示して招集される（自治法102）。その事件についてのみ審議を行う。招集の告示は、都道府県及び市にあっては開会の日前7日、町村にあっては開会の日前3日までに行う。ただし、急な場合は、この限りではない（自治法101）。

1　議会を自治体の重要な機関として位置づけると、定例会と臨時会という会期制は問題なしとはいえない。そもそも、自治法制定時、連合国軍総司令部は、地方議会の開催数を増やすこと、具体的には年12回以上を提案していた。地方議会の権限を生かすためには、会議の開催が不可欠であるという発想である。結局、自治法では、地方議会の会議は定例会と臨時会に分けられ、定例会は毎年6回以上の招集が義務づけられた。その後、毎年4回に（1952年）、毎年4回以内（1956年）に改正されている。毎年6回以上から毎年4回に改正された際には、国会には議会運営の合理化、効率化を目的として定例会を戦前のように常会制（年1回開会）にして、年1回に制限する法案が提出されていた。逆に考えれば、議会運営を活性化させるためには、議会の開催日数を増やすことを暗示しているといえよう。

2　会期とは、議会活動する期間をいう。会期及び延長並びに開閉に関する事項は、議会が定める（自治法102）。なお、会期中、議会が開催されているわけではない。会期には、実際に議会を開催しない土日、祭日はもとより、事務整理日も含まれているためである。

> **ひとこと**
>
> 　議会運営を活性化するために、通年議会も模索されている。定例会と臨時会を置く会期制から、議会期制を設置することも想定できる。アメリカ合衆国の市町村議会で行っているような毎週月曜日開催などが可能となる。それに対して、自治法が想定する会期制を維持したままで、定例会を1回として、通年議会とすることも可能である。すでに北海道白老町議会は定例会を年1回とし、通年議会に踏み切った（2007年）。定例会の節目がなくなり、緊張感がなくなるという意見も聞かれるが、むしろ議会と執行機関との緊張感を増すために導入することも考えてよい。

Ⅲ編　自治を推進する議会の組織と運営

55 会議規則から議会基本条例へ

[自治法120条]

今までの議会のルール

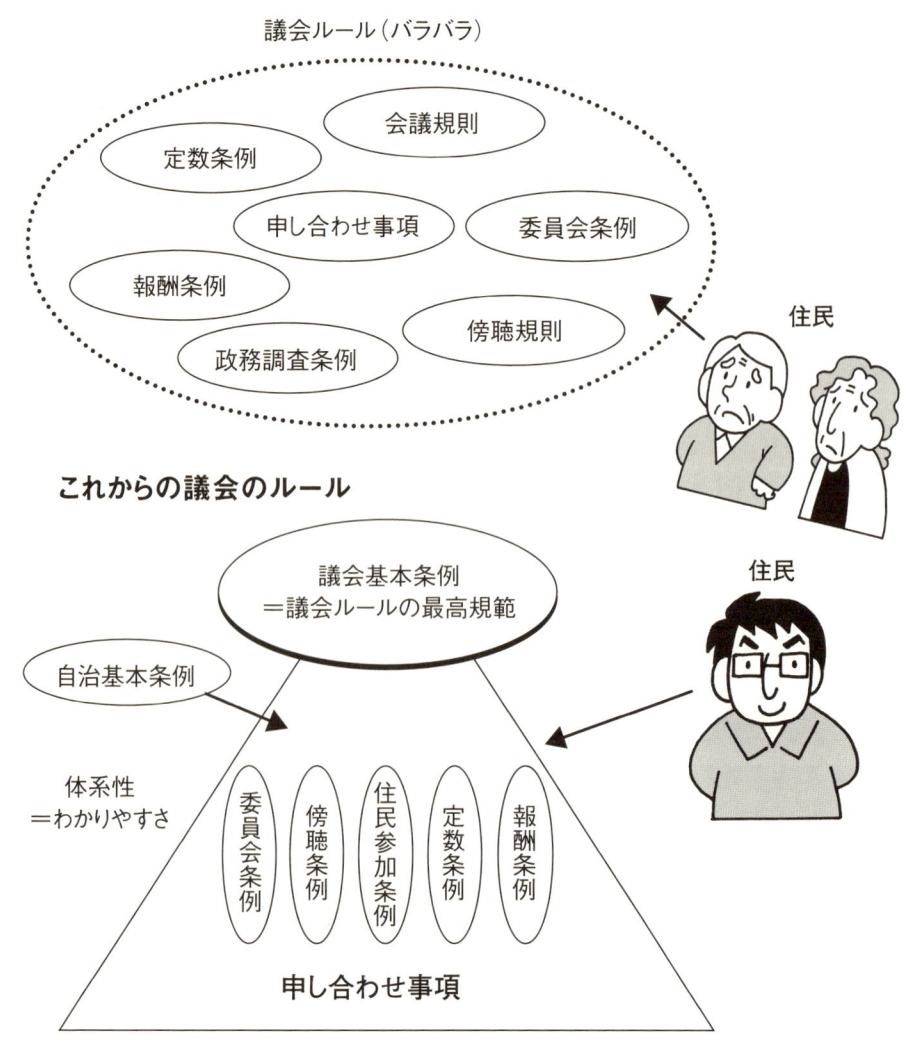

議会ルール（バラバラ）

- 会議規則
- 定数条例
- 申し合わせ事項
- 委員会条例
- 報酬条例
- 政務調査条例
- 傍聴規則

住民

これからの議会のルール

議会基本条例
＝議会ルールの最高規範

自治基本条例

体系性
＝わかりやすさ

- 委員会条例
- 傍聴条例
- 住民参加条例
- 定数条例
- 報酬条例

申し合わせ事項

住民

第5章　地方議会の組織と運営の課題

> **ポイント**
> 　議会は、その運営に必要な会議の手続及び内部規律について会議規則を設けなければならない（自治法120）。会議規則の公表は、条例の例によって行う。
> 　会議規則を制定しなければならないために、議会基本条例の制定はできないという解釈は、今日通用しない。栗山町議会基本条例の水準を保ちつつも、それぞれの独自性が出ている議会基本条例が制定されている。伊賀市議会、北海道今金町議会、神奈川県湯河原町議会、さらには三重県議会などである。

1　栗山町議会の改革は一朝一夕には達成されない。栗山町は、福祉のまちづくりを早い時期から行ってきた。また、議会の住民報告会も早い時期から行っている。こうした自治の基礎があることによって、議会基本条例は制定された。この制定は、分権時代の地域経営のルールの必要性や、フォーラムとしての議会の意味の再確認が基礎となっている。

　また、三重県議会も早い時期から議会改革のさまざまな提案を行い実践してきた。議会にかかわる諸問題検討委員会の設置（1995年）、議会改革検討委員会の設置（1996年）、二元代表制における議会の在り方検討会の設置（2003年、最終報告2005年（「新しい政策サイクル」の提起））、議会基本条例研究会の設置（2005年）、議会基本条例素案の発表とパブリックコメントの実施（2006年）などである。

　これを踏まえて三重県議会基本条例が制定された。議員発議の政策条例でも、都道府県合計49件のうち3件（2004年9月1日－2006年8月31日）は三重県議会のものである（リサイクル利用推進条例の一部を改正する条例、地域産業振興条例、三重の森林づくり条例）。また、すでに指摘したように議会によるパブリックコメントも行っている（9道県のうちの1つ）。議案聴取会・全員協議会の一般傍聴を認めることの実施、「議会運営用語解説」の作成と傍聴者への配布、といった開かれた議会を実践してきた。

2　議会基本条例は、今日の議会運営の1つの水準を示している。多くの議会は、これを参考に今後の議会運営を考えてもらいたい。決して活用できない条例ではなく、日々の自治活動に照らした地域経営のルールを制定することである。そして、これらの議会基本条例の制定は、いままでつくり出してきたルールを後戻りさせない意思を示したものである。栗山町議会や三重県議会はそのことを教えている。

> **ひとこと**
> 　議会基本条例の制定によって、最高規範としての基本条例の下で、条例、規則、規程という整合性ある議会運営体系が創出された。

III編　自治を推進する議会の組織と運営

56 本会議中心主義と委員会中心主義

[自治法109・109の2・110条]

〈本会議中心主義〉

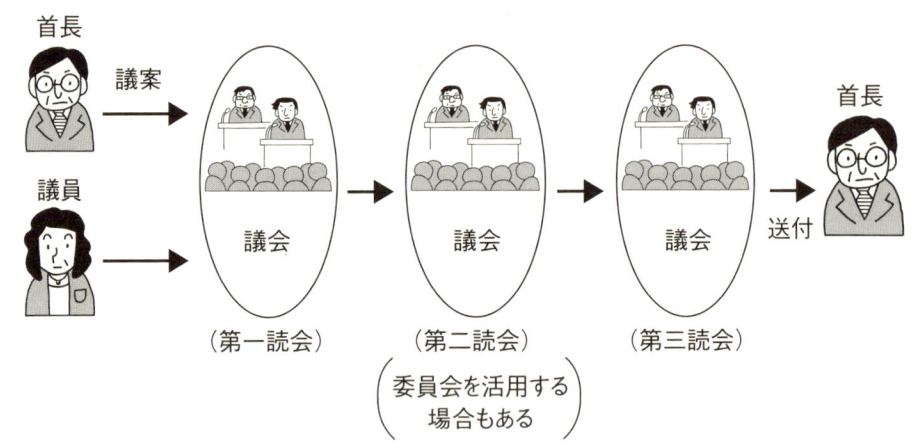

首長 →議案→ 議会（第一読会）→ 議会（第二読会）→ 議会（第三読会）→送付→ 首長
議員 →

（委員会を活用する場合もある）

〈委員会中心主義〉

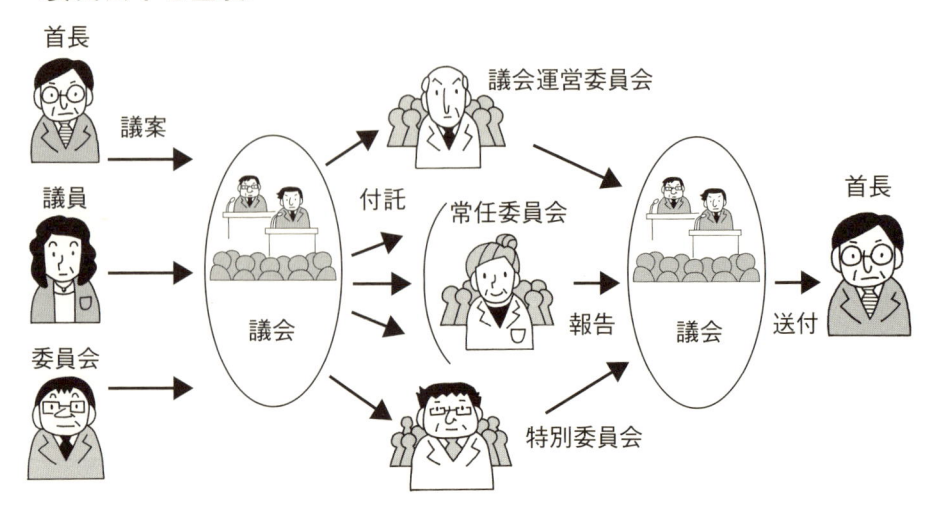

首長 →議案→ 議会 →付託→ 議会運営委員会／常任委員会／特別委員会 →報告→ 議会 →送付→ 首長
議員 →
委員会 →

[すべて条例設置]

第5章 地方議会の組織と運営の課題

> **ポイント**
>
> 　地方議会の審議方式として委員会制が導入されている。自治法上は条例によって設けることができるという任意設置制である。しかし、委員会はもはや当たり前の制度として定着している。そもそも委員会制は、アメリカ連邦議会の常任委員会制度を採用したものである。アメリカの場合は、膨大な議員立法を効率よく処理するために委員会制が活用されている。しかし、首長からの条例案提出がほとんどである。委員会制を採用する意義を再確認したい。

1　会議日数が限られている中で、議案を効率よく処理する必要から委員会制が広がったことは理解できる。また、議会の閉会中でも議決により付議案件について継続的に審査できるという特徴を持っている。

2　しかし、委員会制には問題も多い。実質審議が委員会で行われることから、本会議が形骸化することである。しかも、本会議は法定で公開となっているものの、委員会やその議事録は実質的に非公開という議会も少なくない。これでは委員会制は密室政治の温床となる。また、実際問題として1議員1委員会制であったために、議員数が少ない議会では委員会制は実質的には機能していない（2006年自治法改正で1人1委員会という規制は撤廃された）。

3　そこで、委員会制を再考する時期に来ている。日本の地方議会には膨大な議員提出条例案を処理する必要性はない。効率的な審議の必要性や委員会が議会閉会中にも審議できるというメリットは、議会活動日数の限定によるものである。そうだとすれば、本会議の会議日数を増加させ恒常化すればいい。

　そもそも、議員数が少ない議会では委員会制を採用する必要はない。読会制による本会議中心主義で運営することも考えられる。しかし、会議日数が限定されている今日の状況からすれば、委員会制が会議の閉会中でも審査できるという特徴を生かすことも考えてよい。町村議会の中には、議案の審議方法を「本会議中心主義」としているものの委員会を設置しているところもある。それは閉会中に委員会が審査できるからである。

4　地方分権において自治体が膨大な権限や財源を有し、複雑な社会を経営する議会であるがゆえに、読会制の本会議中心主義ではなく委員会制の充実が現実的である（☞58）。

> **ひとこと**
>
> 　議員数の少ない議会で委員会制を採用する場合にも、充実した討論を行わなければならない。そのためには、委員会数を減らして委員会の人数を増やして討議する環境をつくったところもある。

Ⅲ編　自治を推進する議会の組織と運営

57　委員会中心主義による議会運営

[自治法第6章第5・6節]

〈公式会議はセレモニー化〉

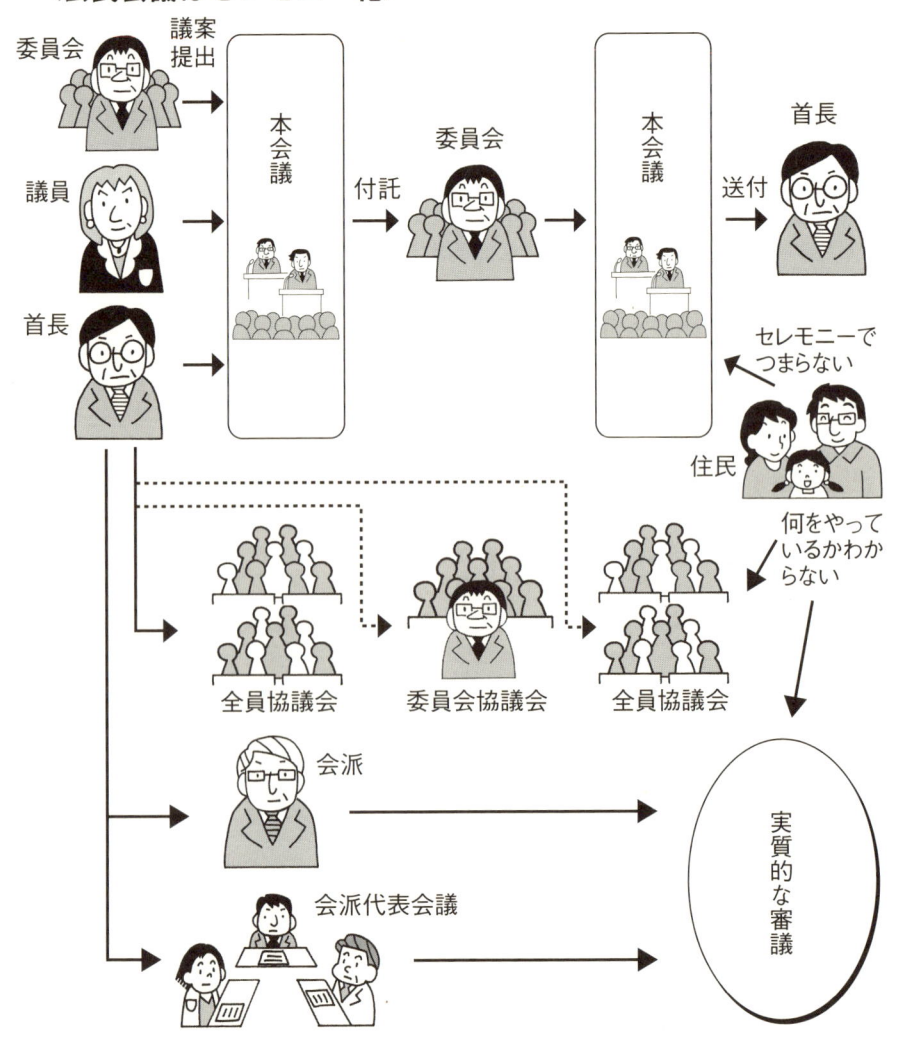

委員会 → 議案提出 → 本会議 → 付託 → 委員会 → 本会議 → 送付 → 首長

議員 →

首長 →

住民：セレモニーでつまらない／何をやっているかわからない

全員協議会 → 委員会協議会 → 全員協議会

会派 → 実質的な審議

会派代表会議 → 実質的な審議

第5章　地方議会の組織と運営の課題

> **ポイント**
> 委員会中心主義の議会運営の公式の流れを確認しておこう。これには実質的な審議を行う全員協議会や会派代表者会議は含まれない。水面下で行われているからである。この公式な流れを実質的なものにするか、水面下のものを公式なものにしなければならない。また、質問の場に化している議会を討議中心に変えなければならない。

1　本会議Ⅰ
　本会議は、提出された議案などについて、賛成か反対か最終的な決定を行う。
　① 開会。議長が宣告する。議員定数の半数以上の議員の出席は必要。
　② 議案提案。首長提案と議員提案がある。議員が議案を提出するには、議員定数の12分の1以上の賛成が必要。
　③ 提案説明。提出者から提出議案の説明がある（ほとんどすべて執行機関から）。
　④ 質問・質疑。議員が都道府県政・市町村政全般に対する質問や、議案についての質疑を行い、執行機関が答弁する。
　⑤ 委員会付託。議案などを詳細に調べるために、委員会に審査を求める。

2　委員会
　① 委員会付託審査。付託された議案や請願について、説明・質疑・討論・採決を行う。
　② 関連事項の調査・提案。所管する事項の調査を行う。また、委員会からの条例案の提出も可能となった。

3　本会議Ⅱ
　① 委員長報告。委員会の審議結果を委員長が報告する。
　② 討論。議員が議案などについて賛成か反対の考え方を述べる。一方的に主張することであって、議員同士の自由討議とは異なる。
　③ 採決。議案について採決（表決）する。原則は過半数であるが、特別多数決もある。
　④ 閉会。すべての議案などの採決が終了すると閉会する。採決の結果は、議長から首長に通知され、首長はこれに基づき執行する。

> **ひとこと**
> 委員会制による本会議の形骸化の問題は、情報の公開と本会議での再度の討論によって緩和する必要がある。委員会の情報公開によって、住民が、問題があれば異議申し立てのできるシステムを同時に配置する必要がある。さらに地方議会の場合、委員会は、会派の代表であっても地方議会の政策・理念を正確に反映しているとはいえない。そこで、委員会の討議を既定のものとせず、再度本会議で開かれた議論をする意識改革も必要である。

Ⅲ編　自治を推進する議会の組織と運営

58 委員会の種類と運営

[自治法109条・109条の2・110条]

議会

議会運営委員会
＝議会の運営について
任期は4年（のはずだが…）

①閉会中も審査　②参考人・公聴会も可能
③委員会からの議案提出可能

常任委員会
＝部門ごとに設置
任期は4年（のはずだが…）

特別委員会
＝特別の課題について設置

議員は複数の委員会に
所属可能

※全員がかかわりたい
予算・決算を特別委員会で
審査することが多い

専門性を生かした
委員会でパワーアップ

執行機関

130

第5章　地方議会の組織と運営の課題

> **ポイント**
> 　委員会は、それぞれ条例によって設置することができる。委員会には、常任委員会、議会運営委員会、特別委員会がある。
> 　実際の審議の場が委員会で行われ、本会議が形骸化する場合がある（打開の手法（☞57））。しかも、委員会が公開されていなかったり、傍聴席が極端に少ないことを理由として実質的に公開されていないことは大きな問題である。

1　議員定数が少ない議会では、常任委員会を複数つくると、1つの委員会が極端に少ない人数で構成され、実質的な審査もままならない。その場合は、本会議中心にしながらも、閉会中にも活動できるという委員会の特性を生かした委員会の設置が考えられる。

2　各委員会の共通の特徴は、①閉会中の審査も可能、②参考人、公聴会も可能、③委員会からの議案提出可能、である。それぞれの特徴は以下の通りである。
(1)　常任委員会（自治法109）：総務委員会、厚生委員会、都市計画委員会など
　①　その部門に属する事務について調査し議案、陳情等を審査する。
　②　一委員会に限られていた所属も複数の委員会に所属が可能（特別委員会の意味の再検討）
　③　委員の任期は原則として議員の任期（条例で特別の規定を置くことができる）である。
(2)　議会運営委員会（自治法109の2）
　①　会議の運営に関する事項、議会の会議規則、委員会条例等に関する事項、議長の諮問に関する事項に関する調査を行い、議案、陳情等を審査する。
　②　委員の任期は原則として議員の任期（条例で特別の規定を置くことができる）である。
(3)　特別委員会（自治法110）：地方分権委員会、予算特別委員会、決算特別委員会など
　①　特定の事件（災害対策等）を審査する。
　②　委員会に付議された事件が議会において審議されている間在任する。

> **ひとこと**
> 　常任委員会と議会運営委員会の任期は、議員の任期（4年）となっている。しかし、1年交替のところも多い。専門性という委員会の意義を生かすには、短期交替は早急に改めるべきである。

Ⅲ編　自治を推進する議会の組織と運営

59 予算・決算と委員会審議

[自治法110条]

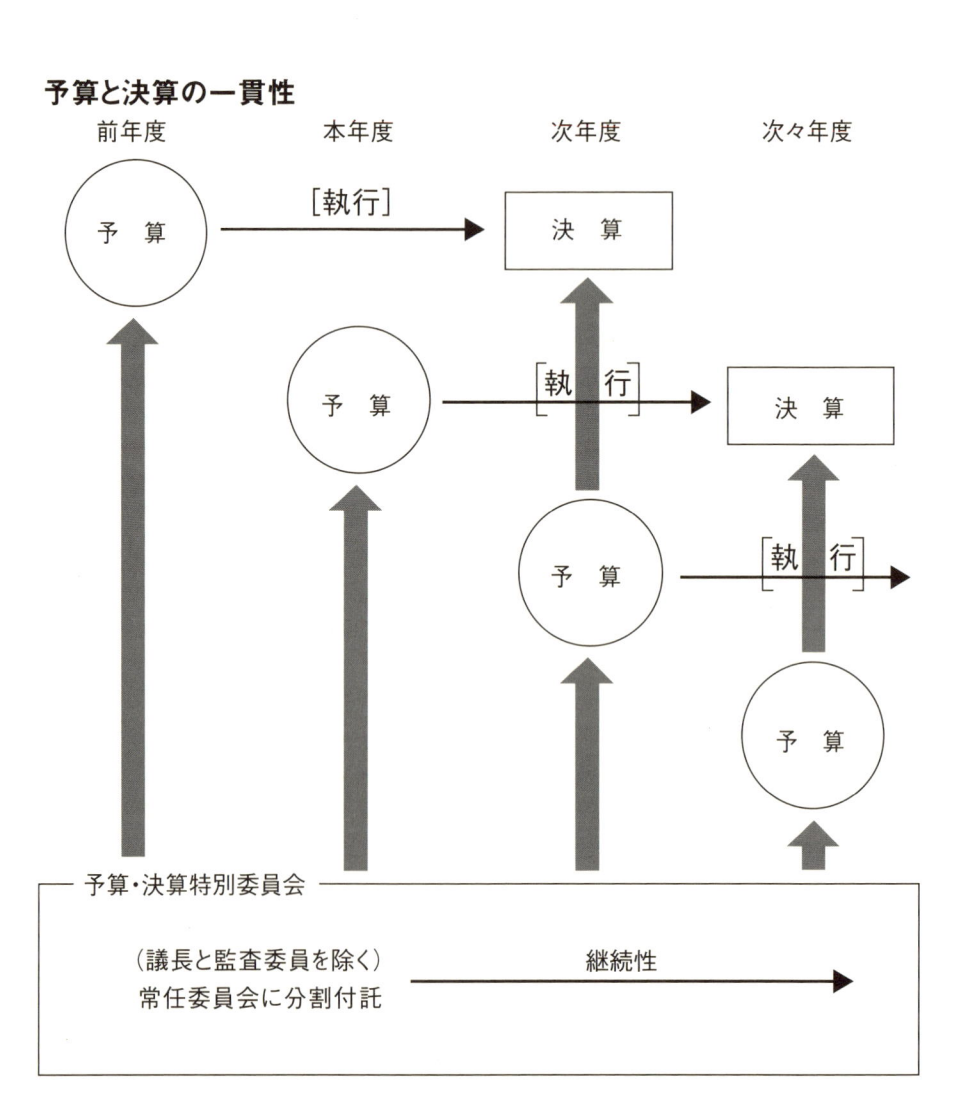

予算と決算の一貫性

前年度　　本年度　　次年度　　次々年度

予算 ─[執行]→ 決算

予算 ─[執行]→ 決算

予算 ─[執行]→

予算

予算・決算特別委員会

（議長と監査委員を除く）　　　継続性 →
常任委員会に分割付託

第 5 章　地方議会の組織と運営の課題

> **ポイント**
>
> 予算と決算の連動が必要である。特別委員会を設置することが多いため、予算と決算を同じ議員で行うことが1つの論点となる。しかも、決算を予算に反映させるには、決算時期をできるだけ早める必要がある。

1　予算の審議にあたっては、本会議や予算委員会を大いに活用できる。委員会主義を採用している場合、従来は予算特別委員会を設置するか、常任委員会に分割付託して審議していた。特別委員会を設置する場合、議長を除くすべての議員が参加するか、あるいは半数が参加していることが多い（残りの半数は決算特別委員会）。また、常任委員会への分割付託も多くの議会で採用されてきた。分割付託は、不可分の予算を分割して審査するべきではないという議案一体の原則に反していると解釈されてきた（行政実例昭和29・9・3）。財政にかかわりたい議員の意向が、このような審議方式に結実していた。

2　自治法改正によって、1人1委員会の規制が解除されたことによって、予算委員会（あるいは決算委員会）も常任委員会として設置することもできる。
　予算執行の監視といえば、なによりも決算があげられる。決算の不認定にあたっても、法的効果は変わらない。しかし、政治責任が当然発生する。不信任決議の対象ともなる事項である。まず、不当な処理の再発防止、政策の変更、責任の所在の明確化などについて、首長が議会に説明することを義務づけるルールを確立することが必要である（☞30）。

> **ひとこと**
>
> 予算と決算を連動させるために、三重県議会が議長と監査委員を除く議員全員が予算・決算特別委員会に所属している。その上で、分割付託をするという構成になっている。また、福井県議会では、常任委員会に対応した決算委員会を設置し、前年度の常任委員が就任する（毎年常任委員が変わることを原則としている。この点の検討は必要である）。
>
> 決算の時期では、次年度の予算に反映させるために、市町村では9月議会が増えてきている。都道府県議会でも、三重県議会は、企業会計を9月議会で認定している。また、一般会計や特別会計は、12月認定であるが、11月など閉会中に審査していた。さらに、決算や予算の審議を強化するために、定例会を年2回にした（2008年）。

Ⅲ編　自治を推進する議会の組織と運営

60 一括質問一括回答と一問一答方式

［都道府県、市、町村の議会議長会の標準議会規則、各議会の会議規則］

〈一括質問一括回答方式〉

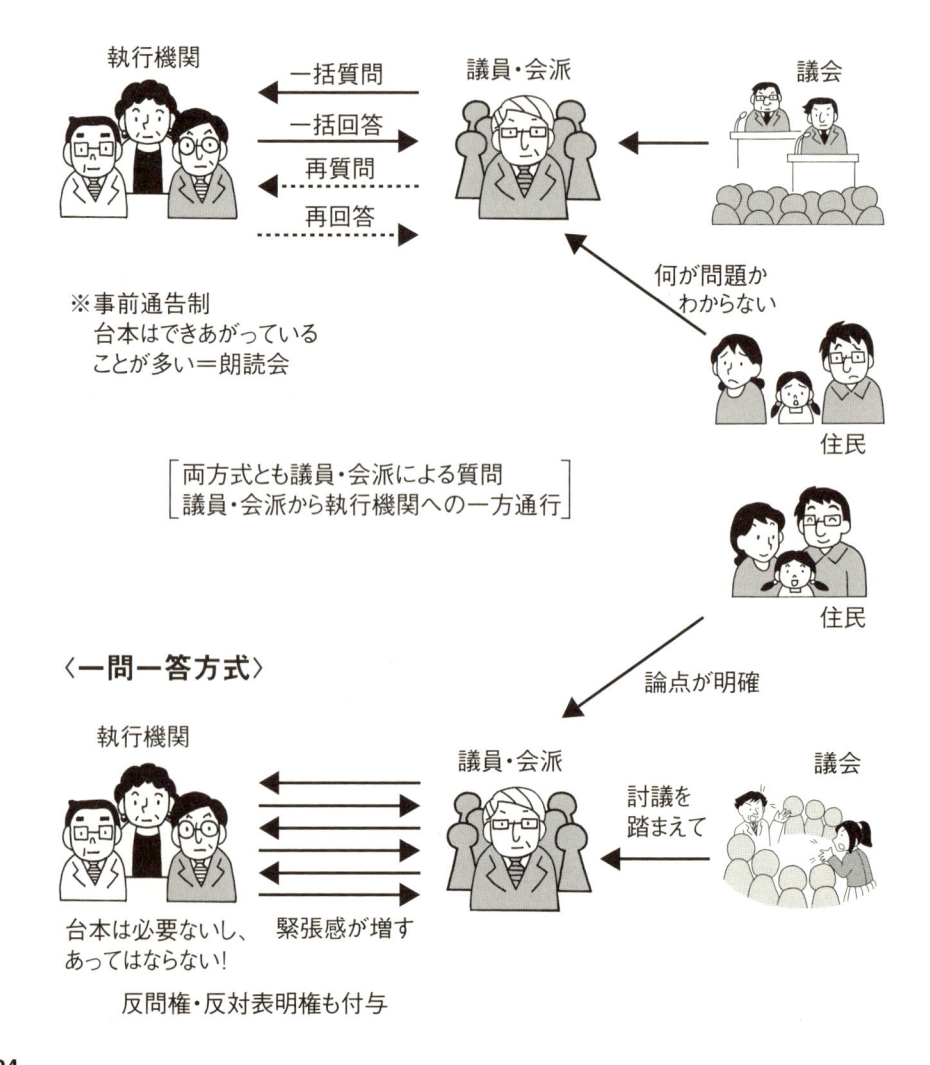

執行機関 ←一括質問— 議員・会派 ← 議会
　　　　　—一括回答→
　　　　　←‑‑再質問‑‑
　　　　　‑‑再回答‑‑→

※事前通告制
　台本はできあがっている
　ことが多い＝朗読会

住民 → 何が問題かわからない

［両方式とも議員・会派による質問
　議員・会派から執行機関への一方通行］

住民 → 論点が明確

〈一問一答方式〉

執行機関 ⇄ 議員・会派 ← 議会
　　　　　　　　　　　　討議を踏まえて

台本は必要ないし、
あってはならない！　緊張感が増す

反問権・反対表明権も付与

第5章 地方議会の組織と運営の課題

> **ポイント**
> 　従来の一括質問一括回答から一問一答方式に移りつつある。書面を読み上げるだけに終始していた「朗読会」から離脱し、論点を明確にするには、まずもって一問一答方式が必要である。論点がズレることが明確になるため、緊張感が増す。これまでは、議員から執行機関への質問、逆に執行機関から議会（議員）への回答というように議員からのいいっぱなしであった。

1　議会が、討議の場として再生するためには、議員間での討議はもとより議員に対する執行機関からの反問権も必要である。議員同士の討議に加えて、執行機関との討議によって政策過程はより充実したものとなる。議員が提起する政策や質問の意味を正確に把握する反問権、議員から提出した政策案についての反対表明権が首長に付与されることにより討議はより充実したものとなる。
　たしかに、二元代表制を採用していることにより、首長には議決権はない。自治法でも議会は首長が常に出席していることを想定しているわけではない。議員からすれば「いいっぱなし」が楽でよい。執行機関としても、議員に質問をして恥をかかせてしまってはと考えるのだろう。

2　しかし、執行機関の長として公式な場で、意見を交わせることは政策をよりよいものにする。二元代表制を機能させるにはむしろ「対立」の場を創設することが必要である。国会では、1999年からクエスチョン・タイムが設けられ、積極的に首相と党首が議論を戦わせている。議院内閣制の国会と、二元代表制の地方議会はその原則を異にしているとはいえ、むしろ、二元代表制だからこそ、このような場が必要である。さらに、住民にとっては首長も議会も同じ自治体の機関である。住民は、住民参加を踏まえながらも、首長、議会が切磋琢磨しながらよりよい地域政策をつくることを望んでいる。議員の質問に対する反問権や議員の提案に対する反対表明権を執行機関に付与することが必要である。

> **ひとこと**
> 　議会の合議制の側面を強調する場合、議会で討議し、その合意に基づいて議会が執行機関に対して提案し監視することになる。この視点からすれば、現行の代表質問や一般質問は、まさに個々の議員の集合体としての議会にすぎなくなる。しかし、討議を重視するとしてもすべての分野で合意が形成できるわけでもない。そこで、議会は、まずもって議会として討議することを先行させながら、合意事項は議会として提案・質問し、合意していない、あるいは俎上にのっていない事項は、従来のように個々の議員や会派の資格で執行機関に対峙することになる。その場合でも、その質問は議員間の討議を踏まえれば執行機関に対してはより強力なものになる。

Ⅲ編　自治を推進する議会の組織と運営

61 討議（自由討議）の充実

［北海道栗山町議会基本条例9条1項、三重県議会基本条例6条1項］

〈従来の議会〉

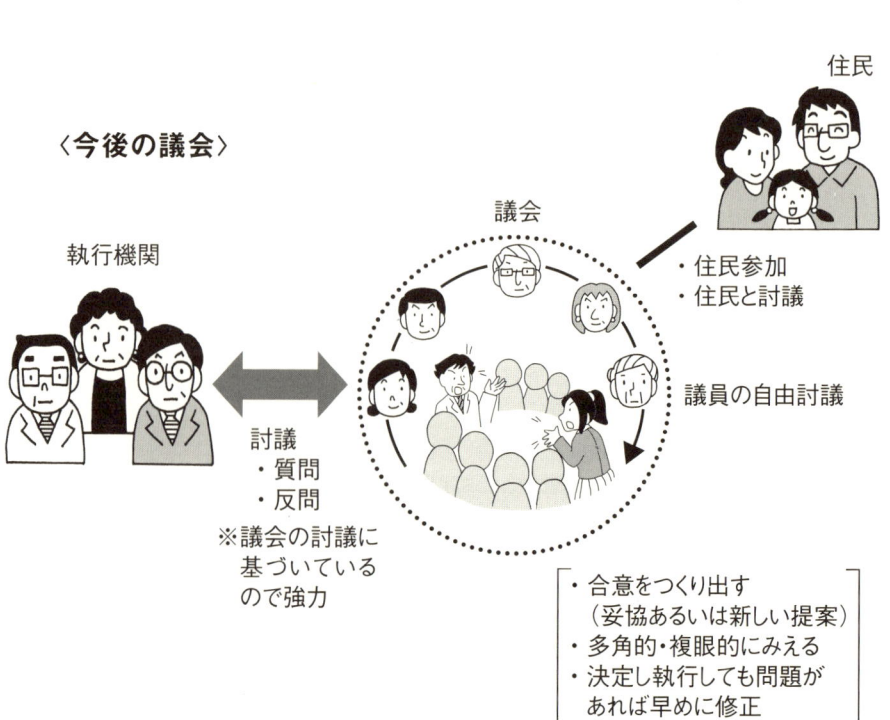

首長　　　　　　　提案　　　　　　議会

・審議という名の
　下の質問だけ
・表決

傍聴＝
住民は
傍らで聴く

〈今後の議会〉

執行機関　　　　　議会　　　　　　住民

・住民参加
・住民と討議

議員の自由討議

討議
・質問
・反問

※議会の討議に
　基づいている
　ので強力

・合意をつくり出す
　（妥協あるいは新しい提案）
・多角的・複眼的にみえる
・決定し執行しても問題が
　あれば早めに修正

第5章 地方議会の組織と運営の課題

> **ポイント**
> 今日、議会は質問と応答の場に化している。議会の存在意義は討議にある（☞7、15）。議員相互の討議により、議案のメリットとデメリットが多角的に分析され、合意を形成し、議会としての意思が明確になる。多数決で決定したものでも、討議を経ていれば、問題が生じた場合早くに察知できる。議員間の討議を観察した住民は、それぞれの考え方も明確になり、討議により住民の意見をつくり出す効果もある。

1 　自治法では、普通地方公共団体の長等は、「議会の審議に必要な説明のため議長から出席を求められたときは、議場に出席しなければならない」（自治法121）。

　従来の議会こそが、自治法の理念さえも無視していたといえる。栗山町議会基本条例では、まず本会議や委員会への首長等（執行機関）の出席要請を「必要最小限にとどめる」ことを強調し、「議員相互間の自由討議を中心に運営する」ことがうたわれる（同条例9①）。

2 　三重県議会基本条例は、「議会は、本県の基本的な政策決定、知事等の事務の執行の監視及び評価並びに政策立案及び政策提言を行う機能が十分発揮できるよう、円滑かつ効率的な運営に努め、合議制の機関である議会の役割を果たさなければならない」（同条例6①）ことを明確にしている。その上で「議員は、議会の権能を発揮するため、常任委員会、議会運営委員会及び特別委員会並びに前二条の規定により設置される調査機関及び検討会等において、積極的に議員相互間の討議に努めるものとする」（同15①）。「議員は、議員間における討議を通じて合意形成を図り、政策立案、政策提言等を積極的に行うものとする」（同15②）。

　このように、議員間討議を議会のパワー・アップのための手法として積極的に位置づけている。

> **ひとこと**
> 議員同士が討議する試みは、はじまっていた。四日市市議会では、全議員参加の市政活性化推進等議員懇談会を議長の諮問機関として任意に立ち上げた。会派を超えて議員同士が討議し、政策提案を行う議会を目指す目的で2000年に設置された。また、富山市議会では議員同士の討議を行うために、任意ではあるが公開で議事録も作成する「半公式」の政策討論委員会を立ち上げた。これは議会運営委員会の政策討論委員会要綱決定に基づくものである（2000年から）。こうした地道な努力があってこそ、自由討議が認知されてきている。

Ⅲ編　自治を推進する議会の組織と運営

62 議会運営の情報公開
― 事前通告制度の意味転換 ―

[各議会のホームページ、議会だより等]

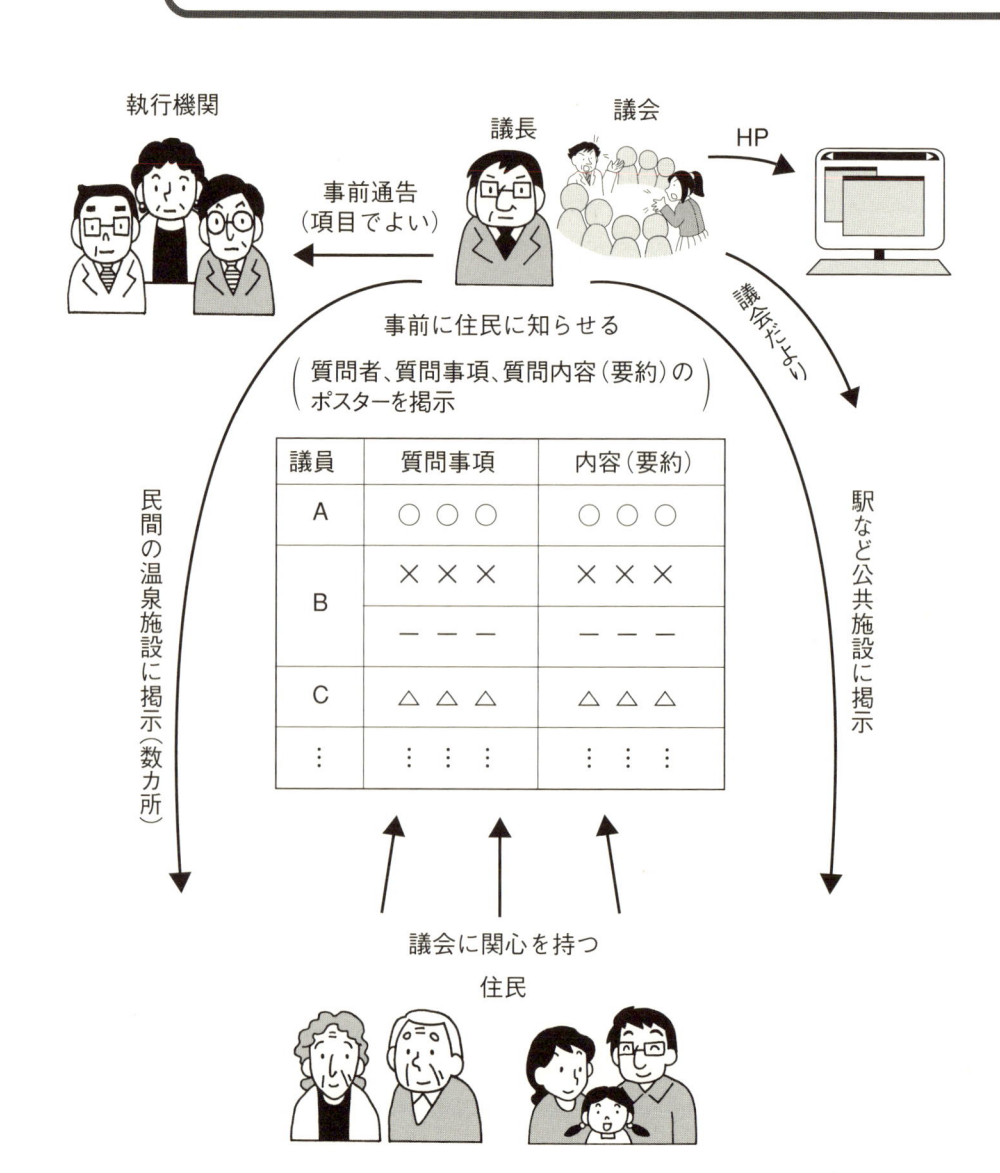

執行機関

議長　議会　HP

事前通告
（項目でよい）

事前に住民に知らせる
（質問者、質問事項、質問内容（要約）の
ポスターを掲示）

議会だより

議員	質問事項	内容（要約）
A	○○○	○○○
B	××× ―――	××× ―――
C	△△△	△△△
⋮	⋮ ⋮ ⋮	⋮ ⋮ ⋮

民間の温泉施設に掲示（数カ所）

駅など公共施設に掲示

議会に関心を持つ
住民

第5章　地方議会の組織と運営の課題

> **ポイント**
> 委員会が住民に公開されていない議会もある。非公開は、もはや時代遅れのなにものでもない。また、実質的な議会でもある全員協議会が公開されていないことが多いことは、「公開と討議」を原則とする議会の自殺行為である。事前通告制も住民のためのものにしたい。

1　全員協議会や委員会協議会は、事前に議案内容を知りたい、あるいは所属委員会以外の案件も知っておきたいという議員の意向から生まれている（行政側からすれば事前に議員の感触をつかんでおきたい）。「与党会派」でも質問できる。議案以外のものも対象とできる。これでは、公開という議会の特性が蝕まれることが多い。

　また、会派代表者会議は、議会運営委員会が法制化されていないときに、議会の運営を調整していた。議会運営委員会が設置できるにもかかわらず、いまだに会派代表者会議を設置しているのは、議会運営委員会に少数会派を参加させるためという理由もある。少数会派を尊重しようという意欲は理解できるが、水面下で行う意味は薄い。

2　水面下の議会運営は即刻中止にするか、水面下のものを条例に基づき公式のものにしなければならない。ただ、公式の場での議論が必要であるといっても、その情報が住民に伝わらないのであれば、その意義は半減する。積極的な宣伝が必要である。特に通年制ではなく、会期制を採用している日本の議会では、いつ開催され何が議論されるかは住民にはほとんどわからない。

　積極的に議会の開催と議案と質問者を住民に事前に宣伝するべきであろう。議案といえるかどうか、問題もあるが、予定される提出議案は事前公開されてもよいのではないか。また、質問者の事前通告制度は、執行機関のためにあるのではなく、住民のためにあると考えるべきであろう。

　議員からの質問の事前通告制は一般的である。答弁を有意義なものにする。しかし、朗読に終始していたのでは緊張感をなくす。むしろ、事前通告制を住民のために活用すべきである。住民に事前に知らせることによって、議会は活性化する。

> **ひとこと**
> 栗山町議会では、議会の議事日程（質問者および質問事項を含めて）を駅や民間の温泉施設に張り出している。住民への事前通告制度である（左頁参照）。

Ⅲ編　自治を推進する議会の組織と運営

63 会派の意義と現状

[各議会のホームページ]

〈今までの会派〉

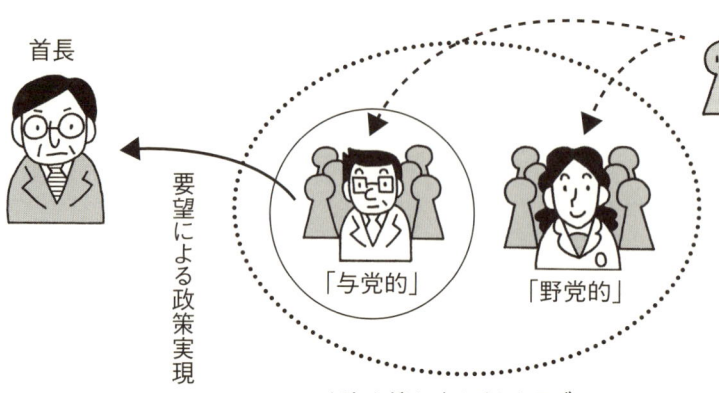

首長　　　　　　　　　　　　　　　　　　　全国政党

「与党的」　「野党的」

要望による政策実現

・ほとんどは、なかよしクラブ
・会派代表者会議による議会運営
　（議会運営委員会があるにもかかわらず）

[住民からみれば会派は幽霊]

①幽霊
選挙時にも
表明されることが
ほとんどない
選挙後に突然
表れる

議会不信に
つながる

②幽霊
公式な場ではない
会派代表者会議で
重要事項が決まる

住民

これからの議会

政策集団としての会派

第6章　会派の課題

> **ポイント**
>
> 　小規模議会などは別にして、一般に議員は議会では会派に属しており会派の一員として活動する。議会運営における重要な単位である。実際の機能では、「与党」として首長をつくり出し「野党」として首長を批判し、また役職者の割り当てを行う単位として活動している。共通の利害と理念を有する政策集団として活動するといったことはそれほど重視されていないのがいままでだった。

1　政策を分析することなく「与党」「野党」として活動することは言語道断である。また、役職者の割り振りも透明な議会からすれば問題も残る。これらの機能は極力排除すべきである。これらの機能は、公開ではなく水面下で行われることがほとんどだからである。会派代表者会議の設置は、このことを証明している。

　議会の政策立案能力の低さを問題にする論調に対して、いわゆる事情通は会派による事前の「要望」が執行機関では考慮され、したがって「要望」は政策形成過程に強い影響を与えているという。その意味からすれば「要望」だけではなく、代表質問や一般質問も政策形成には影響を与えている。代表質問や一般質問ならば公開の場で行われることでその意味を高く評価してよい。しかし、水面下による「要望」は、裏取引とみなされる。水面下の「要望」の効果をことさら強調する議論は、議会への「死亡宣告」（C・シュミット）を再現することになる。

2　不透明な会派運営を是正するためには、議会運営の単位の意味を弱める方法が有効である。具体的には、議員数を極端に減少させることである。住民参加を前提とした住民と歩む議会は、議員数の問題にとらわれず多様な意見をさまざまなルートから政治の場に投げ込む。

　もう1つは、議員数をほぼ現行通りとすれば、会派は実際にはなくならずその場合には透明性と討議を会派による議会運営に組み込むことである。透明性を増大させるには、会派代表者会議なども条例などにより公式のものとして公開にすることも必要である。議会の議決に影響を与える非公開の会合を禁止することは今後の課題である。

> **ひとこと**
>
> 　会派は、地方議会のほとんどで活動している。しかし、法律上（自治法）会派が認知されたのはそれほど古くはない。2000年改正で、政務調査費の項目で登場したものである（自治法100⑬⑭）。

Ⅲ編　自治を推進する議会の組織と運営

64 ローカル・マニフェストと会派拘束

[江藤俊昭『増補版　自治を担う議会改革』イマジン出版]

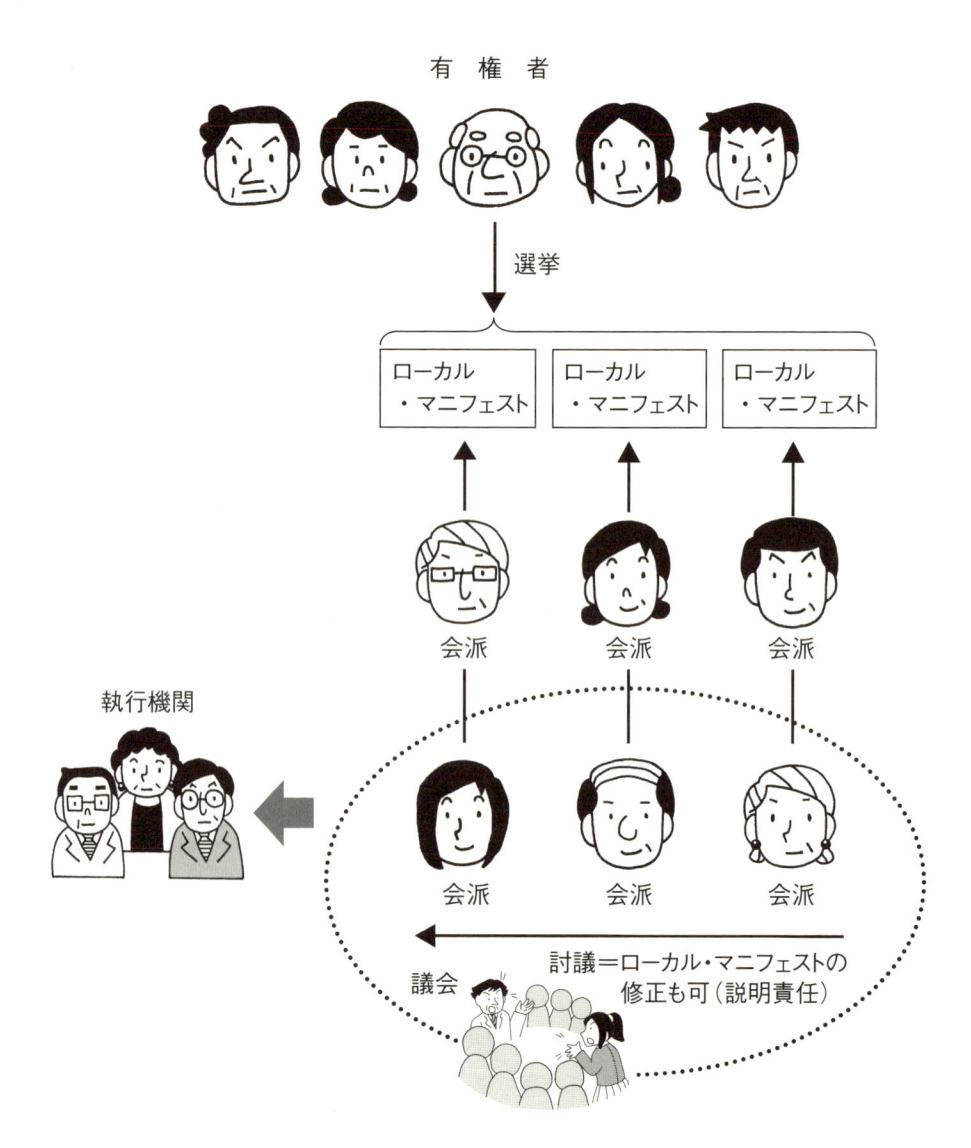

有権者

↓選挙

ローカル・マニフェスト　ローカル・マニフェスト　ローカル・マニフェスト

↑　　　↑　　　↑

会派　　会派　　会派

執行機関 ←

会派　　会派　　会派

議会

討議＝ローカル・マニフェストの修正も可（説明責任）

第6章　会派の課題

> **ポイント**
> 会派は政策集団として生まれ変わることが必要である。そこでは、会派の政策と議員間討議の関係が論点となる。1つは、選挙公約と議会における討議との関係である。そしてもう1つが、討議によるローカル・マニフェストの修正である。ローカル・マニフェストを提出している議員や会派も増加している。従来のような政策なき選挙から比べれば大きな転換である。

1　マニフェストを厳格に理解すれば、議員によるマニフェストの提出は不可能であるという解釈もある。しかし、国政のマニフェストとローカル・マニフェストを別のものとして理解することによって、マニフェストが現状において地方選挙を活性化している。

　ローカル・マニフェストによる投票は政策による論争を生み出すとともに、首長や議員を拘束することになるからである。議会には法令上執行権も予算の編成提案権もないことを踏まえながらも、議会が有している権限を活用することはできる。政策目標の数値化は困難ではあるが、条例の制定などの方向づけは可能だからである。

2　議会の討議の重視とローカル・マニフェストとは矛盾するように感じる。しかし、そもそもローカル・マニフェストに基づいて住民がお任せするという「おまかせ民主主義」を是認するものではない。さまざまな状況の下で新たに噴出する問題を争点化する役割を議員は担っている。そうした争点を討議することはまずもって可能である。

　それ以上に重要なのは、ローカル・マニフェストを相対的に理解することである。マニフェストというと、実現しなければならない目標だと理解されている。しかし、状況の変化（地方分権改革など）によって、ローカル・マニフェストは修正されなければならないこともある。また、討議によって問題点が明確になり別の政策の方が住民にとって利益になることがわかれば、遮二無二ローカル・マニフェストの目標を実現する意味はないだろう。討議によって、修正を加える柔軟な姿勢こそ（自由）民主主義にとって必要不可欠である。もちろんその場合でも、ローカル・マニフェストの根幹にかかわるテーマの修正はより慎重にするべきである。また、ローカル・マニフェストの修正にあたっては有権者に対して説明責任が要求される。

Ⅲ編　自治を推進する議会の組織と運営

65 会派拘束

[各議会のホームページ]

議会における会派の活動の実際と今後の方向

政策過程	意義あるいは役割	問題点	今後の方向
[水面下0水準] 会派内討議	政策に基づいた会派であっても、議員間には意見の相違がある。政策を討議し提言をまとめあげるには、議員同士の討議が必要である。これは議会の討議を活性化、つまり十分な討議をするための前提となる。	「長老議員」による押しつけもある。しかし、これでは政策に基づいた会派とはならない。	本会議や委員会での討議を効率よく運営できる。議会における討議の活性化に役立つ。最初から拘束というのではなく、委員会での討議を踏まえて修正もあり得る。
[水面下第1水準] 会派による首長・行政への要望	会派として要望を首長に提出する。これによる政策の実現は、会派から見ればその実力を発揮したことになるのだろうが、住民にはほとんどわからない。	こうした水面下といえども恒常化したもののほかに、首長に近い会派と首長や行政職員との密接な関係もある。住民から切断されたところには、「馴れ合い」体質が生まれる。	2つのうちどちらか、あるいは両方 ①代表質問・一般質問で行う。 ②公開で首長と会派との意見交換会を開催する（条例や規則で位置づける）。
[水面下第2水準] 会派間調整（会派代表者会議）	議会運営委員会が法制化されていないときに、議会の運営を調整していた。議会運営委員会が設置できるにもかかわらず、いまだに会派代表者会議を設置しているのは、議会運営委員会に少数会派を参加させるためであるという理由がある。	少数会派を尊重しようという意欲は理解できるが、水面下で行う意味は薄い。	2つのうちどちらか ①会派間の調整には議会運営委員会がある。政策については、常任委員会・特別委員会で切磋琢磨し調整してよいはずである。 ②条例や規則で明確に位置づけ公開する。
[公開] 本会議 委員会	「公開と討議」という本来の議会の役割を発揮させる。	質問の場に化している。委員会は公開されていないところも多い。	住民に開かれ住民と歩む議会の実現
[水面下第3水準] 全員協議会や委員会協議会	事前に議案内容を知りたい、あるいは所属委員会以外の案件も知っておきたいという議員の意向もある（行政側からすれば事前に議員の感触をつかんでおきたい）。「与党会派」でも質問できる。議案以外のものも対象とできる。	公開の場ではないところで実質が決まる（「全協（全員協議会）で確認したように」などの発言が出されることもある）。	2つのうちどちらか ①本会議や委員会で行う。 ②条例や規則で明確に位置づけ公開にする。

注1：会派は、政策集団としての会派を想定している。「仲良し」グループを会派としては想定していない。
注2：会派内討議を、水面下0水準としたのは、会派である以上、会派の意思を示すためには、会派内討議が必要である。「水面下」という用語は、否定的消極的ニュアンスがある。それをやわらげる意味で、0水準とした。

第6章　会派の課題

> **ポイント**
> 政策集団としての会派がありながらも、議会の討議を活性化させることができるかという論点がある。会派による拘束は、討議を萎縮させることになるのではないかという危惧もある。

1 　共通の利害と理念を有する政策集団というと、国会で活動する政党を想定するだろう。最初から政党が促進する政策は決まっており、それを実現することに専念している。閣法（内閣が提出する法案）は、閣議決定する前に与党の了承を得なければならず（事前審査）、その了承には党議拘束がかかる。議員は、すでに既定の路線で議論しなければならない。与党と野党の対決型運営となる。

　こうした対決型は会期が限られていることにもよるが、スムーズに議会運営を行いたい行政の意向にも沿っている。一般に党議拘束が強いといわれる同じ議院内閣制を採用しているイギリスでは、内閣主導で決定された案件が議会に提出されると、閣僚職である院内幹事が議員を説得して回る。党議拘束のかけ方は、案件によって強弱がつけられる。ドイツでは、比例代表制なので政党の拘束が強いように思われるが、各議員の自由な討議が行われた後で、裁決を前に党議拘束をかけるかどうかの議論が行われる。大統領制だけではなく、議院内閣制であっても政策議論はできる。むしろ、日本の国会が「異常」（岩井奉信）なのである。党議拘束のかけ方の問題である。

2 　ある程度の政策や理念の共通性を持っていることは必要ではあるが、最初から会派拘束をかける必要はない。むしろ、さまざまな意見を踏まえてよりよい合意を目指す討議にこそ議会の神髄はある。そうだとすれば、自由な討議を行いながら、それを会派で最終的に調整し会派の見解を一致させる必要がある。もちろん、会派間の合意は、公開の場で行わなければならないことを強調しておきたい。

Ⅲ編　自治を推進する議会の組織と運営

66 会派と首長との距離

[各議会の議事録]

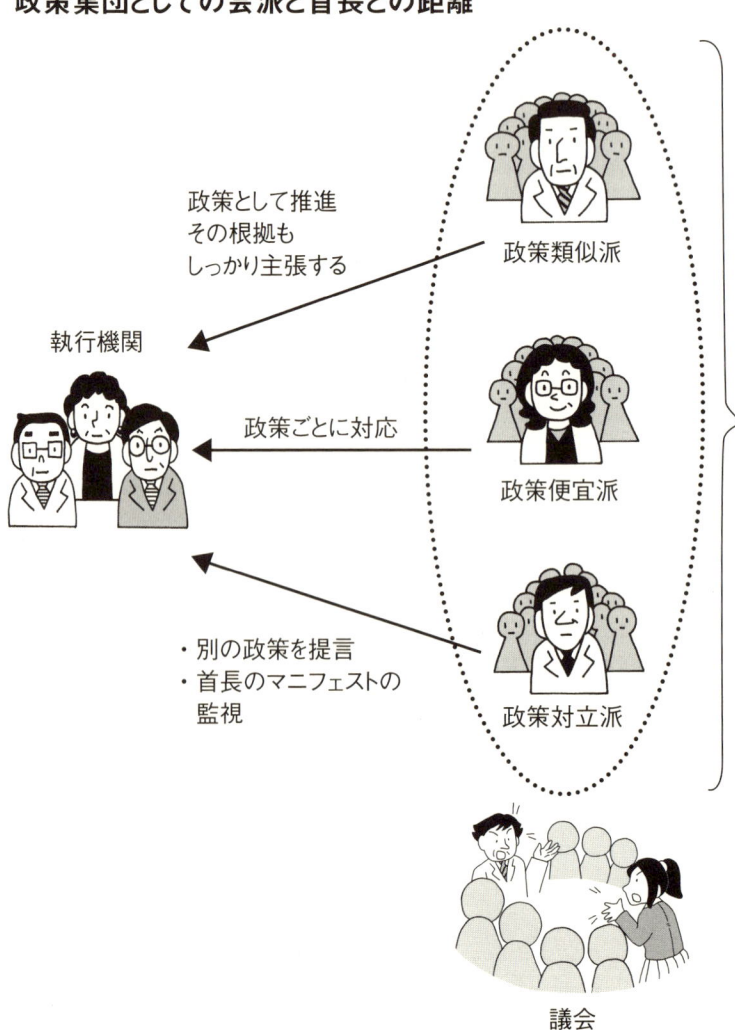

政策集団としての会派と首長との距離

政策として推進
その根拠も
しっかり主張する　→　執行機関　←　政策類似派

政策ごとに対応　←　政策便宜派

・別の政策を提言
・首長のマニフェストの
　監視　　　　　　←　政策対立派

相違にもかかわらず議員間・会派間で討議する必要がある

議会

第6章　会派の課題

> **ポイント**
> 　会派が政策集団として議会に登場すれば、当然首長との関係が問われる。もちろん、二元代表制なので議会は議会として首長に対峙しなければならない。議院内閣制のように機関協調主義ではなく、機関競争（対立）主義といわれるゆえんである。しかし、議会は常に一致して首長にあたるわけではない。政策決定も全会一致性をとっているわけでもない。政策集団としての会派は会派で積極的にみずからの政策を実現するために活動している。

1　会派は地域政策を提起し決定し監視するのであるから、首長との政策のスタンスが問題になる。典型的には、首長と近い政策を実現したい会派（政策類似派）、まったく別の政策を実現したい会派（政策対立派）、そして、それらの中間になるが、ある分野では首長に近くある分野では首長とは異なる政策を実現したい会派（政策便宜派）、これらが想定できる。

　それぞれの会派の政策に沿って論戦を行えば、首長の公約（ローカル・マニフェスト）を促進する会派（政策類似派）、反対する会派（政策対立派）、分野によって異なる中間派（政策便宜派）となる。これはもちろん政策を有する会派としての判断である。政策もなく、賛成するのは「首長を守る与党だから」、あるいは反対するのは「野党だから」という感覚ではない。これでは従来の政策なき議会に戻ってしまう。あくまで政策を中心に判断する会派が必要である。

2　その際、首長とのスタンスをそれぞれ採用することになる。政策類似派は、首長の公約と会派の政策が類似していることにより、積極的に政策を進める。それぞれの事業をより合理的効率的に推進する視点から活動する。それに対して、政策対立派は首長の公約が住民のためにならないこと、別の政策がより住民のためになることを唱えながらも、首長が提案する政策の実現にあたっての監視の役割も担う。政策便宜派は、政策ごとにそれぞれのスタンスを採用する。

　このような指摘は、従来の「与党」「野党」を想定する議会運営と変わらないと感じるかもしれない。しかし、それぞれの会派は、選挙における応援ではなく政策を根拠に首長の政策とかかわっている。

> **ひとこと**
> 　政策に基づく会派は、首長の政策との距離もおのずと決まってくる。政策に基づく会派だからこそ、首長の提出案件について最初から賛成あるいは反対の立場はあり得ない。会派は問題を発見するとともに、それぞれの立場から多角的複眼的に問題を分析し決定できる。

Ⅲ編　自治を推進する議会の組織と運営

67 全国政党と地方議会の会派

[ローカルマニフェスト推進協議会]

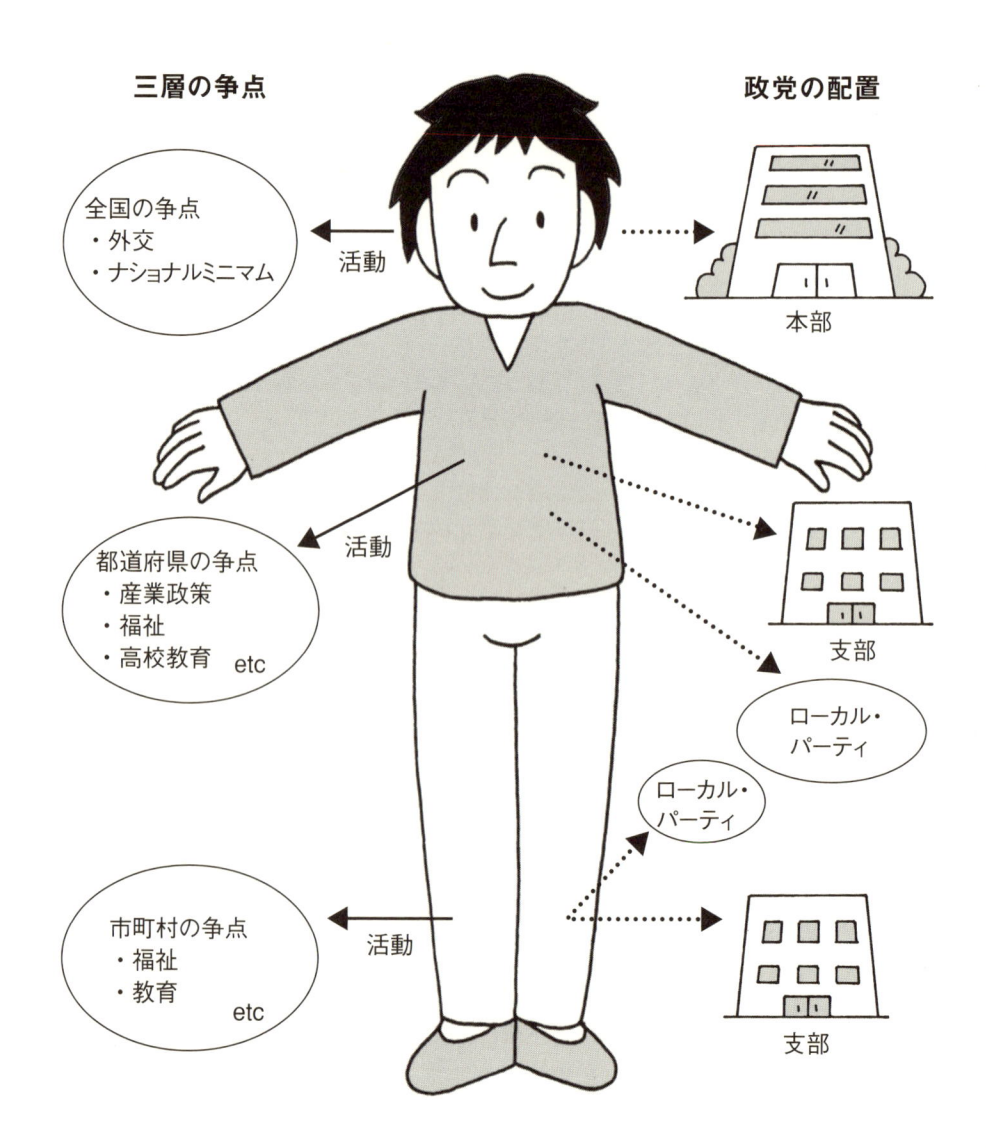

三層の争点

- 全国の争点
  ・外交
  ・ナショナルミニマム

活動

- 都道府県の争点
  ・産業政策
  ・福祉
  ・高校教育　etc

活動

- 市町村の争点
  ・福祉
  ・教育　etc

活動

政党の配置

本部

支部

ローカル・パーティ

ローカル・パーティ

支部

第 6 章　会派の課題

> **ポイント**
> 　討議を重視する議会では、地方議会の会派と全国政党との関係も考えておかなければならない。中央集権時代には、国政の系列での政党配置になる。しかし、地方分権に伴って、国政は国政の争点、地方は地方の争点がある。地方それぞれも地域によって異なった争点がある。そうだとすれば、地域の政策を争点化する地方政党（ローカル・パーティ）が登場してもよい。実際に1990年代半ばから各地でさまざまな地方政党が選挙に登場し地方議会で活動している。とはいえ、いま必要なのは、中央政党と地方議会の会派との関係の検討である。

1　地方分権時代には、地域ごとの争点化が必要であるから、地方議会の会派（政党）は、全国政党とは異なるべきだとも簡単にはいいきれない。しかし、地方分権時代、全国政党の下部機関であっては、地域それぞれの問題を政策化し争点化することは困難である。それでは、全国政党の中央の政策を実現するものとなるからである。

　とはいえ、全国政党の党員が、地域で活動すべきではないというのは現実的ではない。全国政党の地域支部で活動している人は、政党員であろうと支援者であろうと、地域のリーダーであることは事実である。同じ人が全国政党のために活動するとともに、地域でも積極的に活動しているからである。

　住民自身も、たとえば甲府市に住み甲府市政をよくするために活動するとともに、山梨県政、さらには国政をよくしようと考え活動している。こうした三層の争点は異なっているが、それぞれの権限を意識して活動することになる。

2　このように考えれば、全国政党に対立するローカル・パーティを積極的に進めることも理解できるが、全国政党と重複する人々の活動や会派を無視するわけにもいかない。そこで、全国政党を母体とした会派は当然あり得る。しかし、全国政党とまったく同様な会派は、地方分権には馴染まない。仮に、全国政党の名称を活用する場合でも、支部ではなく、たとえば山梨○○党、あるいは甲府××党というのが実際には適しているのではないだろうか。

> **ひとこと**
> 　県議会や政令市議会を中心に、地方政党も議席を得ている。1999年選挙県議会議員選挙では、連合埼玉、市民ネットワーク・千葉県、神奈川ネットワーク運動、新進石川、県政会（長野）、農政連（福岡）が議席を獲得した。

Ⅲ編　自治を推進する議会の組織と運営

68 住民に開かれた議会
― 傍聴・議会報の充実 ―
[自治法115・123・130条]

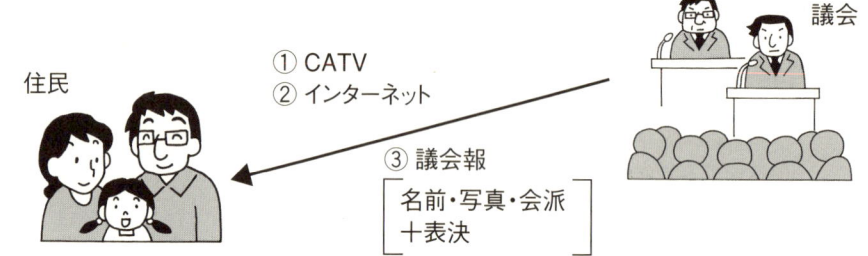

住民　今後の選挙に活用できる

① CATV
② インターネット
③ 議会報
［名前・写真・会派＋表決］

議会

議会報での表決の賛否報告

議案名	議員名	賛成	反対	結果	議員名 a	議員名 b	議員名 c	議員名 d	議員名 e	…
					会派名					
議員提出	A	24	0	可	○	○	○	○	○	…
	B	24	0	可	○	○	○	○	○	…
	C	24	0	可	○	○	○	○	○	…
区長提出	D	21	3	可	×	×	○	○	○	…
	E	21	3	可	×	×	○	○	○	…
	⋮	⋮	⋮	⋮	⋮	⋮	⋮	⋮	⋮	⋮

［議会報（ちよだ区議会だよりNo.187
（2007年7月26日）参照］

第7章　地方議会の組織と運営の諸問題

> **ポイント**
> 委員会への傍聴制限、全員協議会の非公開といった状況があるにもかかわらず、議会の情報公開は時代の流れである。CATVやインターネットによる議会中継もまれではなくなった。インターネットによる議事録検索も容易に行えるようになった。住民と歩む議会からすれば、情報の内容も問われる。議案関連資料が公開されていないところもある。何を、どのような論点で議論するか明確にするためには、公開しなければならない。

1　傍聴にあたっては、委員会や全員協議会の傍聴ができない場合があることは、大きな問題である。さらに、傍聴に際して、傍聴者は議員と同じ議案関連資料を閲覧できないところも約50％もある。また、傍聴者が記録をとることができないところもある（5.4％）（市民と議員の条例づくり交流会議2007実行委員会資料）。
　自治法では「傍聴人の取締」に関する規則の制定が議長に義務づけられていたが、改正で「会議の傍聴」に関する規則の制定の義務づけ（自治法130③）に変わった。それを機に傍聴を開放的にする改革が必要だろう。

2　ほとんどすべての議会では議会報を発行している。しかし、誰が質問したかが不明確で、会派も写真も掲載されていないものもある。しかも、議案に対する議員個人の賛否が公表されていないことがほとんどである。議員責任を明確化する意味で、**千代田区議会**のように、議会報（およびHP）での賛否の公表は当然である。議会を身近にするためには、まずもって議会報の充実から進める必要がある。

> **ひとこと**
> 首長の定例記者会見が行われている。首長が住民に政策の方向を語る。議員からすれば、住民の代表である議会を軽視しているという感覚にもなるらしい。住民の代表というのであれば、住民であることに変わりはない。議員も同様に情報提供を受けることになる。それを踏まえて調査研究し、議場で質問し討議すればよい。より重要なことは、定例記者会見が首長の専売特許になっていることである。議会は政策立案機能も監視機能も有している。その機能を生かして積極的に住民に語りかけるべきである。議会も定例記者会見をすればよい。

Ⅲ編　自治を推進する議会の組織と運営

69 請願・陳情及び参考人・公聴会制度の活用

[自治法100条の2・109条・109条の2・110条・124条]

〈住民自治を原則にした請願・陳情〉

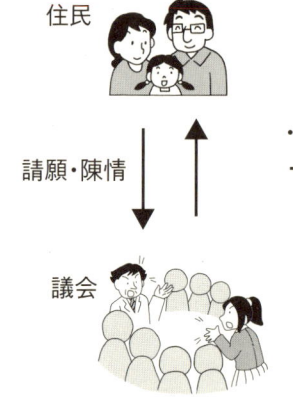

住民　　請願・陳情　　議会

・今後は住民による政策提案として位置づける
　→ 提案者の意見を聴く機会を設ける

※連署による住民の提案が望ましい
※反対する住民の声を聴くことも必要

〈住民自治を原則とした参考人・公聴会〉

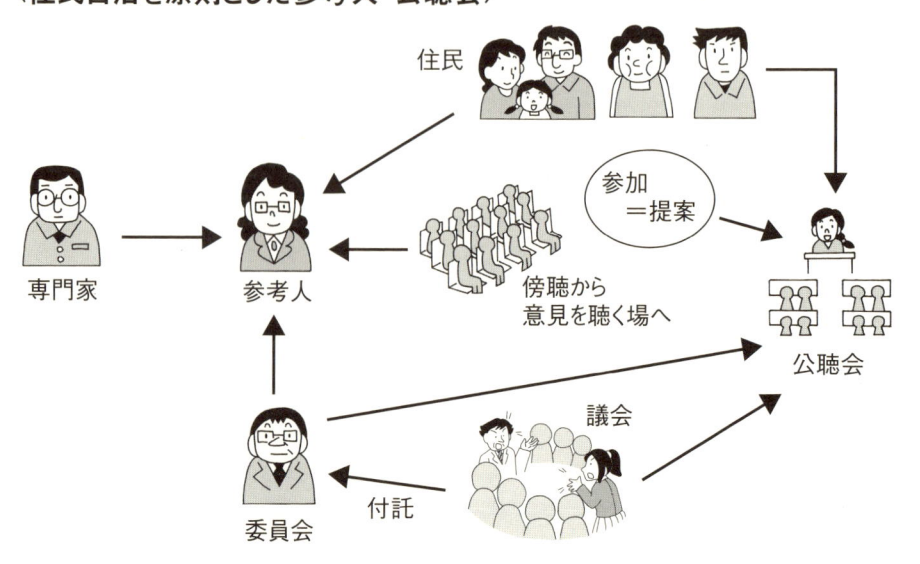

専門家 → 参考人 ← 住民
傍聴から意見を聴く場へ
参加＝提案
公聴会
委員会 ← 付託 ← 議会

第7章　地方議会の組織と運営の諸問題

ポイント
　議会に対して、住民が請願する場合には、議員の紹介が必要である（自治法124）。それは、文書によって提出しなければならない。議会の開会中、閉会中を問わず、議長はこれを受理する。陳情は議員紹介がないものである。これらは古めかしい用語だが、住民の政策提案の1つとして位置づけよう。
　委員会での参考人・公聴会制度も活用すべきである。

1　議会は、請願を受理し、これに対して採択・不採択のかたちで議会の意思を決定し、採択した請願が関係執行機関で措置することが適当と判断する場合には、これを送付してその処理の経過と結果の報告を求めることができる（自治法125）。
　請願の趣旨に賛成だが、内容の一部に実現不可能な場合がある場合は、「趣旨採択」もある。

2　陳情は、請願と同様、国または地方公共団体の機関に対して希望を陳述することである。請願の要件である議員の紹介を欠くものをいう。

3　請願は国務請求権（大日本帝国憲法30）として位置づけられていたが、戦後の言論の自由によって重要性を失ってきた。しかし、最近では、その参政権的な意味が再評価されている。
　請願や陳情を住民による政策提言として議会の中に位置づけるようにもなってきた。「議会は、請願及び陳情を町民による政策提案と位置づけるとともに、その審議においては、これら提案者の意見を聴く機会を設けなければならない」（北海道栗山町議会基本条例4④）。

4　外部の知識の活用としては、委員会の公聴会・参考人制度が想定できる。また、「専門的知見の活用」（自治法100の2）も可能になった。議員は住民や専門家の声を参照して、研究しつつ討議を行い表決するという姿勢が必要である。公聴会・参考人制度は、委員会を公開すれば、住民とともに調査研究する場となる。

ひとこと
　山梨県昭和町議会は、議会改革を行うにあたって、研究所の支援を受けながら進めることになった（2008年度より）。提携を行い山梨学院大学ローカル・ガバナンス研究センターは、研修、政策提言、コンサルティングなどで支援を行う。政策提言にあたっては、昭和町の重要課題を、研究員・学生、議員（ときには職員）によるコラボレーションや、アクティブ授業（学生が執行機関に議場で質問等を行う「学生議会」）を活用することになっている。

153

Ⅲ編　自治を推進する議会の組織と運営

70 住民との交流・討議

［北海道栗山町議会基本条例4条・11条2項］

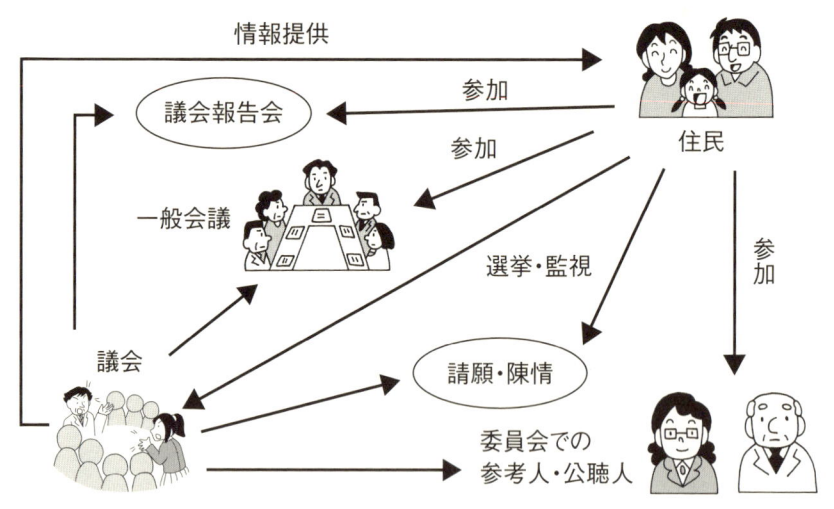

栗山町議会　議会報告会の案内

第7章　地方議会の組織と運営の諸問題

> **ポイント**　早い時期から、**宮城県本吉町議会**は全議員が地域に出向き、町政の報告をするとともに、住民から意見を聴く「議会報告会」を町内15会場で4月下旬の3日間、夜間に開催している。住民組織である地域振興会と共催した。なお、抽選で場所が決められるため、議員が出向くのはみずからの出身基盤と異なることもある。この報告会では、住民からの意見を聴き置くだけではなく、その意見に前向きに対応している。同様の試みは全国に広がっている（☞13）。

1　**四日市市議会**は、市民からの要望、提言等の意見を聴取するために、市議会モニターを設置した（2004年11月）。大学生を含む20歳代から70歳代まで43名が委嘱された。本会議・委員会の傍聴、議長との意見交換会を行い、そこで議会運営、市議会だよりや市議会ホームページに関する意見が出された。また、議員提出を目指していた自治基本条例に関しては自治基本条例調査と区別委員会において、モニターとの懇談会を実施しその意見を条文案に取り込んでいた。

2　栗山町議会基本条例では、国政を模写し住民と切断した従来の議会からの転換が行われた。それは、常に住民と歩む議会への改革である。一般に、情報公開、説明責任、委員会の原則公開は提起されてきた。基本条例によって、そのほかに以下のような興味深い運営が可能となる（同条例4、11②）。

①委員会で参考人制度・公聴会制度を積極的に活用する。②「町村全般にわたって、議員及び町民が自由に情報及び意見を交換する一般会議」を設置する。③請願や陳情を住民の政策提案として積極的に位置づけ、それを受けとめるために「提案者の意見を聴く機会」を設ける。④「町民、町民団体、NPO等との意見交換の場を多様に」設ける。⑤「町民の評価が的確になされるよう」、重要議案に対する議員の態度を議会広報で公表する。さらに、⑥実効性を高めるために、「全議員の出席のもとに町民に対する議会報告会を少なくとも年1回開催して、議会の説明責任を果たすとともに、これらの事項に関して町民の意見を聴取して議会運営の改善を図る」。

> **ひとこと**　アメリカ合衆国の地方議会は、市町村の場合、議場自体が開放型議会となっている。高校の教室を想定するとよい。前に市長を中心に議員が座り、生徒席に住民が座る。議会自体を住民に開放し、直接議会を住民参加の場とする方式である。議員の議論の途中で傍聴者が手を上げて質問し意見を述べる時間が設けられている市議会もある。市長や議員は聴きっぱなしというわけではなく、意見表明を行った者に質問もする。日本の議会での住民の傍聴（傍らで聴く）とは大きく異なっている。

Ⅲ編　自治を推進する議会の組織と運営

71 条例制定の直接請求

[自治法74条]

今までの議会と直接請求

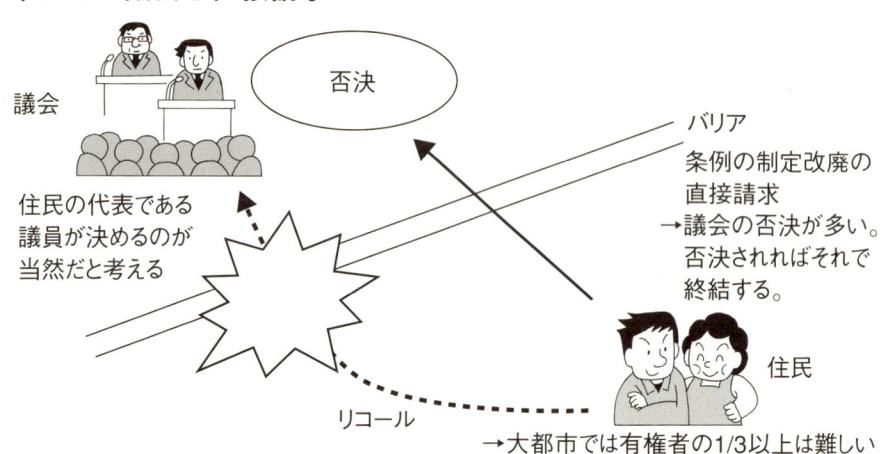

議会

否決

住民の代表である議員が決めるのが当然だと考える

バリア
条例の制定改廃の直接請求
→議会の否決が多い。否決されればそれで終結する。

住民

リコール　→大都市では有権者の1/3以上は難しい

これからの議会と直接請求

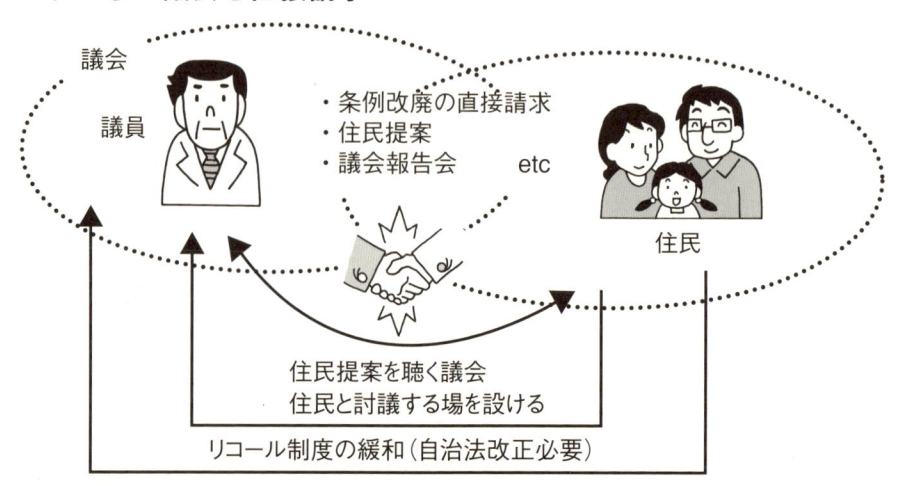

議会
議員

・条例改廃の直接請求
・住民提案
・議会報告会　etc

住民

住民提案を聴く議会
住民と討議する場を設ける

リコール制度の緩和（自治法改正必要）

条例制定改廃の直接請求の否決後の住民投票（自治法改正必要）
税条例も対象に含める（自治法改正必要）

第7章　地方議会の組織と運営の諸問題

> **ポイント**　直接請求の「第3の波」が到来している。地方自治制度の確立期（1947-51年）ではリコール、高度成長期（1962-71年）では条例制定改廃が多かった。今日地方分権の時期（2000年前後から）では、リコールとともに、条例制定改廃の直接請求が台頭している。特徴的なのは住民投票条例の制定をめぐる直接請求が急増していることである。

1　「直接請求に対する議会否決の流れは半世紀このかた変わらないが、95年以降に変化の兆しが出たと読み取れることができる」（今井一編著『住民投票』日本経済新聞社、1997年、211頁）。徳島市の吉野川可動堰建設をめぐる住民投票条例制定の直接請求は有権者の49％が署名したにもかかわらず否決された（1999年）。しかも、当時の市議会議員選挙の投票総数に匹敵する数であった。権限を有している議会が、住民の意向と乖離していることを示している。

　しかし、今日「直接請求の新潮流の力が増してきた」ともいえる（今井同上）。特徴的な住民投票条例に限ったことではあるが、2002年までほとんど否決であったものが、件数が増大するとともに、2003年17％、2004年19％、2005年32％が可決されている。この時期、合併関連が増大しているという特殊事情はあるとはいえ、直接請求も住民投票も無視できない住民自治の手段となった。

2　議会は、直接請求や住民投票にも真摯にかかわらなければならない。議会軽視といった感情でこれに消極的に対処するとなれば、住民は議会を交替させる。徳島市の事例では、次の選挙で住民投票に反対した議員を落選させ、賛成する議員を当選させることによって住民投票条例を可決させ住民投票を実施した。それは、住民自治の原則に適合している（2000年1月23日実施）。

　しかし、条例制定の直接請求を必ず可決するわけにもいかない。議会は正統に選挙された合議体である。内容のメリット・デメリットを多角的複眼的に浮き彫りにすることができる。むしろ、この主体性が発揮できない議会も住民から否定される。議会の審議にあたって、条例制定改廃の直接請求の代表者に「意見を述べる機会を与えなければならない」（自治法74④）という規定を生かして、積極的に議会で討議することができる。

> **ひとこと**　条例制定改廃の直接請求と似て非なるものとしてアメリカ合衆国の州や市町村のイニシアティブがある。これは、住民が一定数の署名を集めれば、必ず、あるいは議会が否決したときに、住民投票にかける。この結果は自治体の意思となる（拘束型）。このイニシアティブは、州で行われることが多く、市町村では少ない。市町村議会が住民に密着していることもその理由の1つである（☞26ひとこと）。

Ⅲ編　自治を推進する議会の組織と運営

72 住民投票の問題点

[新藤宗幸『住民投票』ぎょうせい、1999年]

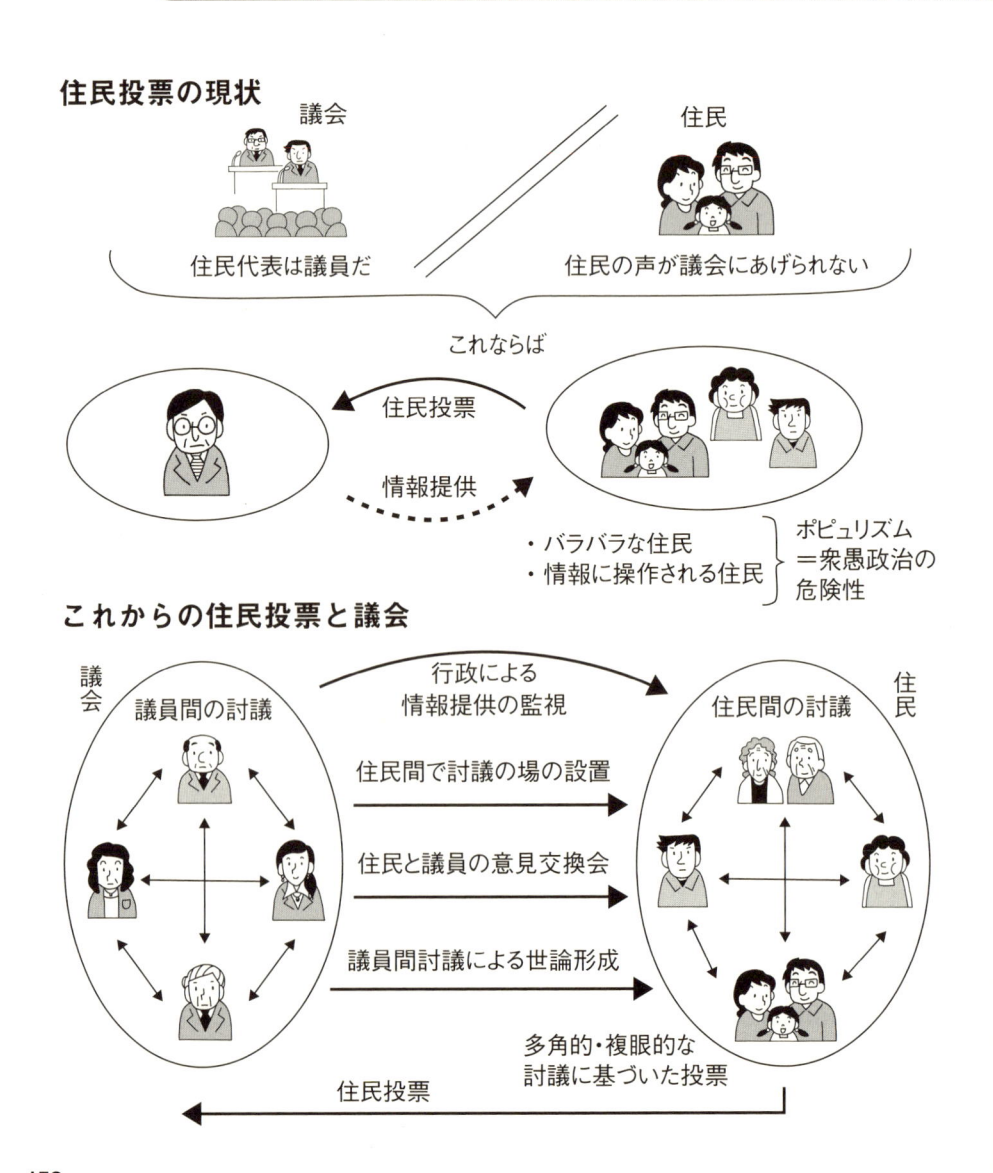

住民投票の現状

議会：住民代表は議員だ
住民：住民の声が議会にあげられない

これならば

住民投票 ／ 情報提供

・バラバラな住民
・情報に操作される住民
｝ポピュリズム＝衆愚政治の危険性

これからの住民投票と議会

議会：議員間の討議
住民：住民間の討議

行政による情報提供の監視
住民間で討議の場の設置
住民と議員の意見交換会
議員間討議による世論形成
多角的・複眼的な討議に基づいた投票
住民投票

第7章　地方議会の組織と運営の諸問題

> **ポイント**
>
> 住民投票が行われる時代である。しかし、それにはいくつかの限定が必要である。政策過程にあたっての万能薬ではあり得ない。住民投票には膨大な費用がかかる。そのコストは民主主義の必要経費と考えてもよい。また、直近の選挙とあわせて行うことで経費を削減することもできる。しかし、それ以上に住民投票は問題を内包している。住民投票と議会の関係を考えよう。

1　住民投票は、民主主義にとっての不可欠な制度である。しかし、そもそも自治体の膨大な計画すべての事項を住民投票で決定するわけにはいかない。しかも、自治体の多くの政策に必要な優先順位づけは、賛成か反対かを問う住民投票には馴染まない。また、民主主義の根幹である討議を軽視する危険性も孕んでいる。住民投票は重要であることは認めるとしても、それは単なる住民による多数決ではないからである。

　住民は、最初からかあるいは情報提供によってかにかかわらず、正確な判断をしその判断に基づき投票を行うという前提で住民投票は行われている。しかし、住民自身は討議によってみずからの意見を修正する。修正せずとも、他者の意見を踏まえることで政策決定後の評価にも役立てることができる。その意味で、民主主義は投票という結果よりも、結果を生み出す過程こそを重視する。しかも、実際の住民投票は誤解や感情に左右される場合も多い。それを是正する意味でも、さまざまなレベルでの討議の場の設置が必要である。

2　住民投票の必要条件は、情報の提供はもとより討議の場の確保である。議会には、十分な情報提供や討議の場を提案し、その実現を監視する役割がある。

3　さまざまな場での討議が想定できるが、正統に選挙された人によって構成する合議体は議会だけである。議会が住民の代表として討議する場に生まれ変わることが求められている。議会を含めたさまざまなレベルでの討議こそ、矛盾した提案の増大、扇動や買収などによる公平な思考の欠如といった住民投票の問題点を、まったくなくなるとはいえないまでも縮小することはできる。

> **ひとこと**
>
> 住民投票は今日条例に基づくことが一般的になっている。議決までは重要な役割を果たすが、議決されれば議会としてはほとんどかかわらないというのが一般的であった。今後の議会はより積極的にかかわり討議を巻き起こす重要な役割を演じることが期待される。たとえば、滋賀県米原町の市町村合併をめぐる住民投票では、議員は議会でその条例を決議しただけではなく、住民投票についての世論を喚起した。外国籍住民の投票権を認めたものや、未成年の投票権を認めたものも一般的になっている。

Ⅲ編　自治を推進する議会の組織と運営

73 議場の3つのパターン
― 国会議事堂の呪縛からの脱却 ―

[各議会の議事堂]

多くの議会＝国会の真似

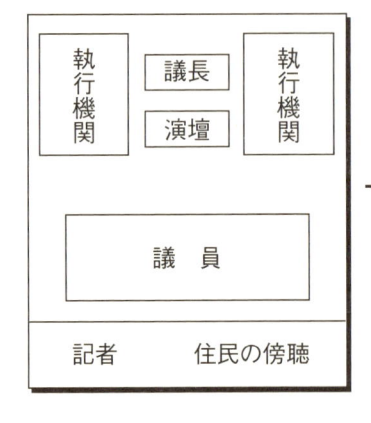

```
┌─────────────────────────┐
│ ┌──┐ ┌──┐ ┌──┐          │
│ │執│ │議長│ │執│          │
│ │行│ ├──┤ │行│          │
│ │機│ │演壇│ │機│          │
│ │関│ └──┘ │関│          │
│ └──┘      └──┘          │
│                         │
│   ┌─────────────┐       │
│   │   議　員    │       │
│   └─────────────┘       │
│                         │
│ 記者     住民の傍聴      │
└─────────────────────────┘
```

→ 少し変えるだけで

二元代表制（機関競争主義）を重視すれば→対面式

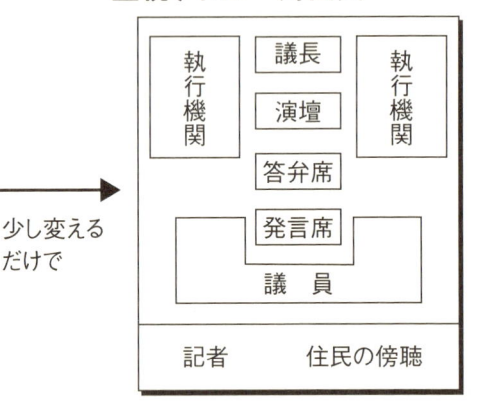

```
┌─────────────────────────┐
│ ┌──┐ ┌──┐ ┌──┐          │
│ │執│ │議長│ │執│          │
│ │行│ ├──┤ │行│          │
│ │機│ │演壇│ │機│          │
│ │関│ ├──┤ │関│          │
│ │ │ │答弁席│ │ │          │
│ └──┘ ├──┤ └──┘          │
│      │発言席│              │
│   ┌──┴──┴──┐             │
│   │  議　員  │             │
│   └──────────┘             │
│ 記者     住民の傍聴      │
└─────────────────────────┘
```

討議を重視すれば→円形、コの字形

参考：左（掛川市議会）、右（名古屋市会（議会））

第7章　地方議会の組織と運営の諸問題

> **ポイント**
> 議場は、国会を模写したものが多い。かつての新潟県議会の議事堂は、いまも保存さている（新潟県憲政記念館（白山公園内））。それは、コの字形になっている。現国会議事堂がつくられてから地方議会の議場はそれを模写している。議院内閣制でしかも帝国議会の継続である国会を模写した議場は、地方議会には馴染まない。そこで、議会の役割を発揮できる議場を考えておきたい。

1　いまでも多くの議場では、国会議事堂のように議員に向かって、執行機関に質問している。二元代表制を強調すると対面式の議場（この場合議員は議員席から執行機関に向けて発言する）、討議する場を強調すると円形あるいはコの字形が想定できる。さらに、現行では正規の会議ではできないとみなされている住民参加を議会に組み込むとすれば、より広い対面式か円形あるいはコの字形も考えられる（委員会では現行でも可能）。対面式は、議場の微調整で済むことから徐々に多くなってきている。また、円形あるいはコの字形も登場している。**静岡県掛川市議会、愛知県名古屋市議会、同県稲沢市議会、島根県石見町議会、高知県馬路村議会**（コの字形から円形へ変更）などがある。

2　執行機関への質問が多い場合、対面式に、議員同士の討議が多い場合、円形といったように変化させてもよい。市町村合併で在任特例を採用した議会では、**大仙市136名**（本来の定数30）、**由利本荘市129名（30）**はイベントホールで、**下関市105名（46）**、**久留米市94名（46）**、**萩市94名（30）**は商工会館や農協会館で、**豊岡市95名（30）**は旧高校体育館で行われている（『朝日新聞』2005年4月18日付）。自由な場で、自由なレイアウトで議会を行うことはできる。

　北海道大空町議会（女満別町）では従来から議会は、多目的ホール、文化ホール、それに議場がボタン1つで変えられる議事堂文化ホールを用いている。**千代田区議会**は、施政方針等では斜型の議場、一般質問では対面型にそれぞれ変更できる議場にした。

> **ひとこと**
> 兵庫県加西市議会は、臨時議会を議場ではなく市民会館で開会した。職員採用試験にあたって市長が介入した問題をめぐって、不信任議決後の選挙で選出された新議員による再議決を「多くの市民に傍聴してもらいたい」という市長の意向で実現した。用意した800席の傍聴席は満杯となった。「議場」の写真は『毎日新聞』2007年5月14日付に掲載されている。このように、市民会館などを議場として活用することも考えられている。

Ⅲ編　自治を推進する議会の組織と運営

74 議会事務局体制の強化

[自治法138条1・2項]

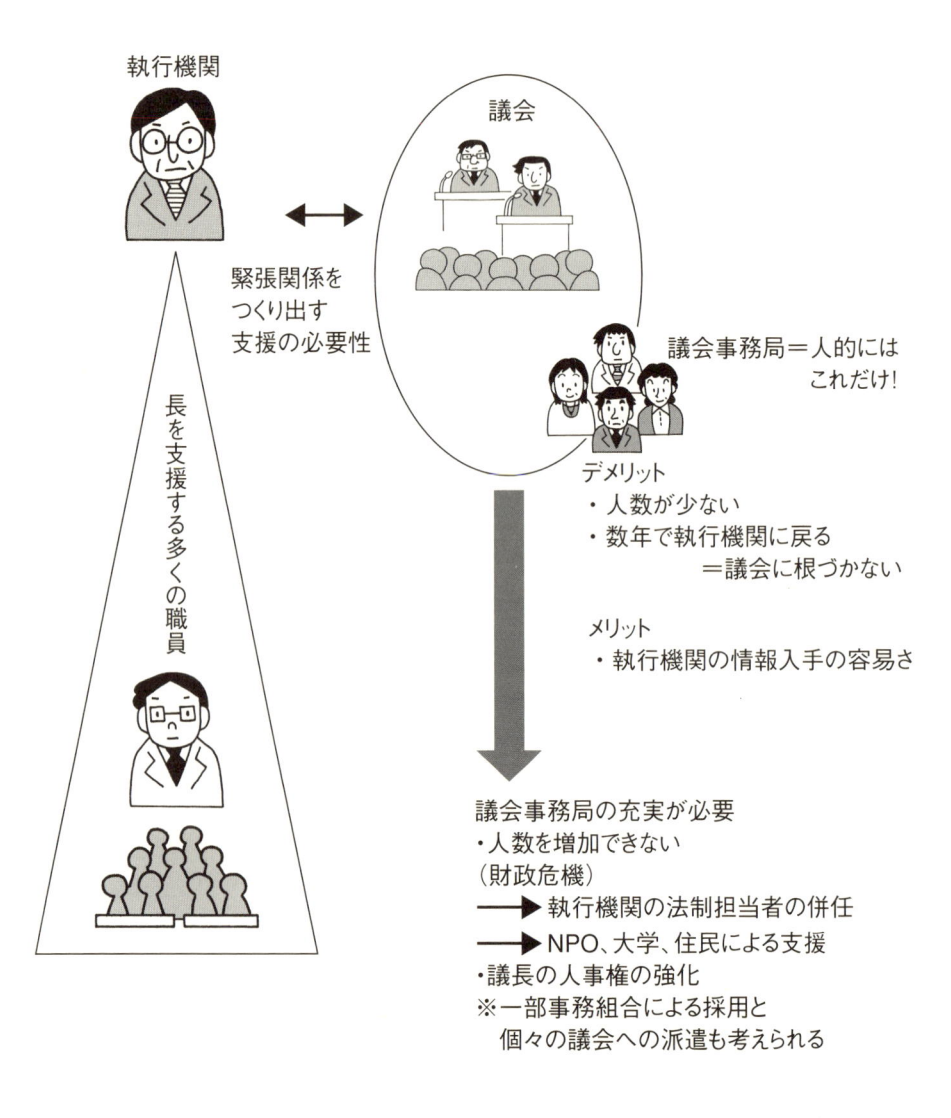

執行機関 ⇔ 議会

緊張関係をつくり出す支援の必要性

長を支援する多くの職員

議会事務局＝人的にはこれだけ！

デメリット
・人数が少ない
・数年で執行機関に戻る
　＝議会に根づかない

メリット
・執行機関の情報入手の容易さ

↓

議会事務局の充実が必要
・人数を増加できない
（財政危機）
　→ 執行機関の法制担当者の併任
　→ NPO、大学、住民による支援
・議長の人事権の強化
※一部事務組合による採用と
　個々の議会への派遣も考えられる

第7章　地方議会の組織と運営の諸問題

> **ポイント**
> 議会運営支援のために議会事務局が置かれる。都道府県は必置であるが、市町村は条例による任意設置となっている（自治法138①②）。事務局を置かない市町村の議会に書記長、書記その他の職員を置くことになっている。ほとんどのところで事務局が設置されている。議長が事務局長、書記長、書記その他の職員を任免する（同⑤）。事務局長、書記長、書記その他の常勤の職員の定数は、条例で定める（同⑥）。

1　議長が議会事務局職員を任命するとはいえ、議会事務局職員は、自治体の全職員の定数管理の中に位置づけられている。議長の任命権が十分には生かされていない。そもそも、自治法に規定している「定数」も設置条例には挿入されていないものがほとんどである（**大阪市議会**は規定している）。

　議会改革の進んだ議会には、議会事務局が充実しているし、議会改革を真摯に行っている議会事務局職員がいる。しかし、現状では人数があまりにも少ない。議員1人当たりの職員数では都道府県0.7、市議会0.3、町村議会0.2である。庶務だけではなく、議会運営、さらには調査や政策法務担当が必要であるとはいえ、今日、職員の在局年数は短い。3-4年、長くても4-5年で異動するといわれる。このような執行機関の部課との人事交流が行われることにより最新の情報を有した職員が議会事務局に来ることは、情報提供の側面で重要なメリットをもたらす一方、数年後にみずから戻る職場を議会で問題にするような情報提供を議会・議員に対して行うかどうかの疑問もある。

2　今日、議会事務局の充実は財政的にも困難である。ましてや充実した政策秘書制度は極めて現実性に乏しい。そこで、政策立案機能を重視するとしても、議会事務局の改善とボランティアスタッフの採用といったことが想定できる。議会事務局職員の研修はもとより、雇用形態を改革することも考慮されてよい。たとえば、議会事務局にボランティアを導入することや、一部事務組合によって雇用し各議会事務局に派遣させる仕組みなどである。執行機関の法制担当の併任、あるいは法制担当者だった職員の任命も可能である。

> **ひとこと**
> 議会アドバイザー制度も有益な制度である。**宮城県議会議会改革推進会議**は「議会改革に関する提言」を議長に提出した（2004年）。その中で、政策立案を効率的に行うために、社会科学や自然科学の専門家10名程度を議会のアドバイザーとして委嘱する議員アドバイザー制度が提案された。2名以上の議員が事務局に申し込み、議長承認を経てアドバイザーから専門的な助言を受ける（☞69）。

Ⅲ編　自治を推進する議会の組織と運営

75 議会図書室、政務調査費による議会運営の支援

[自治法100条]

執行機関

議会

緊張関係をつくり出すためには議会運営の支援が必要

議会事務局

長を支援する多くの職員

政務調査費

・「第2報酬」との批判あり
・調査・研究のために活用
・費用弁償などその他の交付との整合性の必要
・第3者機関によるチェック

議会図書室

・自治法に規定されているにもかかわらず設置されていないところがある
・執行機関の図書館と共同設置も可能
・住民にも開放＝公立図書館との連携

第7章　地方議会の組織と運営の諸問題

> **ポイント**　議会運営の支援は、議会事務局の充実だけではない。自治法でも議会図書室の設置と政務調査費の交付がある。しかし、前者は設置されないところもある。後者はその活用の仕方が大きな問題となっている。

1　議会を支援する制度として、議会図書室がある（自治法100⑰）。インターネットの普及などにより、さまざまな媒体から情報は得やすくなっている。しかし、政策についてのまとまった情報は、やはり書籍や専門の雑誌から得ることになる。身近なところにこうしたものを置くことが必要である。現状では未設置なものもあり、設置されているところでもお粗末なところも多いが、実は自治法に規定された制度、いわば必置である。

議会図書室として独立させることはコストの面から困難だとすれば、執行機関の資料室と一括して市政（町政・村政）資料室を設置すること、公立図書館との連携も考えられる。そもそも、議会図書室は、「一般にこれを利用させることができる」（自治法100⑱）となっている。

2　議会を支援する制度として、政務調査研究費がある（2000年改正、同⑬）。政務調査費が議員「第2報酬」として批判されることも多い。政務調査費の透明性について、「政治の機密性、政治の活動の自由を保つ必要があるから、条例で明記するな」「議員活動には詳細に公にできないものもある」と指摘する議員もいる。「政務調査費を議員活動に対する経費と考えている」のだろうが、「議会の議員の調査研究」のためである。

政務調査費では、領収書添付を義務づけていないところもある。早急な義務づけは当然である。しかし、義務づけているところでも疑問も多い。選挙の年などは、選挙事務所も、月単位で借りている駐車場代、なども含まれていることもあり、「およそ1割ぐらいが政務調査費に該当」（加藤幸雄）するにすぎない。選挙活動は政務調査費で支払われてはならない。

政務調査費は徐々に拡大している。会派ごとの政務調査費の支給によって会派の研修、事務局経費に使われ政策形成能力の向上に役立っている。ただし、「第2報酬」とならないように、領収書等の管理を厳格にすることが必要である。**千代田区議会**では、四半期ごとの中間収支報告に領収書原本を、決算報告に会計帳簿の添付を義務づけるなど透明性・公開性の高い「千代田区議会政務調査研究費の交付に関する条例」を制定し運用している（☞89）。

III編　自治を推進する議会の組織と運営

76 課題設定と政策立案
―政策サイクル（1）―
[各自治体の政策サイクル]

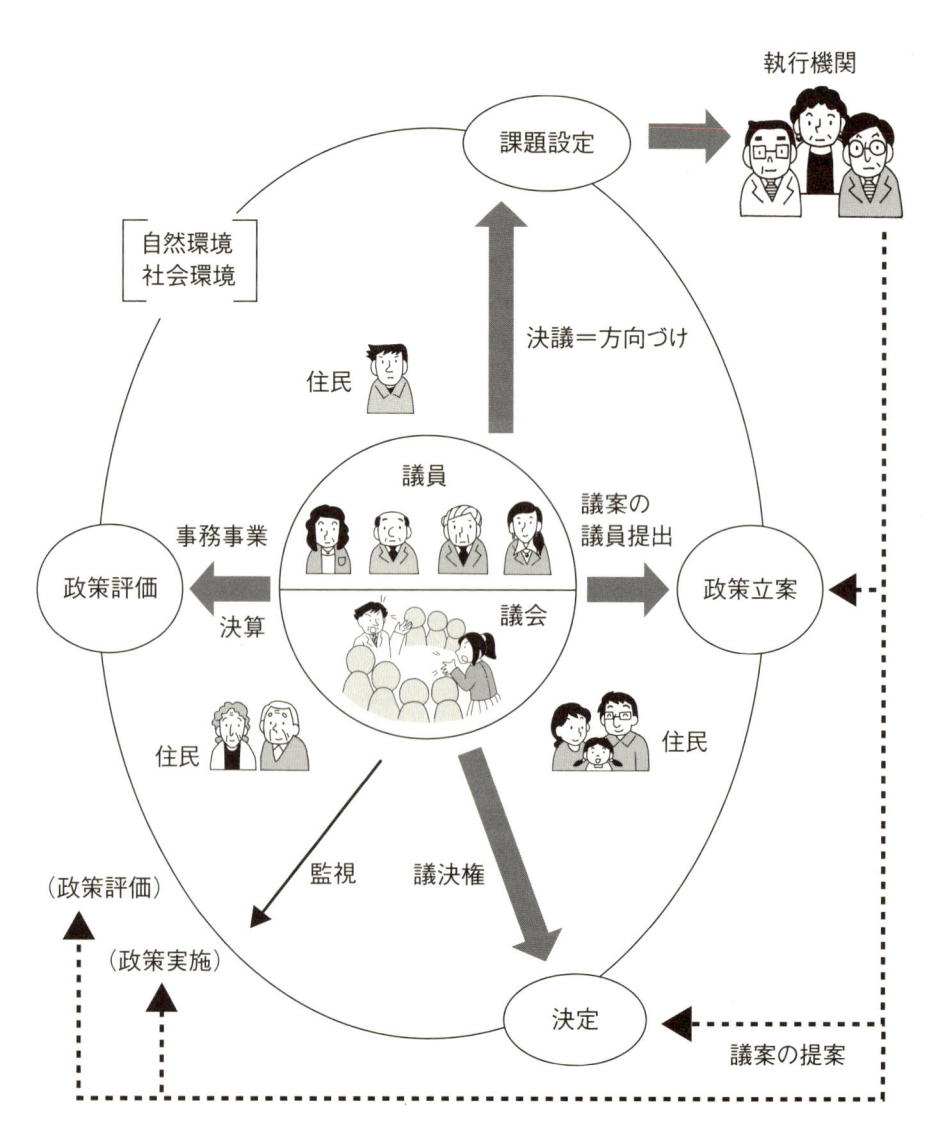

- 執行機関
- 課題設定
- 自然環境 社会環境
- 住民
- 決議＝方向づけ
- 議員
- 議会
- 議案の議員提出
- 事務事業
- 政策評価
- 決算
- 政策立案
- 住民
- 住民
- 監視
- 議決権
- （政策評価）
- （政策実施）
- 決定
- 議案の提案

第7章　地方議会の組織と運営の諸問題

> **ポイント**
> 　政策過程を、課題設定、政策立案、決定、実施、監視の政策サイクルとしてとらえ、それぞれの議会の役割を考える。本項では、課題設定と政策立案における議会の役割を考えよう。

1　課題設定〔政策サイクル第1段階〕。従来のアンケート、ヒヤリングだけではなく、意見・アイディア等の募集、首長への手紙やタウンミーティングも活発に行われている。また、自治会・町内会からの提言に加えて、従来から条例等で設定されている地域ごとの協議会、および合併特例法や地方自治法で規定された地域審議会・地域協議会からの提言も重視されている。住民運動やNPOによる抵抗型提言や政策提言も課題設定にとって重要である。

　議会というより議員は住民とかかわり、地域の要望を公的な場に登場させてきた。しかし、この個別的役割は、政策過程においては今日軽視されるようになった。行政が公式に住民協議会のようなさまざまな住民組織を立ち上げそこから提案を受け取っている。こうした住民組織に議会としてかかわるか、別に設置することが必要になっている。議会報告会などは課題設定のよい場である。

2　政策立案〔政策サイクル第2段階〕。この段階での住民の行政参加、住民と行政の協働の制度開発は目を見張るものがある。基本構想や総合計画といった包括的なものから、都市計画、福祉、環境、行政改革といったテーマ別までさまざまであることも今日の特徴である。自治基本条例といった条例をめぐってもさかんに活用されている。

　住民と行政との協働の進展に比べて、議会や議員が住民とともに政策提案する制度設計はほとんど考慮されていない。この制度設計が十分ではないために、首長提案が住民の意見を尊重していると理解されることによって、その提案を無視できず、議会の存在意義である政策決定の形骸化が起きている。

　住民と議員とが討議できる場は、議会の政策立案機能をより充実させる。

> **ひとこと**
> 　議会は、政策サイクル全体を視野に入れ、継続的に政策にかかわる必要がある。それぞれの段階での議会の役割には相違がある。とはいえ、政策サイクル全体にわたって、議会は住民と歩む視点を忘れてはならない。

Ⅲ編　自治を推進する議会の組織と運営

77 政策決定、政策実施、政策評価
― 政策サイクル（２）―
[各自治体の政策サイクル]

政策過程における協働の進展

		課題設定	政策立案	決定	実施	評価
住民と行政との協働		地域ごとの協議会・地域審議会・地域協議会（神戸市、合併特例法）	審議会 パブリック・コメント（PC） テーマ別住民提言組織（基本構想：三鷹市、条例制定：多摩市） 常設型提言組織（志木市、下諏訪町、日向市） 政策提案制度（和光市（10人以上の連署）） 予算1％のNPOへの補助提案制度（市川市） 常設型住民投票（箕面市、高浜市（条例の制定改廃請求に議決に不満がある場合に3分の1以上の連署で住民投票条項も挿入））	さまざまな行政計画、規則の制定	独自、あるいはNPOとの協働	住民満足度調査内部評価とともに、外部評価、外部監査
議会	住民と歩む議会	活用できる情報の公開、および住民からの意見聴取					
		住民懇談会（北海道栗山町議会など）	議員モニター制度（四日市市議会） 住民懇談会（北海道福島町議会（合併）、須坂市議会（議員定数・報酬）など） 意見交換会やシンポジウム（江刺市議会（地産地消推進））	公聴会・参考人制度の活用		住民懇談会
	政策立案と監視の議会	議会事務局の充実、議員アドバイザー制度（宮城県議会）の導入などの支援制度					
		（後援会など）	議員提出条例 提言（新しい政策サイクル（三重県議会））	議決事件の追加（自治法96②） 本会議での一問一答方式の導入 政策討論集会（四日市市議会、飯田市議会）	・監視の視点で見ておく ・住民と行政との協働にも住民としてかかわる	決算の認定特別委員会等での監視

168

第7章　地方議会の組織と運営の諸問題

> **ポイント**　政策過程における政策決定は、議会の真骨頂である。それだけではなく、議会は、政策実施や政策評価でも政策過程にかかわれるし、かわわることで全体の政策が理解できる。政策過程全体に議会は責任を持っている。政策過程全体を視野に入れ、それぞれの段階で議会や議員がかかわる制度開発が必要である。

1　政策決定〔政策サイクル第3段階〕。政策形成にあたって住民の側に権限がシフトしてきたとはいえ、主要事項の決定権限は議会にある。その意味では、政策決定は議会の真骨頂である。議決事項（議決事件）を追加すること（自治法96②）も必要である。決議を行うためには十分な討議が前提となる。地方議会は、質問の場のみならず、本来の意義を十分に発揮する手法の開発が必要である。

2　政策実施〔政策サイクル第4段階〕。公共サービスを行政だけが担うわけではないことは、今日一般に承認されている。NPO、自治会・町内会、企業、住民との協働によっても行われている。大まかにいえば、公的な事業を、住民が独自に担う領域、住民と行政が協働して行う領域、行政が中心になって行う領域がある。特に、住民と行政が協働して行う領域では、住民は指定管理者としてかかわったり、アダプター（里親）としてかかわることになる。議会は実施を執行機関に委ねる。その意味では、議会とのかかわりはない。しかし、監視の視点でその実施を見ておかなければならない。実施途中であっても問題を早く察知できるアンテナが議会にも議員にも必要である。また、議員は住民として、積極的に協働事業を担う必要もある。議員は、地域リーダーの1人だからである。

3　政策評価〔政策サイクル第5段階〕。政策評価、その中でも事務事業評価は多くの市町村で実施されている。その評価結果は、公開されそれに基づく意見提出も制度化されている。政策評価にあたってのアンケートなどによる住民満足度調査、公募委員による外部評価委員会を設置、外部監査制度やオンブズマン制度の導入も政策評価に加えてよい。それらを議会も活用することができる。政策評価の中で、決算は最も重要な制度である。この決算の認定は議会の権限である。これを有効に活用するためにも、政策評価に積極的にかかわることも必要である。政策評価を行政内部あるいは外部評価のものだけにせず、予算決算特別委員会等で積極的にかかわることが必要である。

Ⅲ編　自治を推進する議会の組織と運営

78 討議による調整主体としての議会

[各議会基本条例およびその解説]

討議の3つのパターン

パターンⅠ（対立）＝ディベート型（相手との違いを強調）

首長　　接近　　　議員

議員の意見は
変わらない

パターンⅡ（合意）＝妥協型（共通する妥協点を見いだす）

首長　　　　　　　議員

議会として
執行機関と
対峙

議員の意見は
変わらない
けれども
妥協する

パターンⅢ（合意）＝新しい政策形成型（討議の中でよりよい政策を見いだす）

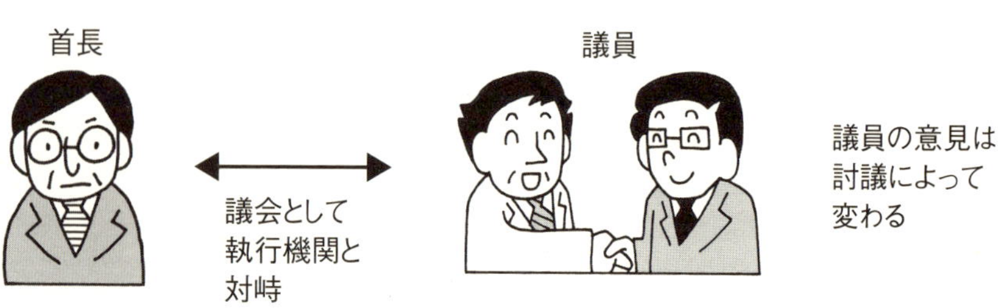

首長　　　　　　　議員

議会として
執行機関と
対峙

議員の意見は
討議によって
変わる

第7章　地方議会の組織と運営の諸問題

> **ポイント**　政策過程にあたっての議会の役割には、住民との討議を進めること、議員が独自に政策立案すること、首長提案を審議し議決すること、実施を監視することなどがある。住民の提案を尊重しても、あるいは議員が住民と直接討議をしても、最終的には議員が独自に政策し立案しなければならない。

1　今後議会は、住民間の討議や提言を積極的に推進することになる。議会や議員はその役割が縮小するわけではない。議会の責任を明確にすれば、①優先順位を考慮し政策の最終決定を行うこと、②住民参加組織の提起について、法律、財政、目的、手続の視点から見た場合に問題があるものを再検討することである。つまり、議会の役割は、調整と最終的な決定である。ここでは、議会の役割は住民を積極的に政策過程にかかわらせることであり、住民の競合する利害を調整することである。

　しかし、調整機能を有する議会は受動的にのみ決定するわけではない。議会の決定は、住民が提示したオプション内だけではない。住民参加や協働は時として住民エゴといわれる分断化された利益に基づいた提言を行う可能性もある。住民が提起したオプション内での選択にとどまらず、新しい提案を行うことも重要である。

2　この議会は、「総与党化」の下での議論なき議会でもなければ、住民の意向を尊重した陳情をぶつけあう議会でもない。陳情に基づき利害がぶつかりあった後の多数決民主制を是としているわけでもない。そもそもどのレベルの議会でも、「公開と討議」が前提となっている。討議に基づいた妥協の必要性、さらには一歩進んで、別の方途の模索である。いわば討議によって議員や住民の意見は変化する可能性もある。

3　討議による調整には3つのパターンがある。もちろん、公開による討議である。

　第1のパターンは、討議によっても一致を見いだせないものである。この場合、多数決が大きなポイントとなる。この中には、最初から違いを強調し、一致点を探ることを努力しないものがある。他方で、一致を見いだす努力をして、他者の意見に耳を傾けるものがある。前者は、本来の討議を踏まえていない。後者は、仮に一致しなくとも真摯な討議によって実施後に問題を早く発見できる。

　第2のパターンは、妥協を見いだせるものである。議会として、執行機関に対峙することができる。

　第3のパターンは、新しい提案をつくり出すものである。ここでも、議会として執行機関に対峙できる。

79 財務と議会

[自治法第97条、流山市議会による議会費の予算要望書]

財務過程における首長と議会の関係

	予算編成・提出	議決	執行	監視
首長の権限	〔自治法149、211〕予算の調製、提出すること（〔自治法112①〕議会の予算提出権を認めない）	〔自治法176〕予算を含む再議請求権（＝拒否権） ＊〔自治法179〕専決処分	〔自治法149〕予算を執行すること ＊〔自治法216〕款項のみの予算 ＊〔自治法96〕政令による契約基準の拘束	〔自治法149、233〕決算を議会の認定に付すこと ＊不認定でも法的効果はないと解釈されている 〔条例や要綱〕事務事業評価
議会の権限	〔自治法97〕予算の増額修正（修正と組替え）	〔自治法96〕予算を定めること　決算を認定すること　地方税・使用料・手数料などのとりたてなどに関すること　条例で定める契約　財産の取得・処分　負担付きの寄附又は贈与を受けること　法律、政令、条例に特別の定めがある場合を除くほか、権利を放棄すること		〔自治法96〕決算の認定 〔自治法195〕監査委員の同意 〔自治法98②〕議会の監査請求権
その他の議会の影響	与党会派は「与党連絡会」等による影響力行使	予算委員会、あるいは決算委員会を常任委員会とすることもできる		

第 7 章　地方議会の組織と運営の諸問題

> **ポイント**
> 　財務過程においても議会は積極的にかかわらなければならない。予算の決定権限も決算の認定、その他の財務にかかわる権限を議会は持っている（☞27-33）。予算調製（編成）権と提出権はたしかに首長にある。しかし、議会はまったくかかわれないわけではない。

1　流山市長は、市議会に予算編成を呼びかけた志木市長についての評価を問われて、「挑戦してみる価値は大いにある。試行錯誤を前提に、トライしたならば市政にとっては天地がひっくり返るほどすばらしい」と発言している（『ガバナンス』2004年1月号、110頁）。こうした発想はまれだとしても、この視点から提案することは違法にはならない。三重県議会の新しい政策サイクル（☞46）の政策財務版である。

2　予算案が議会に提出されれば、議会には制度上重要な権限がある。予算を定める権限である。否決、修正可決もあり得る。もちろん、付再議権が首長にあるが、その場合には、不信任議決という政治決着につらなる例外的状況が生じることもある。
　こうした例外状況につらなる権限を活用せずとも、議会は予算に影響を与えることができる。修正動議や組替え動議を活用すればよい。予算を編成するのも予算を提出するのも首長であるが、絶対的なものではあり得ない。議会は、合議体という特性を生かしながら、多様な視点、長期的総合的な視点から予算を討議することができる。その討議を踏まえて、提出された予算案を修正することができる。
　どのような政策でもいえることではあるが、選挙のしこりから、討議もせずに最初から賛成、あるいは反対という立場は厳に慎まなければならない。いわゆる首長派は、みずからの要望が少し入るからといって予算の審議を十分しないというのも同様に問題である。

3　機関競争主義（二元代表制）は、議会と執行機関が切磋琢磨することを前提としている。それにもかかわらず、議会には議会費の編成権、提案権も執行権もない。少なくとも、議会費の編成権と提出権を議会が持つことを自治法上明記すべきである。この改正が行われる以前でも、議会として首長に公式に要請する必要がある（流山市議会、2008年度）。議会は独自の機関だからである。

> **ひとこと**
> 　財務過程は、予算の編成権、提出権が首長にあること、議員が提出できる議案から予算が排除されていることから、議会や議員が躊躇しやすい。しかし、政策の財政的表現であり、最も重要な分野である。毎年の決算や予算も重要ではあるが、長期的な財政計画である基本構想、基本計画をしっかりと議論し、議決する仕組みをつくることが必要である（☞34）。

III編　自治を推進する議会の組織と運営

80 財務過程と議員

［兼村高文・星野泉『予算・決算 すぐわかる自治体財政』イマジン出版、2008年］

財務過程における議員の役割

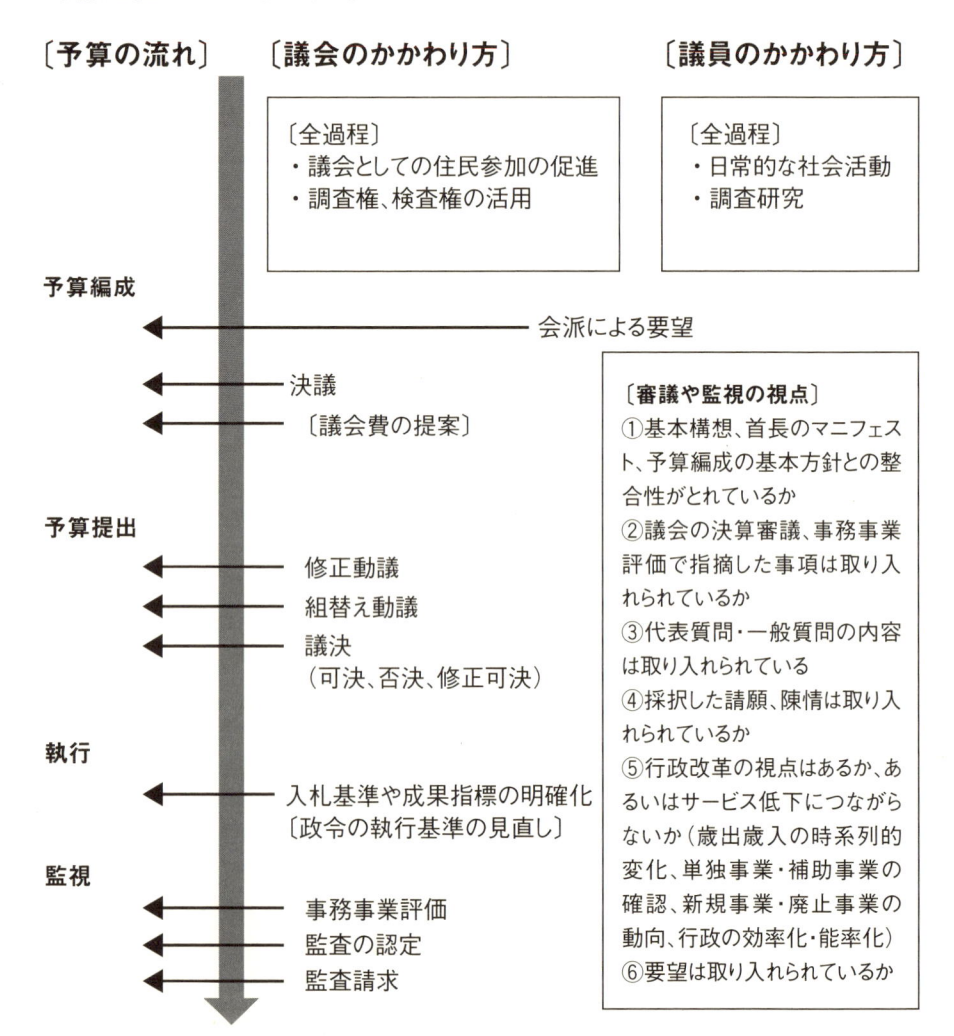

〔予算の流れ〕　〔議会のかかわり方〕　〔議員のかかわり方〕

〔全過程〕
・議会としての住民参加の促進
・調査権、検査権の活用

〔全過程〕
・日常的な社会活動
・調査研究

予算編成
← 会派による要望
← 決議
← 〔議会費の提案〕

予算提出
← 修正動議
← 組替え動議
← 議決
（可決、否決、修正可決）

執行
← 入札基準や成果指標の明確化
〔政令の執行基準の見直し〕

監視
← 事務事業評価
← 監査の認定
← 監査請求

〔審議や監視の視点〕
①基本構想、首長のマニフェスト、予算編成の基本方針との整合性がとれているか
②議会の決算審議、事務事業評価で指摘した事項は取り入れられているか
③代表質問・一般質問の内容は取り入れられている
④採択した請願、陳情は取り入れられているか
⑤行政改革の視点はあるか、あるいはサービス低下につながらないか（歳出歳入の時系列的変化、単独事業・補助事業の確認、新規事業・廃止事業の動向、行政の効率化・能率化）
⑥要望は取り入れられているか

第7章 地方議会の組織と運営の諸問題

> **ポイント**
> 議員には予算書・決算書を全体として読み説く能力が不可欠である。最近では、住民自身が財政分析を行っている。議員自身も財政分析を毎年行うことから出発してほしい。
> 住民の声を相対的総体的に理解する必要がある。財務過程全体にわたって積極的にかかわる視点を確認しよう。

1 財務過程にかかわる議員の視点（野村稔氏の議論を参考）
 ① 基本構想、首長のマニフェスト、予算編成の基本方針との整合性がとれているか。
 ② 議会の決算審議、事務事業評価で指摘した事項は取り入れられているか。
 ③ 代表質問・一般質問の内容は取り入れられているか。
 ④ 採択した請願、陳情は取り入れられているか。
 ⑤ 行政改革の視点はあるか、あるいはサービス低下につながらないか（歳出歳入の時系列的変化、単独事業・補助事業の確認、新規事業・廃止事業の動向、行政の効率化・能率化）。
 ⑥ 要望は取り入れられているか。

2 こうした視点から財務を評価し提言する役割が議員にはある。首長との政治的立場の距離によって、首長からの提案を最初から判断をしてはならない。そこで、難しい選択が迫られる。たとえば、組替え動議が可決された場合は、組替えられた予算原案をみて判断すればよい。否決された場合、組替え動議を提出した議員は、判断が迫られる。組替えられていないので反対ということも考えられる。しかし、議員にとって、その賛否の際には悩める課題が浮上する。当初予算には多額の義務費も計上されているからである。そこで、その賛否にあたっては、その他の議員以上に住民への説明責任が求められる。

　また、首長に対して批判的な議員の対応は、2段階になる。みずからの政策提案の実現に邁進し、首長のマニフェストの修正を求める。しかし、それが実現できない場合は、住民が支持した首長のマニフェストや政策の実現を監視するという2段階の構えが必要である。みずから政策の実現に積極的ではなく、首長のマニフェスト実現も阻止するという対応は「住民にとって一番不幸」（礒崎初仁）である。

Ⅲ編　自治を推進する議会の組織と運営

81 夜間休日議会の可能性

[矢板市議会に提出された恒常的夜間議会開催の議案（2006年）]

今までの議会＝昼間開催

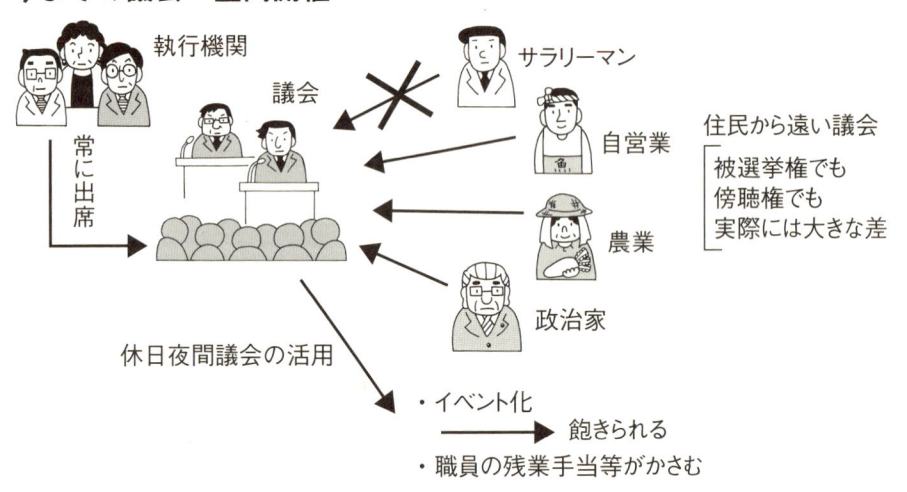

執行機関　常に出席　議会

サラリーマン　自営業　農業　政治家　×

住民から遠い議会
　被選挙権でも
　傍聴権でも
　実際には大きな差

休日夜間議会の活用
・イベント化 → 飽きられる
・職員の残業手当等がかさむ

これからの休日夜間議会の可能性

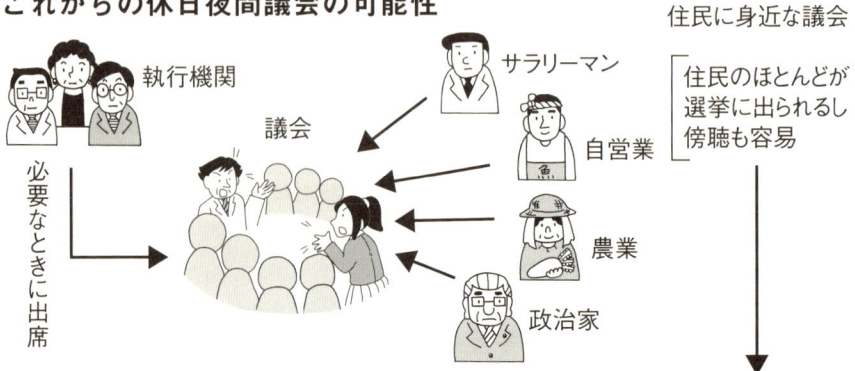

執行機関　必要なときに出席　議会

サラリーマン　自営業　農業　政治家

住民に身近な議会
　住民のほとんどが
　選挙に出られるし
　傍聴も容易

・職員の時間外手当を支給しなくてもいいように
　（課長以上の出席、時差勤務、代休などで対応）

住民が関心を持つような
活発な議会に
（自由討議、一問一答方式の導入）

第7章 地方議会の組織と運営の諸問題

> **ポイント**
> 議会は一般に昼間に開催されている。夜間開催を中心に、休日を加えて従来の運営から転換することも可能である。昼間での議会開催は、従来の議会には適合的であった。つまり、執行機関への質問の場である議会では、多くの職員が出席していることが不可欠であった。また、自営業や農業と兼業している議員が多く、昼間開催でも出席は可能であった。逆にいえば、サラリーマン層を排除することになっていた。さらに、傍聴者を少なくし議会の実態を住民に極力知らせないことに役立った。

1　住民と歩む議会であれば、透明性を増すとともに、新しい議会を担う人材をより広い層から選出できる夜間開催も議会運営改革の1つの手法である。もちろん、日本の場合、休日・夜間議会の開催が成功しているとはいえない。これまでに、休日・夜間議会は、会議規則を改定せず、臨時的・試行的に開催されてきた。最初は、傍聴者が増大しても次第に飽きられ減少してきた。また、自治体職員の時間外手当がかさんできた。**市川市議会、会津若松市議会**では、中止した。

2　**矢板市議会**では、こうした問題点を解決しながら、夜間議会のメリットを生かす提案を議員提案で行った（2006年9月および12月議会、否決）。その議員提案では、議会に出席する市職員の出席は、時間外手当の支給対象外の課長以上に絞り、時差勤務や代休で対応することになっている。また、傍聴者を恒常的に増やすために議会改革も含めている。さらに幅広い層から議員をリクルートできる、この機に議員同士の自由討議や傍聴者からの発言許可を与えるなどの議会改革を行う、兼職可能なので議員報酬を引き下げることができるといったことがその理由であった。

　欧米では当然の夜間開催をそろそろ日本でも模索してよい時期に来ている。

> **ひとこと**
> 夜間休日開催でも議会活動は可能である。たとえば、毎週水曜日午後7時から9時開催、50週だとすれば、100時間。あるいは、毎月第1第3土曜日午前10時から午後5時開催、12か月では、168時間となる。おそらく、日本の市町村議会開催時間には到底及ばない。とはいえ、それは委員会開催日数（全議員が参加しているわけではない）を含めた日数であって、夜間開催や土曜日開催の場合、一議員の活動日として考えれば、それほど少ないとはいえない。恒常的な夜間休日議会は可能である。

Ⅳ編 新しい議会を担う議員と選出制度

IV編　新しい議会を担う議員と選出制度

82 議員の現状
― 住民の代表たりえるか ―

[第28次地方制度調査会答申]

住民

「幅広い層が議員活動できるための制度の環境整備」
（第29次地方制度調査会審議項目）

住民の代表のはず
でも特定の層に偏る

議会

議員の職業別比較

都道府県 （2004.7.1）（％）	町村 （2003.7.1）（％）
1位 議員専業　42.5	1位 農業　40.6
2位 サービス業　11.0	2位 卸売・小売業　8.3
3位 農業　10.7	3位 建設業　7.5
4位 卸売・小売業　5.9	4位 サービス業　7.2
5位 製造業　5.4	5位 製造業　5.9

第8章　現在の地方議員像

> **ポイント**　議会・議員をめぐる数多くの不祥事が露呈している。選挙違反の多さ、議長選挙をめぐる贈収賄、暴力団との交遊など例外と呼ぶにはあまりにも多くの事例がある。こうした事件が大きく報道されることにより、議会不信はより蔓延する。しかし、議会の役割を発揮すべく努力している議員がいることはもっと報道されてよい。

1　真摯に研究調査し政策提言を議会で行っている議員もまれではない。議員自身は、政策形成能力、監視能力を向上させるためにさまざまな研修、講座を受講している。議員や議員候補者は大学院などで政策立案能力を高めている。また、議員同士がネットワークを結び政策研究を進めている。無党派議員で結成した「**地方議員政策研究会（LOPAS）**」（1993年）や超党派の女性議員の「**全国女性議員サミット**」（1998年）などである。さらには、研究者と議員が地域政策や議会改革を研究する自治体議会政策学会や自治体議会改革フォーラムも誕生し、その講座には多くの議員が参加している。

2　しかし、議員がいまだ住民代表とはいえないのではないかという疑問も聞かれる。特に、社会の多数を占めるサラリーマンや、半数を占める女性が議員になりにくい状況がある。早急に改善しなければならない課題である。

　第26次地方制度調査会答申でも、従来の地方行政の文脈から離れて住民投票制度や議会改革が提起されている（2000年）。議会改革については次のようになっている。「地方議会活性化のために」の課題の中で最初に設定されているのが「地方議会の議員に幅広い人材を確保」することである。

　また、第28次地方制度調査会答申では、この点を掘り下げて「具体的方策」の最初に幅広い層からの人材確保等を取り上げ、①女性やサラリーマンが議員として活動しやすいよう休日夜間の開催、②サラリーマンが議員に立候補でき、議員として活動することができるような環境整備、③地方公共団体の議会の議員と当該団体以外の地方公共団体の職員との兼職を可能とすることが検討課題として取り上げられている（2005年）。第29次地方制度調査会の審議項目でも「幅広い層が議員活動できるための制度の環境整備」が挿入された（2007年）。

IV編　新しい議会を担う議員と選出制度

83 議員の地位
― 自治法による制約 ―

[自治法92条・92条の2・287条2項等]

フランスの公選職の兼任と政治家の育成

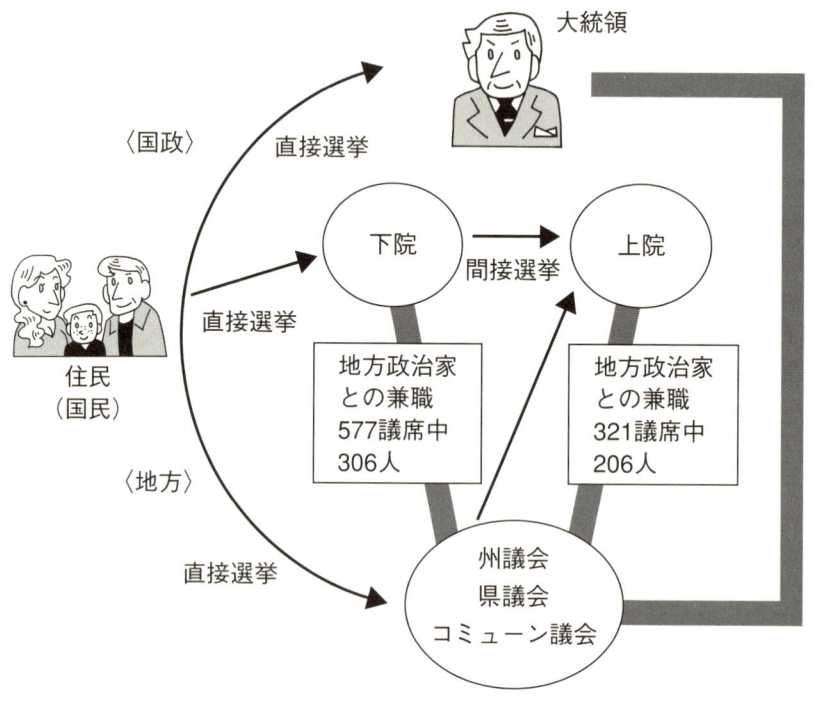

大統領

〈国政〉
直接選挙

住民（国民）
直接選挙 → 下院 —間接選挙→ 上院

下院：地方政治家との兼職 577議席中306人
上院：地方政治家との兼職 321議席中206人

〈地方〉
直接選挙 → 州議会／県議会／コミューン議会

例えばディスカール・デスタンは大統領とコミューン議会議員を兼任

公選職の兼任の意義
① 政治家の活動範囲を広げる。
② 中央―地方間の意思疎通の基幹的回路となる。
③ 若手政治家が有力政治家として大成するプロセス
（獲得した現有公選職を手放す必要がない＝立候補リスクの軽減）

第 8 章　現在の地方議員像

> **ポイント**
> 議員になるには制限がある。誰でもが立候補できるわけではない。国籍の問題、兼職禁止、兼業禁止などを考えなければならない。また、議員には任期がある。その選挙が終われば一括選挙となる。議員は任期途中であっても議員の身分を失うこともある。議員の地位を確認しておきたい。

1　議員になることについての制限は次のとおりである。
(1)　兼職禁止
　①国会議員や他の地方公共団体の議会議員（フランスとは異なって）、また地方公共団体の常勤職員および短時間期勤務職員（ドイツやアメリカ合衆国とは異なって）と兼ねることはできない（自治法92）。
　②裁判官、行政委員会の委員等との兼職禁止（裁判所法52、自治法182⑦、地教行法6、警察法42、地公法9、地財法425等）。
　なお、その団体が加入する一部事務組合、連合の議会の議員との兼職は許されている（自治法287②）。
(2)　兼業禁止
　「普通地方公共団体の議会の議員は、当該普通地方公共団体に対し請負をする者及びその支配人又は主として同一の行為をする法人の無限責任社員、取締役若しくは監査役若しくはこれらに準ずべき者、支配人及び清算人たることができない」（自治法92の2）。
　この場合の請負は、民法第632条の「請負」に限定されず、広く営業として、地方公共団体に対して物や労力を継続的に供給する取引契約すべてが含まれる。議員が請負禁止の規定に該当しているかどうかは議会が決定する。

2　任期
　①任期4年（自治法93）。ただし、補欠議員の任期は、前任者の在任期間（公選法260）。
　②一括改選

3　失職及び辞職（地位を失う）
　①被選挙権の喪失（自治法127）、②辞職（自治法126）、③その他（死亡、除名、議会の解散、解職請求の成立等）。

> **ひとこと**
> フランスの地方議員や首長は、一般職公務員だけではなく、国会議員を兼ねることが多い。選挙で選ばれる「公職の兼任」がある。①政治家の活動範囲を広げ、政治的影響力を大きくする、②中央－地方間の意思疎通の回路となる、③若手の政治家が、小さな自治体の議員から始め、首長、県議などから国会議員といったプロセスを支える、といった効果がある。最近では、1人が兼職できる公職の数や組み合わせが制限されている（山下茂「フランスの地方議会」財団法人自治体国際化協会『欧米における地方議会の制度と運用』2005年、同『フランスの選挙』第一法規、2007年、参照）。兼職や、せめて立候補段階では認めるなどの改革のイメージが膨らむ制度である。

Ⅳ編　新しい議会を担う議員と選出制度

84 議員の懲罰の状況

[自治法134条・135条]

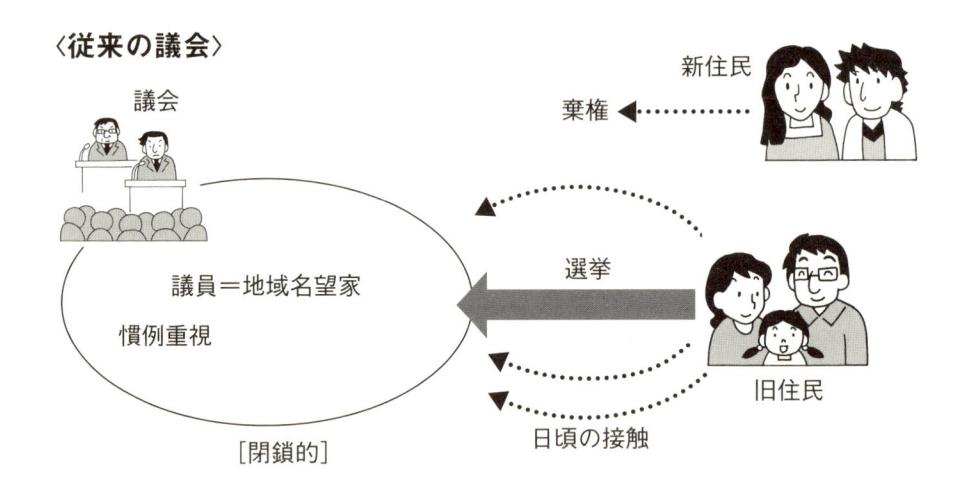

〈従来の議会〉

議会
議員＝地域名望家
慣例重視
[閉鎖的]

新住民 → 棄権
旧住民 → 選挙
日頃の接触

〈最近の議会〉

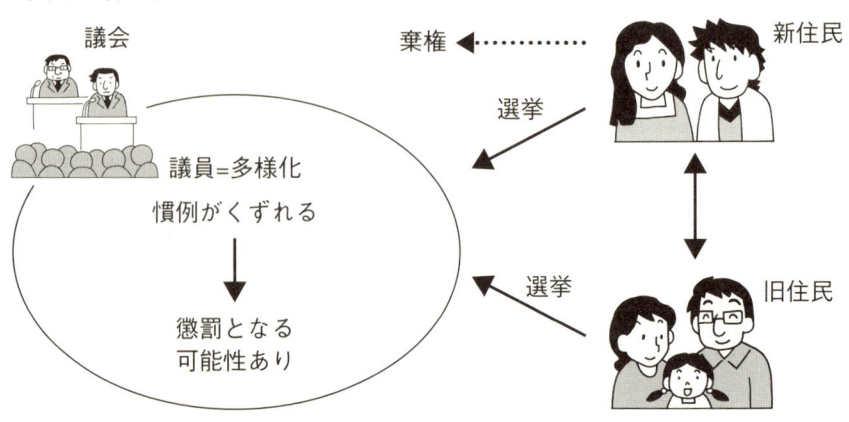

議会
議員＝多様化
慣例がくずれる
↓
懲罰となる可能性あり

[いまだ開放的とはいえない]
→開放しなければ議会は住民に見捨てられる

新住民 → 棄権／選挙
旧住民 → 選挙

第8章　現在の地方議員像

> **ポイント**
> 議会は、自治法、会議規則又は委員会条例に違反した議員に対して、議決によって懲罰を科すことができる（自治法134、135）。懲罰に関する事項は、会議規則中に定めなければならない。①公開の議場における戒告、②公開の議場における陳謝、③一定期間の出席停止、④除名（除名する場合は、議員の3分の2以上が出席し、その4分の3以上の者の同意が必要）。

1　問責決議は、反省を求めたり辞職勧告したりするけれども政治的効果を目的とした、いわば「決議しっぱなし」である。それに対して、懲罰は、法律、会議規則、委員会に関する条例に違反した議員に対して、戒告、陳謝、出席停止、除名という懲罰を議決によって科せるものである。

2　さまざまな懲罰の中には「不当懲罰」といわれるものもある。たとえば、**青森県三沢市議会**では（1997年3月）、ノーネクタイで議会に出席した議員がネクタイや背広の着用を義務づけた会議規則に違反したとして、5日間の出席停止処分を受ける。**山梨県白根町**では（97年3月）では、4人の議員が、建設会社社長を務める同僚議員を競争入札妨害などの罪で告発したことに対して、「議会調査特別委員会で調査中であり、告発は議会軽視にあたる」として、5日間の出席停止処分となる。**奈良県平群町議会**では（97年9月）、町議が、新聞社のインタビューで「議員懇親会でお酌をして回らないと『愛想が悪い』といわれた」などと発言したことに絡む紛糾で、10日間の出席停止処分を受ける。**埼玉県入間市議会**では（97年12月）、市議が個人で発行している議会報告書で、標準学力検査を批判した記事を掲載したことなどをめぐり、議会が「反省を求める決議」を採択している。

　これらの背景には「市民派が増え、慣習とあつれき」が生じていることがその理由としてあげられている（『読売新聞』98年3月4日付）。こうした状況に対して、懲罰の事例の情報交換や裁判の進め方の研究などを行う「不当懲罰を許さない全国議員・住民の会」が設立された（1998年）。

> **ひとこと**
> 　自治法では、議員の品位の保持まで規定されている。品位が保たれていないことの表れであろうか。品位をどのような人が判断するかが問題である。議会の会議又は委員会においては、議員は無礼の言葉を使用し、又は他人の私生活にわたる言論をしてはならない（自治法132）。
> 　また、侮辱に対する議員の訴えが認められている（自治法133）。議会の会議又は委員会において、侮辱を受けた議員は、これを議会に訴えて処分を求めることができるというものである。

IV編　新しい議会を担う議員と選出制度

85 議員の位置づけ
── 専門職、ボランティアの対比 ──

[宮崎伸光編『議会改革とアカウンタビリティ』東京法令出版、2000年]

対立する議員像

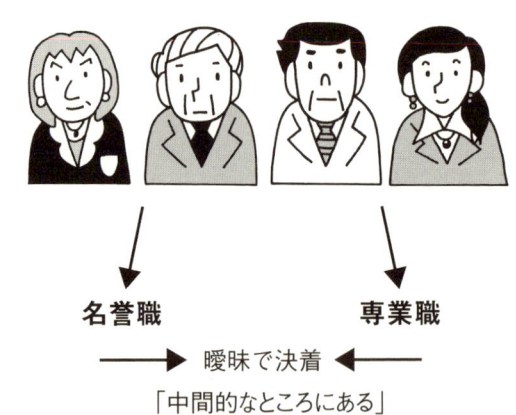

従来の議論　　名誉職　　　　　専業職
　　　　　　　→　曖昧で決着　←
　　　　　　　「中間的なところにある」
　　　　　　　（1956年衆議院委員会）

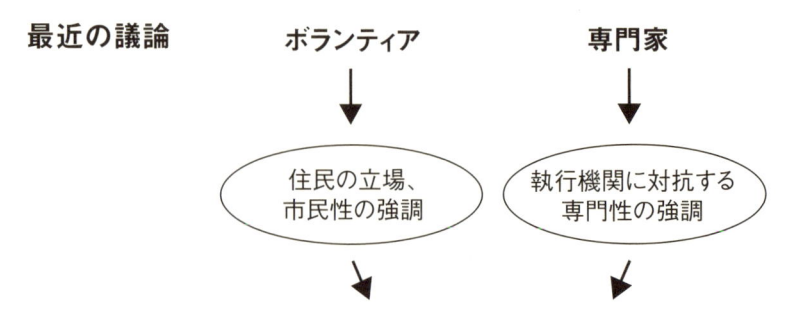

最近の議論　　ボランティア　　専門家
　　　　　　　↓　　　　　　　↓
　　　　住民の立場、　　　執行機関に対抗する
　　　　市民性の強調　　　専門性の強調

両者が議員には必要である
さまざまな分野の専門性を有した市民が、住民による提言を市民感覚で討議し調整する資質こそが議員にとっては必要

公的活動に積極的にかかわる意欲、および選挙で当選できるネットワークが不可欠

第8章　現在の地方議員像

> **ポイント**　議員の位置づけ、いわば性格は曖昧のままであった。議員は常勤的に活動すべきか、そうではないか。もちろん自治体の権限の強化にあたって議員は重要な役割を果たさなければない。その認識は共有しつつも、それを担う時間的な拘束こそが問われている。専門家という場合も専門的に時間を費やさなければならない仕事という意味で使われることが多い。

1　最近の議員の位置づけの議論である専門職とボランティアとの対比は、議会や議員の多様性を踏まえた1つの類型化であるが、それらが対立するものなのか、慎重な議論が必要である。

　従来の多くの議論では、専従職的だから報酬をという議論であって、専門的な能力を有するから報酬をという議論ではない。しかも、さまざまな人々の視点が必要という議論は含まれていない。民族的文化的な亀裂線がある場合ならば、純然たるそれぞれの代表を選出すべき制度が必要だろう。しかし、ドイツ、イギリス、アメリカ合衆国の地方議員をめぐる議論や現実からはその必要性は指摘されていない。専門的能力とさまざまな人々の視点は、二者択一ではなく、むしろ地方議員には両者は当然付与されるべき能力である。

2　今後の議員は、住民の提言を政策化する調整と提案の能力、地域デザイン構想者としての提案と討議の能力、監視の能力をそれぞれ有して活動する。これらの一連の過程には、市民的感覚という市民性とともに専門的能力を持つ専門性が必要となる。議会は、住民と協働しながら政策立案し首長に対して監視や提言を行う。そうだとすれば住民と歩む市民的感覚と、執行機関とわたりあえる専門的能力を必要とする。

　このように考えれば、議員は市民感覚や専門能力という点では特別な人としては描けず、ただ議員となることによって公的活動に積極的にかかわる意欲、および選挙で当選できるネットワークを有していることからだけで区別されるべきであろう。さまざまな分野の専門性を有した市民が、住民による提言を市民感覚で討議し調整する資質こそが議員にとっては必要である（市民性と専門性をあわせ持つ議員）。

Ⅳ編　新しい議会を担う議員と選出制度

86 公選職としての議員

[都道府県議会制度研究会（全国都道府県議会議長会）『自治体議会議員の新たな位置付け―都道府県議会制度研究会最終報告―』2007年4月]

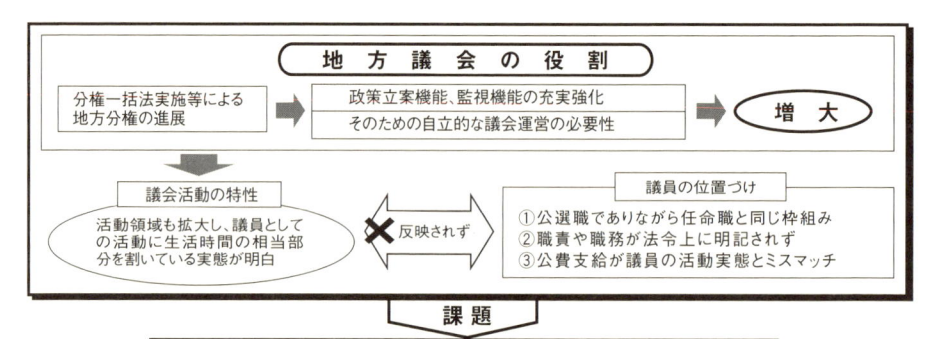

地方議会の役割

分権一括法実施等による地方分権の進展　→　政策立案機能、監視機能の充実強化／そのための自立的な議会運営の必要性　→　増大

議会活動の特性
活動領域も拡大し、議員としての活動に生活時間の相当部分を割いている実態が明白

×反映されず

議員の位置づけ
① 公選職でありながら任命職と同じ枠組み
② 職責や職務が法令上に明記されず
③ 公費支給が議員の活動実態とミスマッチ

課題
分権時代に対応して、議員が政策立案などの役割を十分に果たしていくために『議員の法的位置づけの明確化』

提案1　自治体議会の議員の職責・職務を法令上に明確に位置づけるため、地方自治法に自治体議会の議員の職責・職務に関する規定を新設せよ

規定新設の効果

- 議員が任命職である職員とは異なる公選職（住民の直接選挙によって公選されて就任）という身分であることの明確化
- 議員の活動に対する評価や期待における議員と住民とのズレの縮小及び不当に狭く解釈されてきた議員の活動領域を適正に定めることによる、活動の積極的展開のための環境整備
- 一般に誤解を与えている非常勤職的な扱いの是正

「自治体議会議員の新たな位置づけ」における議員職務の範囲

「新たな位置づけ」の趣旨
職務遂行について高い孤立性が保証されている議員の活動を保証・助長し、議員が住民代表として十分に活動できるような身分を有するものとして位置づける

職務活動領域拡大

① これまでは必ずしも正規の議員活動とは認められてこなかった住民との接触活動（当該活動が外形的に明確に選挙活動に該当すると認められる場合などを除く）
② 会期中及び閉会中における議案や委員会の調査事件に関する調査のための活動
③ 自治体が主催・共催する記念式典その他の公的行事への出席

出所：都道府県議会制度研究会『自治体議会議員の新たな位置付け―都道府県議会制度研究会最終報告―（概要）』2007年4月（修正あり）

第8章　現在の地方議員像

ポイント　議員の位置づけについて、最近ようやく都道府県議会制度研究会（全国都道府県議会議長会）から公選職が提案された。選挙された公職者という側面を強調することは意義あることである。現在、「報酬」（自治法203）が、日々活動している議員の実態には適していない。そのことが、誤解を住民に与えることになる。そのために、報酬とは異なる地方歳費（仮称）の提案とつらなっている。

1　議員は、本会議や委員会に出席するだけではなく、さまざまな活動を担っている。①政策形成の調査・企画・立案、②情報収集、意向調査、住民との意見交換、③議案調査、事務調査などの活動、④会派代表者会議などの会議に出席、⑤団体意思（たとえば条例）または機関意思（たとえば意見書）を確定（議決）、⑥首長等による団体意思の執行・実施の監視、是正措置、代案を提示、⑦団体意思の執行・実施による効果・成果の評価、⑧記念式典その他の公的行事への出席などである。したがって、本会議や委員会に出席することだけが議員活動だけではない。

2　選挙された公職者の性格を強調し、「議会を与かる非常勤職的な扱い」を是正する必要がある。そのために、「公職者」という新たな位置づけを提案している。

　この定義によって、議員活動が明確に位置づけられるとともに、本会議や委員会に出席した際の手当の支給というイメージが強い報酬とは異なる地方歳費（仮称）が提案される（自治法203の2新設）。

　たしかに、選挙された公職者と従来の首長任命の非常勤職とを明確に区別する意義を有している。また、市民性と専門性をあわせ持つ議員（☞85）は、議員の資質・能力を主題化するにとどまっている。公選職の議論は公選の性格とともに、議員活動そのものを主題化した。さらに、報酬という規定と、月給制や期末手当等が支給される現状とのギャップを埋める。

　ただし、公選職や地方歳費（仮称）の提案は理解できるとしても、公選職と地方歳費（仮称）の強調は、議員活動の範囲を拡大し、市民活動とは異質性を強調する。議員の市民との類似性を強調する前項の「市民性と専門性をあわせ持つ議員」からすれば、議員としての活動は狭められるべきであろう。ましてや、報酬批判をかわす目的であってはならない。そもそも、地方歳費（仮称）の提案は、議員活動を現実に即して広げるとはいっても、費用弁償や政務調査費で支払われているものも現実に多い。公選職には、いまだ課題もある。とはいえ、地方分権に伴う議員活動の広がりを積極的に位置づけることは大いに評価してよい。ようやく、議員の性格、資質・能力、活動、公費支給を全体的に議論できる段階に到達した。公選職について、議員は住民と議論すべきである。

Ⅳ編　新しい議会を担う議員と選出制度

87 さまざまな公費支給
― 報酬・期末手当等 ―
[自治法203条]

- 議会
- 報酬
- 期末手当＝ボーナス
- 政務調査費
- 住民の監視
- ようやくチェック
- 多くは見えない
- 議員の親睦団体への補助
- 退職功労金
- 正式な会議　費用弁償
- 海外視察
  - 従来は「観光旅行」とも揶揄
  - 最近はしっかりとした報告書の提出などに生かされているところも
- 法定外会議　費用弁償
- 全国議会表彰の上乗せ表彰
- 議員年金

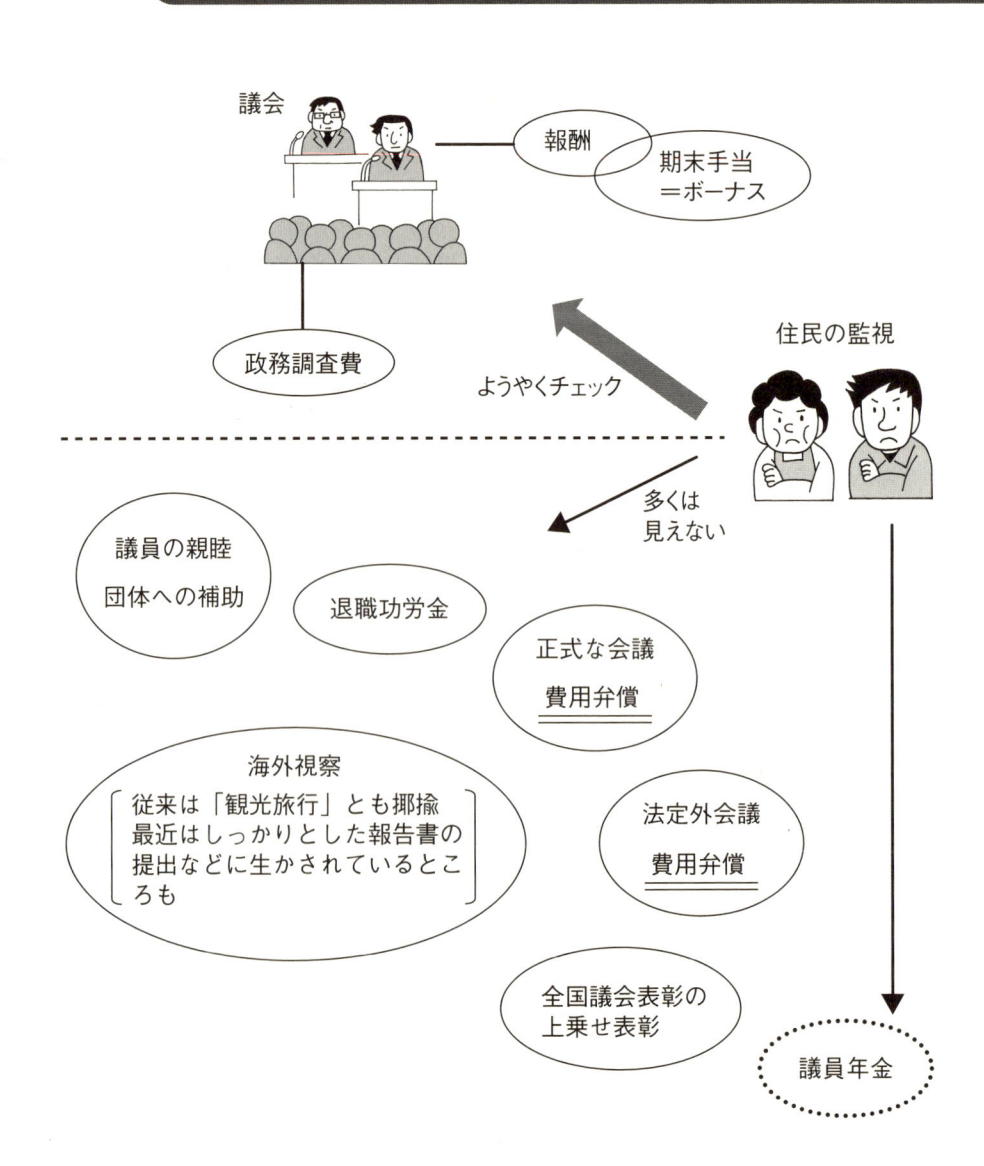

第9章　議員への公費支給とその監視

> **ポイント**
> 議員の「待遇」は住民からは見えにくい。そして、それが実際には第2報酬、第3報酬の意味を持っていることも少なくない。「現実の地方議会で散見されるような、待遇だけはプロだが、実際の議会活動はボランティア以下という議員の存在」(樺島秀吉)とも揶揄されている。透明性を増すことによって必要なところにはしっかりと交付し、必要ではないところは廃止するべきである。

1　毎月支給される（左頁）報酬（住民からすれば給与）、期末手当のほかに、話題となっている政務調査費だけではなく、費用弁償、海外視察、議員の親睦団体への補助金、議員OB会への補助金、上乗せ表彰、葬祭料健康診断の補助、退職功労金等がある。住民はこうしたものが支払われていることをほとんど知らされていないのではないだろうか。

　　報酬には2つの考え方がある。議員には学識経験が必要という立場は議員を専門職として描き、生活給に近い保障が必要となる。それに対してさまざまな人々の視点が必要という立場は議員をボランティアとして描き、最低限の費用弁償を保障した上で、兼職・復職への配慮が必要となるという発想である。現行制度では、前者の生活給に近いが、そこまでの額とはなっていない。

2　政務調査費（☞89）や費用弁償（☞90）には不透明性があり、また海外視察も効果が疑わしいなどの批判がある。住民からの報酬批判の多くは、こうした住民感覚に逆行する議会の「お手盛り」意識に対してである。必要なのは、総体的に議員の報酬、定数、政務調査費や、その根拠を考え、住民の前に明らかにすることが必要である。

3　報酬をはじめとした公費支給がある。住民の代表者である議員が受けとるものである。したがって、それらについて住民と考える必要がある。住民との討議や批判を議員は怖がってはならない。

> **ひとこと**
> 須坂市議会は、報酬や定数を住民とともに議論した。2005年2月に、議員定数及び報酬等の議会改革について検討するために、定数等改革検討委員会を設置し、中学校区を単位とする4会場で懇談会を開催した。参加人数の少なさ、委員会の見解が明確でないため議論が分散したといった問題は残されている。しかし、議会の根幹にかかわるが、議会が住民と議論したくはない事項について、住民とともに議論して決定していこうとする志向は重要である。

Ⅳ編　新しい議会を担う議員と選出制度

88 公選職としての議員活動の対価

[矢祭町議会議員報酬条例]

〈中央集権時代の議員活動〉

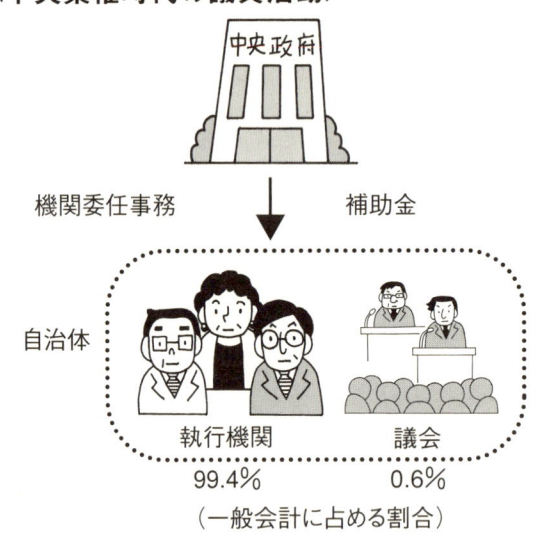

中央政府

機関委任事務　　補助金

自治体

執行機関　　議会
99.4%　　　0.6%
（一般会計に占める割合）

自治体の活動量が多い
→中央政府に縛られている

議会の活動量は少ない
→議会がかかわる余地が少ない
＝議員は「ドブ板」活動を行う
（地域の声、後援会の声を行政に反映させる）→報酬

〈地方分権時代の議員活動〉

議員のパワーアップ

中央政府　　執行機関　　議会

報酬（地方歳費）
調査研究費
住民（NPOなど）の支援

※会議（本会議、委員会など）出席への対価だけの日当制（報酬）への改革は、調査研究費や住民支援の強化を伴わなければ、パワー・ダウンとなる。

第9章　議員への公費支給とその監視

> **ポイント**
>
> 　議員には、議員活動の対価が支払われている。自治法203条に基づいた報酬の支給である。この報酬は、一般に月給制となっており、また期末手当も支給される。住民からも報酬が高いと批判され（ていると議員が思い）、報酬削減合戦に突入している。福島県矢祭町議会が、月給制を止め日当制にした。公費支給のあり方は、自治体の活動量、議員の活動量、住民の活動量（バックアップ）という3つの関係、およびその他の公費支出から確定するものである。

1　議員の報酬を月給制から日給制に変えることもできる。実際、福島県**矢祭町議会**（定数10人）は、日当制を制度化した（2007年12月）。現行の月額制を、議会に出席するごとに3万円を支給することに変えることになった。これに伴い期末手当も廃止される。定例会や臨時会、委員会、公式行事など年に30日程度の出席で、1人当たり年間90万円程度である。「今よりも総額2千万円以上が浮く」と計算されている。報酬が安くなれば選挙運動に金をかけなくなるので、政策本位の選挙に転換するという効果も期待されている。

2　こうした日給制はいくつかの条件が必要である。自治体の活動量が増大している状況で、それを担うのは執行機関だけではない。議会も重要な役割を担わなければならない。その条件整備ができていなければ、執行機関優位な行政主導の自治体を地方分権時代でも再生させることになる。つまり、地方分権時代に伴い、議会が政策提言をし、議論し、執行機関を監視する、こうした一連の役割のパワー・アップが必要となっている。そのためには、調査研究費等の充実、住民（NPO等）の支援のどちらかか、あるいはその両方が整備されていなければならない。なお、住民の支援は、後援会の支援者というより、より広く政策提言を支援するという意味である。

3　逆に、機関競争主義を活性化させるには、議員活動のパワー・アップが必要である（☞92）。その際、住民の支援と切り離され、議員活動の自立性を強化する方向と、住民の支援を踏まえて議員活動のパワー・アップを図る方向がある。自治体の議会の特徴を想定すれば、後者の方向を採用することになる。

> **ひとこと**
>
> 　日当制は、他の条件整備を充実させなければ、次のような状況に適合的なものである。まず、自治法第203条1項が想定する他の審議会委員と同様な、出席への対価である。「非常勤の特別職」という規定を議員にしたわけではないとはいえ、そうした解釈が入り込む余地は残されていることの証左である。むしろ、同条を素直に解釈したにすぎない。しかし、他の条件整備を充実させなければ、地方分権時代の議会には馴染まない。
> 　また、矢祭町議会の活動日数が30日程度というのはいかにも不思議である。むしろ、第27次地方制度調査会で議論された「基礎自治体」とは異なる「特例団体」につらなる方向を自治体組織の制度設計として先取りしたものといえる。

IV編　新しい議会を担う議員と選出制度

89 政務調査費

[自治法100条14項]

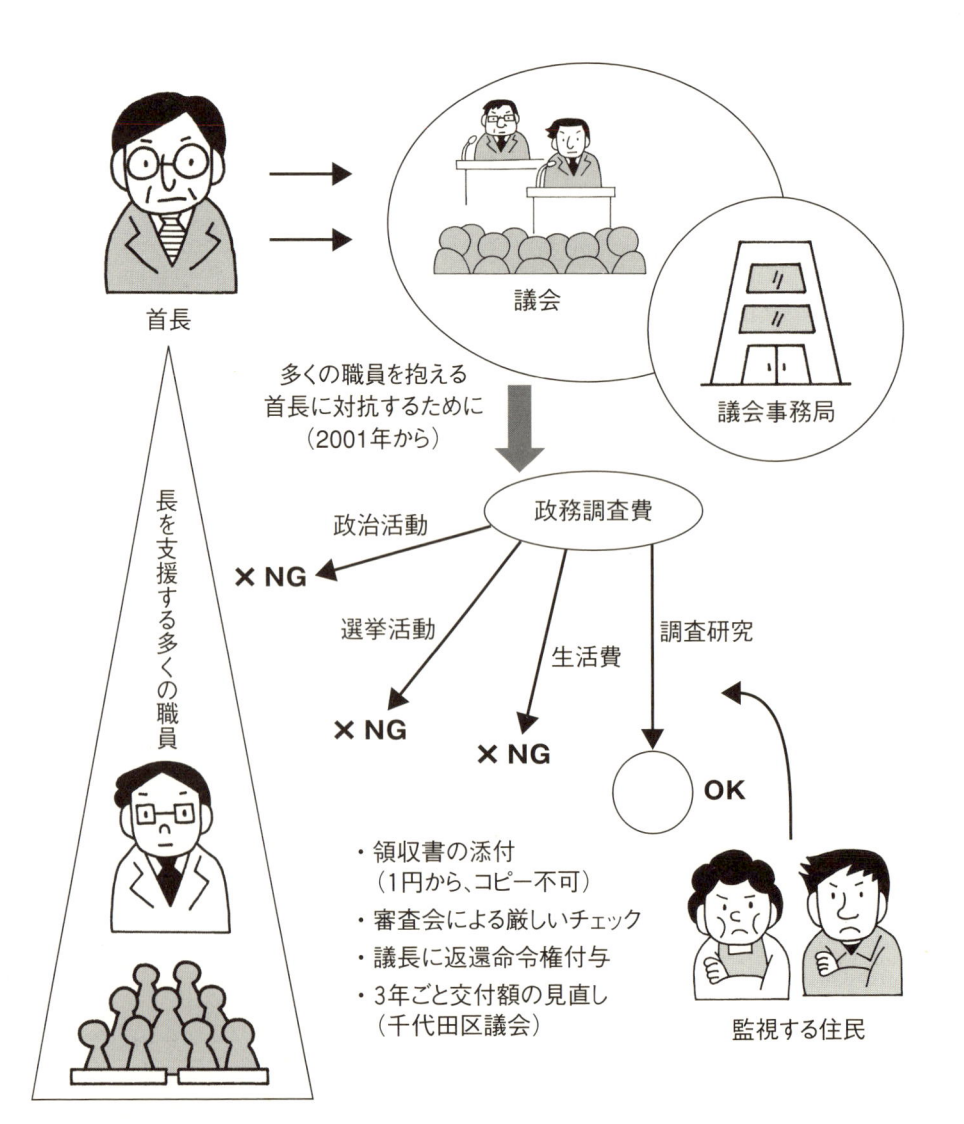

首長

議会

議会事務局

多くの職員を抱える首長に対抗するために（2001年から）

政務調査費

政治活動 ×NG
選挙活動 ×NG
生活費 ×NG
調査研究 OK

長を支援する多くの職員

・領収書の添付
　（1円から、コピー不可）
・審査会による厳しいチェック
・議長に返還命令権付与
・3年ごと交付額の見直し
　（千代田区議会）

監視する住民

第 9 章　議員への公費支給とその監視

> **ポイント**
> 　議員には、報酬、期末手当、費用弁償（☞90）が支給される（自治法203）。それらの額及び支給方法については条例で定めなければならない。2001年より政務調査費が条例に基づき交付されることになった。条例によって、議員の「調査研究に資するため」、会派又は議員に対して政務調査費を交付することができる。政務調査費の交付の対象、額及び交付の方法は、条例で定める（自治法100⑬）。調査研究のためであって、生活費でも、政治活動費でもない。

1　政務調査費は報告書を提出することになっている。「当該政務調査費に係る収入及び支出の報告書を議長に提出するものとする」（自治法100⑭）。しかし、領収書添付を義務づけていないところも多い。
　　実際には、「政務調査費の使途の基準やチェック方法が自治体任せとなった結果、飲食費や会議費、視察旅費、研修（学習）費、車両購入・維持費、パーティー券購入など支出目的が①自治体事務の調査、②個人の政治・選挙に関わる活動、③日常的な生活、のいずれなのか曖昧なまま全て『政務調査』として一括りにされている」（樺島秀吉）。第2報酬といわれる事態である。

2　政務調査費をなくせばすむ問題でもない。現行のままだとすれば、**千代田区議会**のように、領収書添付義務づけは当然として、政務調査費審査会等でチェックする等の透明性の増大が必要である。議長に返還命令権を付与することも必要である。また、議会全体の費用や会派に交付するか、個人交付としないことや、議会事務局の充実などの別の手法を制度化することも考えられる。

> **ひとこと**
> 　千代田区議会は、「政務調査研究費交付額等審査会」を設置した。弁護士や公募市民によって構成されている。これは、定期的に会議を持ち、使用が適切かどうかを判定している。議長には返還命令権もある。

Ⅳ編　新しい議会を担う議員と選出制度

90 費用弁償・海外視察出張旅費

[各議会の海外視察出張費・費用弁償]

住民

見えにくい

費用弁償
・交通費以上のもの
・法定外の会議にも交付

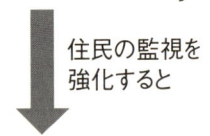

住民の監視を強化すると

費用弁償の廃止・縮小を決めた主な議会

	実施時期	内容
群馬県議会	07年1月	日額1万4400〜1万8900円を5400〜8100円に
神奈川県議会	07年4月	日額1万2000〜1万4500円を交通費の実費に
さいたま市議会	07年4月	日額5000円を全廃
横浜市議会	07年4月	日額1万円を全廃
浜松市議会	07年4月	日額5000円を全廃
大阪市議会	06年4月	日額1万円を全廃
福井市議会	07年4月	日額5000円を5000円と3000円の2段階に
岡山市議会	06年10月〜07年3月	日額4500〜5000円を一律2500円削減

The Asahi Shimbun

海外視察での高額支出ランキング

都道府県	総費用	主な渡航先（延べ参加人数）
1 静岡	3075万円	ドイツ、スイス、オーストリア (17)
2 香川	2934万円	米国、ドイツ、ペルー (31)
3 沖縄	2764万円	ブラジル、アルゼンチン、香港 (32)
4 愛知	2691万円	フランス、スペイン、米国 (23)
5 広島	2493万円	米国、チェコ、南アフリカ (25)
6 鳥取	2447万円	北米、欧州、モンゴル、台湾 (35)
7 北海道	2416万円	フランス、ドイツ、スイス (23)
8 大分	2289万円	ハンガリー、デンマーク、トルコ (27)
9 愛媛	2243万円	フィンランド、オーストリア (23)
10 群馬	2100万円	英国、フランス、イタリア (18)

朝日新聞社調べ。都道府県議会、05年度実績

The Asahi Shimbun

住民の監視を強化すると

・しっかりとした報告書作成
・議会に生かす

出所：『朝日新聞』2007年3月26日付

第 9 章　議員への公費支給とその監視

> **ポイント**
> 条例に基づき、費用弁償を議員に交付することができる。正式な会議の交通費は、当然だといえる。しかし、住民感覚からすればまったく理解できない費用弁償が行われている。政務調査費が高額な上に海外視察が行われている議会もある。整合性を持たせ体系的に考える時期にきている。また、現行の海外視察を行う場合には、充実した報告書を含めて今後の議会の活性化に生かす手法を開発する必要がある。なお、海外視察が地域の活性化に有用であるならば、住民も公募し同伴してもよい。

1　首長の附属機関の会議に議員が出席するとその都度日当や交通費を費用弁償として支払う自治体がある。また、「法定外会議」にも出席議員に日当や交通費を支払っているところも多い。30都道府県で、全員協議会や会派代表者会議など、自治法に定めのない「法定外会議」の出席に日当や交通費という費用弁償を支払っている(『朝日新聞』2007年5月28日付)。

　青森県では415万円のうち約7割が全員協議会への交付であった(2005年度)。本来は、議会閉会中の審査の付託がなされていない委員会、議会閉会中の議員協議会及び議長と各党代表の会議は費用弁償の対象ではない(行実昭27・4・24)。条例で明確に位置づければ、交通費は交付してよいのではないか。

　その交通費なども、一律でしかも高額に設定されているところも少なくない。愛知県議会では、議員の自宅所在地によって異なっているとはいえ、「最高で1日1万9900円。最小額1万5千円は47都道府県でも最高」(『朝日新聞』2007年3月26日付)。事務手続きの煩雑さを防止するために、一定額の用を計上し定額で支給することも認められているとはいえ、実態とかけ離れる支給額は早急に是正すべきである。実費精算はどの企業でもやっている。費用弁償の廃止・縮小を決めた議会も増えている。

2　海外視察は、「観光旅行」「慰労旅行」とも揶揄される。3割が廃止や凍結し、7割は予算を計上しているものの条件や制限を設けている(同上、47都道府県・15政令指定都市など主要市、特別区の119議会を対象)。また、内容も変化している。10年前は「2週間の欧州視察で本当に視察といえるのは1日程度」。報告書も添乗員がまとめることが「常識」だった。それが、今日「公式訪問の連続で観光する余裕はない」(『神奈川新聞』2007年2月7日付)。今後は、それをどのように議会が活用しているかの成果が問われることになる。

Ⅳ編　新しい議会を担う議員と選出制度

91 地方議員年金制度

[地方議会議員年金制度検討会（総務省）『地方議会議員年金制度検討会報告』2006年]

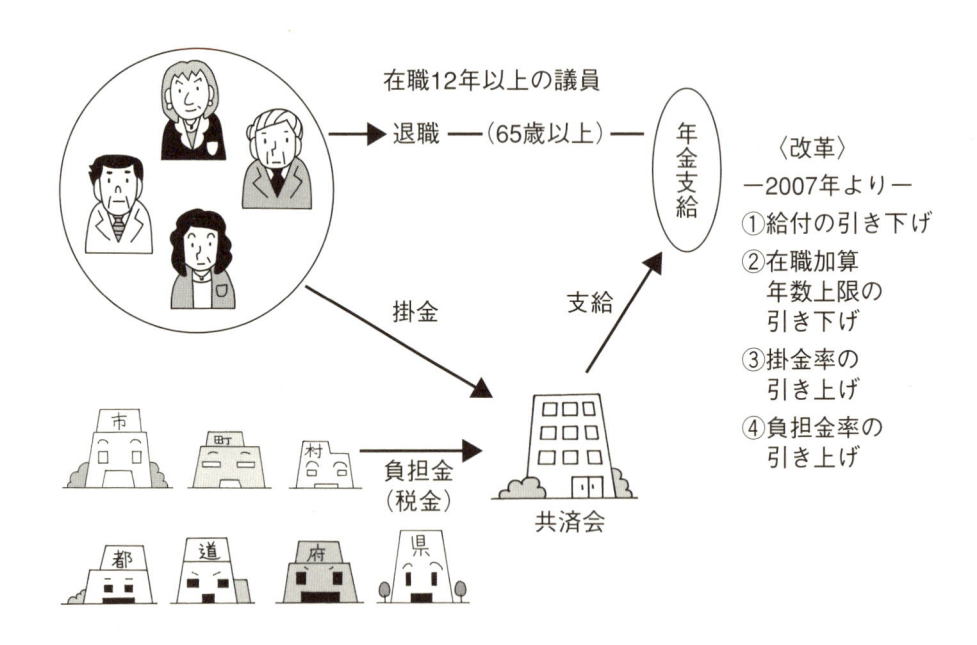

在職12年以上の議員
→ 退職 ──（65歳以上）── 年金支給

掛金　支給

負担金（税金）

共済会

〈改革〉
―2007年より―
① 給付の引き下げ
② 在職加算年数上限の引き下げ
③ 掛金率の引き上げ
④ 負担金率の引き上げ

〈地方議員年金の今後〉

将来的に地方議会議員年金制度の在り方をどう考えていくのかを議論するのであれば、地方自治制度において、地方分権の推進に伴い地方公共団体の役割が拡大していく状況下での地方議会の位置づけや果たすべき役割、地方議会議員の職責、身分、処遇の在り方ともかかわる問題であり、さまざまな角度から慎重な検討をすることが必要ではないかと考えられる。

『地方議会議員年金制度検討会報告』2006年

第9章　議員への公費支給とその監視

> **ポイント**　地方議員の年金はみえにくい。給与を支給されている知事や市町村長には特別の年金はない（退職金はある（宮城県では「退職金廃止条例」を可決（2006年3月）））。地方議員年金の受給資格は在職12年以上である。地方議員の年金財政（単年度）は、都道府県、町村が1995年から、市は1999年から赤字となっている。積立金は、市、町村ともに、2008年度にゼロになる見通しだった。市町村合併で、市や町村の年金財政は危機的な状況である。

1　危機的な財政状況を前に、地方議員の年金制度の改正が行われた。給付水準を引き下げ、掛け金率を引き上げた（2007年4月施行）。掛け金率は都道府県は12％を13％に、市は13％を16％に、町村は15％を16％に引き上げた。公費負担は都道府県で報酬月額の10％で据え置き、市町村は12％（市1.5％、町村1％引き上げ）となる。ただし、市町村合併の激変緩和措置として公費負担を16.5％とする。給付では、現在の平均年金額、都道府県218万円、市133万円、町村73万円をそれぞれ12.5％引き下げた。在職12年に満たない場合の退職一時金も減額された。

　2007年統一地方選挙に出馬せず引退を表明していた相模原市議7名（4月から定員52名）が任期満了を待たずに、辞職したことが大きく報道された。辞職した元市議は、議会も開催されない期間であったことを指摘しつつ、年間平均24万円が減額されるためだったと論評した（『朝日新聞』2007年4月4日付）。このような「駆け込み辞職」は、他の議会でもある（深谷市6名など）。議員任期をまっとうするという「公民（市民）」の責務を、経済の論理が侵食した事例である。

2　年金制度は、諸外国の国会議員年金制度と同様、不安定な身分に対して、安定した生活を保障するためである。そのために、優秀な人材のリクルートにも役立つ。ただし、地方議会議員の年金は、そもそも必要かという根本問題もある。地方議員年金は、「地方公務員等共済組合法」の第11章地方議会議員の年金制度に規定され、地方公務員の場合と原則は変わらない。生活給が基本の公務員と、報酬が原則に従って、位置づけが不明確である議員とを同一に施行させることにもすっきりしない問題を抱える。いわば専業とする議員を想定すれば年金制度を充実させるべきである。反対に、夜間休日議会開催でサラリーマン層を登場させることになれば、年金制度を大幅に改編させることになる。

Ⅳ編　新しい議会を担う議員と選出制度

92 後援会活動や政策提言活動

[市民版マニフェスト運動、政策ゼミの活用]

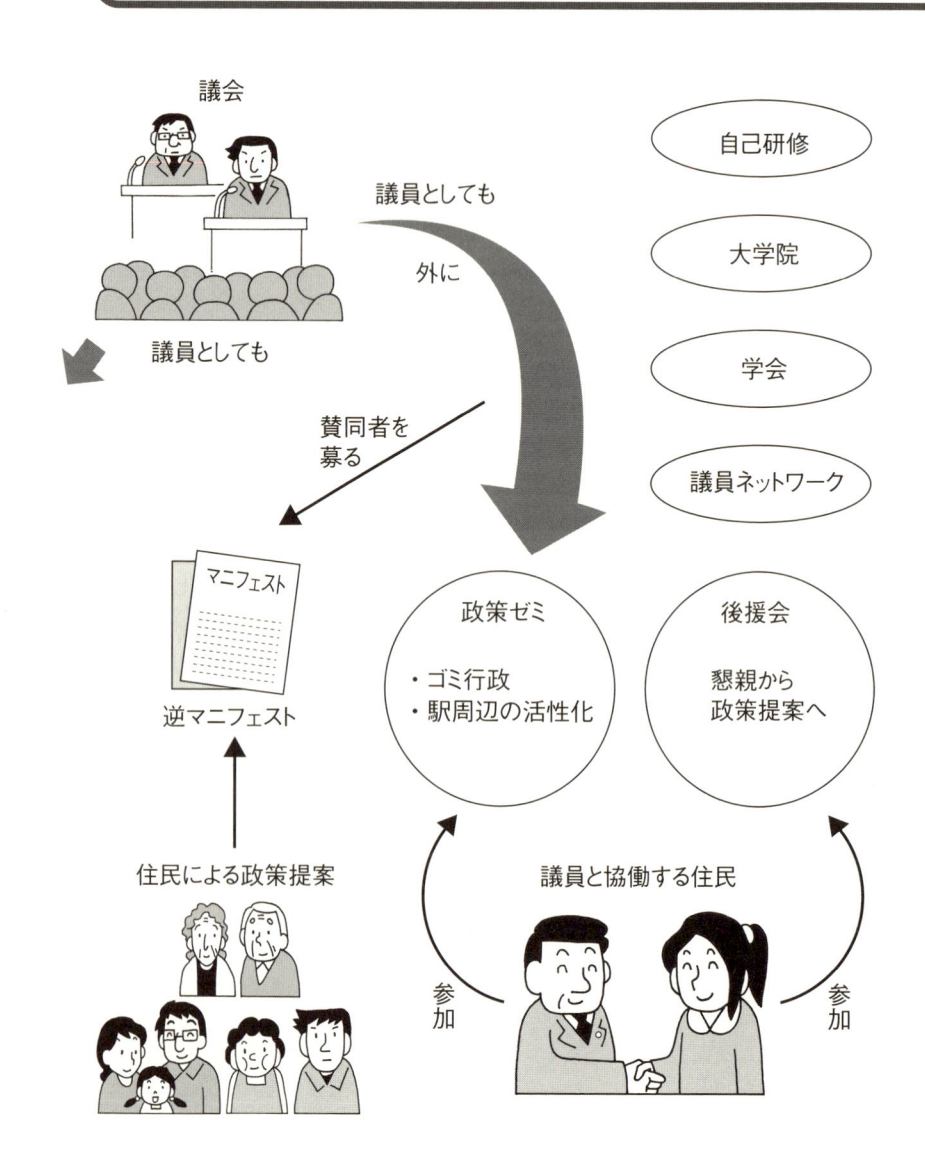

議会

議員としても

外に

議員としても

賛同者を募る

マニフェスト

逆マニフェスト

住民による政策提案

自己研修

大学院

学会

議員ネットワーク

政策ゼミ
・ゴミ行政
・駅周辺の活性化

後援会
懇親から政策提案へ

議員と協働する住民

参加
参加

第9章　議員への公費支給とその監視

> **ポイント**
> 　従来から議員は、住民の要望を議会での質問として、また直接行政職員への要請として政策化すべく努力してきた。しかし、その場合の住民と議会の関係は非公開である。また、住民と議員の関係は、一般には住民による政策提案というよりは議員へのお願いに終始している。政策支援とはいいがたい。地方分権が進めば、住民自身がそれぞれの分野で調査研究を踏まえて政策提案をすることで、それぞれの議員や会派がそこからみずからの信念に沿ってそれらを活用することが必要である。

1　従来の不透明な議員や会派と住民との関係を公開の場で行うことになる。住民が政策立案能力を高めるとともに、議員や会派もそれに応えるためには政策能力を高めなければならなくなる。

　市民版マニフェスト運動は、議員や会派ではなく首長候補者への提案であるが、この方向の1つの試みである。これは、2004年秋の奈良市長選挙の立候補者に、奈良の地域づくりや地域経営を政策化した「奈良マニフェスト2004〜奈良ビジョン21〜」を住民が逆提案した運動である。まちづくり研究会、まちづくり講座（政策スクール）、まちづくり懇談会（政策円卓会議）、まちづくりシンポジウムという4つの仕掛けによって練り上げられている。いわば住民、NPO、研究者による協働型提案である。

2　会派や議員から、住民による政策提案を呼びかけることも行われている。**東京・生活者ネットワーク**は、1998年から2000年まで、学生を中心に若者が集まり、地域課題を学ぶとともに政策提案を作成する政策ゼミを開催した。また、**多摩・生活者ネットワーク**は、2003年から同様に政策ゼミを開催している。2003年度は多摩センター駅周辺の活性化、および多摩市自治基本条例と市民自治の推進、2004年度はごみ行政の課題解決とコミュニティ行政の新たな展開をテーマとしていた。住民やNPOによる政策提案の支援が試みられるようになっている。

　その他、議会改革を積極的に行う議員を支援することも必要である。コラボレーションとしての政策提言（議員が住民とともに行政や議会を監視し政策提言を行う）、選挙での支援、争点を明確にする選挙運動（公開討論会を開催する）などが想定できる。

Ⅳ編　新しい議会を担う議員と選出制度

93 住民による議員・議会評価

[自治体議会改革フォーラム等]

誰も関心を持たない議会

何をやっても
何もやらなくても
平気

議員

住民

議会に関心なし

住民が議会に関心を持つと

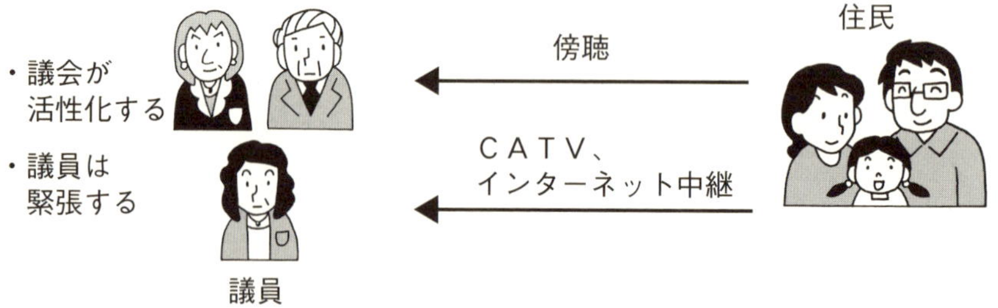

・議会が活性化する
・議員は緊張する

議員

←傍聴―― 住民

←CATV、インターネット中継――

さらに…

・議会が活性化する
・議員は緊張する

議員

[住民による個々の議会評価]

職場内態度
　（遅刻回数と時間、離席回数と時間、野次、私語、居眠り回数）
一般質問
　（質問テーマ、論旨、市民関係、質問の真面目さ、質問での迫力、効果）
傾聴度
　（同僚の一般質問に真摯に耳を傾けているか）

[全国調査]
職員の海外視察、政務調査費、委員会の公開

第 9 章　議員への公費支給とその監視

> **ポイント**
> 議会改革をサポートするのはほかでもない住民自身である。地方議会の本会議、委員会を交代で傍聴し会期ごとに評価を行っている住民グループ活動に着目したい。日野市政懇談会では、議場内態度（遅刻回数と時間、離席回数と時間、野次、私語、居眠り回数）、一般質問（質問テーマ、論旨、市民関係、質問の真面目さ、質問での迫力、効果）、そして傾聴度（同僚の一般質問に真摯に耳を傾けているか）をそれぞれ採点し市民に公開していた。この活動は全国に広がった。

1 「ENOSHIMA-V」は、鎌倉市議会と藤沢市議会を中心に議会ウオッチングを行い、メールマガジンを発行している（http://enoshima-v.hp.infoseek.co.jp）。傍聴記録だけではなく、議員へのアンケート、調査、政治用語解説、議会改革の提案なども掲載され興味深い。かながわ女性センター主催の社会参画セミナー「江の島塾」で、講義・実習を通じて政策立案を学んでさらに実践しようと結成された。

2 比較の視点を導入した評価も行われた。「オンブズ栃木」は、『栃木県内10市の議会議員評価結果報告』（2003年）を作成し議会議員活動を数値化した。この団体は、従来から栃木県内の情報公開や政務調査費の使われ方などを調査し公表してきたが、**開かれた議会をめざす会**が「議員評価表（素案）」を発表したのを機に、議会議員評価を行った。

3 議会評価も全国的な規模で体系的に行われるようになった。「全国市民オンブズマン連絡会議」は、従来から議員の海外視察、議会閉鎖度ランキング、議員野球大会、政務調査費透明度などの調査を行ってきたが、議会の透明度についてより詳細な調査が行われた（『議会透明度ランキング』2003年）。各地の「市民オンブズマン」が情報公開請求によって情報を入手するという本格的なものである。議員の海外視察（50点）、政務調査費（70点）、委員会の公開（50点）による数値化を行った上でのランキングである（170点満点）。

4 最近では、「開かれた議会をめざす会」が1都6県全市区議会ランキングを発表した（『地方自治職員研修』2006年2月号）。また、**自治体議会改革**フォーラムは、議員同士の自由討議、議会への住民参加など従来の議会運営では画期的なものを基準に調査を行っている（『地方自治職員研修』2007年6月号）。

> **ひとこと**
> 本文以外でも住民による議員・議会評価がある（『朝日新聞』2000年1月11日付）。
> 【議会チェック活動をしているグループ例】
> 議会ウオッチャー・仙台（仮称）準備会（仙台市）　多摩市議会ウオッチングの会（東京都多摩市）　政治・知りたい、確かめ隊（同小平市）　くにたち市議会を見ていく会（同国立市）　東大和市議会ウオッチングの会（同東大和市）　相模原市議会をよくする会（神奈川県相模原市）　議会を楽しむ会（同藤沢市）　議員通信簿連絡会議（愛知県の名古屋、春日井、瀬戸、小牧の各市議の通信簿をつける会などで構成）　みのお議会ウオッチングの会（大阪府箕面市）　市民オンブズ尼崎（兵庫県尼崎市）

Ⅳ編　新しい議会を担う議員と選出制度

94　議会・議員の自己評価

[北海道福島町議会]

住民 ← 議会の自己評価  ← 議会
住民 ← 議員の自己評価（2006年分から） ← 議員

さらに年度の公約を公表

これに基づき自己評価ができる（2007年度から）

→ 住民

福島町議会議員の評価

評価期間：平成18年1月～12月

評価の分類：○＝「ほぼ満足」　△＝「努力が必要」　▲＝「さらに努力が必要」

所属委員会・役職名	在職年数	氏　名	年齢
議　長　（渡島西部広域事務組合議会議長） 総務教育常任委員会委員			

評価項目	具体的な項目	評価 取組み評価	評価 結果の評価
1. 行政分野の取り組み	・町村合併については、まず単独で進む方法を真剣に検討	△	△
	・合併処理浄化槽方式の推進	▲	▲
	・町民協働の参加意識をもつ「町づくり基本条例」の制定	△	▲
	・行政情報の公開・共有の積極的推進	△	△
	・広域行政の連携推進	△	△
	・防災対策の提言（災害弱者・訓練・冬季対策等）	△	▲
2. 財政分野の取り組み	・補助金の抜本的見直し提言	△	▲
	・財政健全化への取り組み	△	▲
	・議長交際費の削減（支出基準の整備）	○	○
3. 経済分野の取り組み	・新しい仕事に挑戦できる支援システムの創設	▲	▲
	・リサイクル事業への提言（生ごみ堆肥化等）	△	△
4. 福祉分野の取り組み	・「健康な町づくり」（全町的な取り組み）で医療費の節減	△	△
	・在宅介護支援体制の整備	△	△
5. 教育分野の取り組み	・子どもや高齢者が参加する幅広い生涯学習の推進	△	△
	・社会教育施設の利用促進	△	△
	・住民が主体性をもった自治活動の推進	△	▲
	・町立吉岡幼稚園継続問題への取り組み	△	▲
6. その他の取り組み	・インターネットでの議会公開	△	▲
	・出前議会の開催	△	△
	・議事録公開のスピードアップ	△	△
	・議会、議員活動の評価システム導入	△	△
	・わかりやすく、すみやかに説明が出来る議会の実現	△	△
	・活発な議論（討論）ができる議会の実現	△	▲
	・政策的な提案のできる議会の実現	△	▲
	・各種行事への参加（64回）	○	○
	・視察の受け入れ対応（東員町、志摩市等12市町議会）	○	○

出所：北海道福島町HP。

第9章　議員への公費支給とその監視

> **ポイント**
> 　住民による議会議員評価は今後も重要であるが（☞93）、基礎資料を議会の側から住民に向けて議会の活動記録（白書）として発信することも必要である。
> 　北海道福島町議会は、「開かれた議会づくり」をキーコンセプトにして、さまざまな先駆的な議会改革を行っている。議会評価と議員評価を「情報の共有」を目指して、議会独自で行っている。

1　事業評価・政策評価などの手法の導入にもかかわらず、議会・議員の活動の評価は4年に一度の選挙だけという現状に対して、**北海道福島町議会は**「客観的には困難な評価としながらもあえて議会・議員の評価手法を導入し、真の町民代表として資質向上を図り、その責務を果すため」に1年ごとの議会評価を導入した（2005年度分から）。最終任期前に4年間の総合評価も行う。

2　議会評価は、議会の活性度、議会の公開度、議会の報告度、住民参加度、議会の民主度、議会の監視度、議会の専門度、事務局の充実度、適正な議会機能、研修活動の充実強化、といった主要項目のもと、具体的に33項目が設定され、「おおむね一定低水準にある○」「一部水準に達していない△」「取り組みが必要▲」の3段階で評価している。全北海道、全国等の水準と比較して、議会運営委員会で内容を検討し決定する。

3　議員評価は、議員個々が1年間の議会・議員活動を6項目（行政、財政、経済、福祉、教育、その他）により自己評価する。その際、評価の指針や選挙の公約などを基本にする。評価の指針は、態度、監視、政策提言、政策実現、自治活動、議会改革があげられ、それぞれ細指針があげられている。2007年度評価にあたっては、2007年度の目標（公約）が掲げられ、それに基づいて評価されることになる。また、最終任期前にも4年間の総合的な自己評価を行う。評価は、それぞれ「ほぼ満足　○」「努力が必要　△」「さらに努力が必要　▲」の3段階である。議員評価は自己評価であるために、任意提出となっている。

4　こうした議会評価や議員評価によって情報の共有は前進した。また「自分の一年間の活動を振り返って反省する点や、日常の議員活動に置ける自己啓発にもつながった」（『地方自治職員研修』2006年8月号、また福島町議会のHPも参照）。今後は、議会や議員の自己評価と住民による評価の両者が必要である。

IV編　新しい議会を担う議員と選出制度

95 投票権のない層の意見吸収
― こども議会や外国人代表者会議 ―

[山形県遊佐町少年議会]

川崎市外国人市民代表者会議

出所：川崎市資料

政策決定過程への関与

事務局
(多文化室)

代表者会議　←→　市　長　←→　議　会

・具体的な指針の具申
[小委員会・全体会]
・条例案、予算案等の提示

代表者選出（公募・推薦）

外国人市民

制度的決定権

・委員会へ指針報告
・条例案、予算案等を提出

・委員会報告への質疑
・条例案、予算案等の承認

※議会の承認の下、代表者会議の代表が、年1回意見表明の機会を議会に依頼することが可能かを検討する。

山形県遊佐町少年議会
2007年　第2回少年議会を開催しました

　7月1日の当選証書交付式以降、第5期少年町長・少年議会では、調査した有権者の意見を集約し自分達の政策にするため、全員協議会を開催し話し合いを行ってきました。その政策もついにまとまり、8月19日に開催した第2回少年議会（本会議形式）において、遊佐町当局に対して政策提言を行いました。
　今後少年議会では、政策の実現に向けて活動していきます。

○少年町長・少年議会5名出席
○当局側出席 ・遊佐町長／副町長 ・各関係課長　総務企画課長／健康福祉課長／地域生活課長／産業振興課長／町民課長 ・教育委員会 　教育長／教育次長 ・議会議長／来賓

出所：山形県遊佐町HP。

第10章　新しい議員を選出する制度

> **ポイント**
> 外国籍住民や子どもも住民であることには変わりはない。地域経営は、特定の層だけが担えばよいわけではない。より広い層が積極的にかかわれる制度化が必要である。子どもや外国籍住民の日常的な参加制度が整いはじめた。

1　子どもを対象とした政治参加については、住民投票の投票年齢を中学生や18歳にまで引き下げることも珍しいことではなくなった。しかし、恒常的な政治参加はようやくはじまった。子ども議会は従来からも議会が行っているところもある。しかし、実質が伴っているとはいいがたい。山形県遊佐町では、町内の中高生を対象に少年町長、少年議会を任期1年で公選している（2003年）。ガードレール、カーブミラー、防犯灯などの設置が提案され、可決成立し、それを執行している。成人の感覚とは異なる子どもの感覚の重要性が改めて認識されたという。

　合併で成立した山梨県笛吹市は、子ども議会に市のシンボルの選考を要請した。子ども議会は、市内18の小中学校から選ばれた36名が出席した。市の木を桃、鳥をオオルリ、花をバラと、3人が提案理由を述べ、挙手による採決で全会一致で決定した。その後、笛吹市議会9月定例会で議決された。これも、行政が開催した子ども議会の決議を議会は決定したことになる。

　静岡市の中学生の取組みが、議会を動かした事例もある。歩きたばこ禁止条例制定を呼びかけた中学生に、商店街や市議が賛同して条例化された。その中学生は、同級生らが街頭に立って集めた署名を添付して、請願書を議会に提出した。市議会の市民委員会の場で市議会議員や職員を前に請願の趣旨説明を行った。請願は本会議で採択された（2005年）。

2　国籍要件については、地方選挙の選挙権は立法上の問題であるという判決が下された。法制化される以前でも、「川崎外国人市民代表者会議」の例にみられるように、議会とは別に外国籍住民の「会議」（市長の諮問機関）を設置し、その会議で決定された事項を議会に伝え、議論する仕組みをつくることは可能である。その際、首長の議会への報告義務とともに、代表者会議自身も、調査権などの権限が与えられ、予算も支出できるような仕掛けが必要である。外国籍住民の地方参政権が制度化されたとしても、マイノリティとしての外国籍住民の意向を反映できる制度は存続させるべきである。

Ⅳ編　新しい議会を担う議員と選出制度

96 新しい層の参政
― サラリーマン、女性、障害者 ―

[財団法人市川房枝記念会編集発行『女性参政資料集　全地方議会女性議員の現状』各年度]

統一地方選挙における女性の候補者数推移表

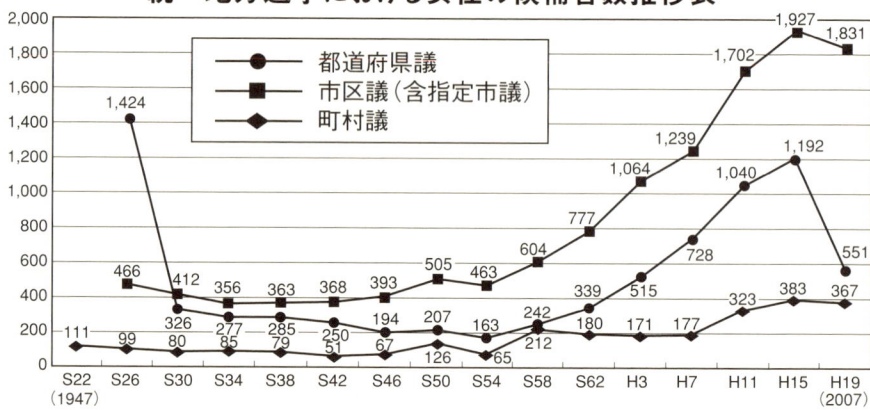

凡例：
- ● 都道府県議
- ■ 市区議（含指定市議）
- ◆ 町村議

年	都道府県議	市区議	町村議
S22 (1947)	111	—	—
S26	99	1,424	466
S30	80	412	326
S34	85	356	277
S38	79	363	285
S42	51	368	250
S46	67	393	194
S50	126	505	207
S54	65	463	163
S58	212	604	242
S62	180	777	339
H3	171	1,064	515
H7	177	1,239	728
H11	323	1,040	1,702
H15	383	1,192	1,927
H19 (2007)	367	551	1,831

※S22における市区議及び町村議の候補者は不明

	1991（平成3）年			1995（平成7）年			1999（平成11）年		
	女性当選人総数	当選人総数	割合(%)	女性当選人総数	当選人総数	割合(%)	女性当選人総数	当選人総数	割合(%)
知事選挙		13	0.0		13	0.0		12	0.0
道府県議会議員選挙	64	2,693	2.4	73	2,607	2.8	136	2,669	5.1
指定市長選挙		1	0.0		1	0.0		1	0.0
指定市議会議員選挙	61	733	8.3	79	713	11.1	117	779	15.0
市長選挙	1	125	0.8		117	0.0	2	122	1.6
市議会議員選挙	657	11,391	5.8	825	11,051	7.5	1,084	10,675	10.2
区長選挙		15	0.0		15	0.0		15	0.0
区議会議員選挙	121	1,031	11.7	139	966	14.4	177	877	20.0
町村長選挙		646	0.0		612	0.0	1	581	0.2
町村議会議員選挙	432	20,573	2.1	591	20,145	2.9	867	18,998	4.6
計	1,336	37,227	3.6	1,707	36,240	4.7	2,384	34,729	6.9

	2003（平成15）年			2007（平成19）年		
	女性当選人総数	当選人総数	割合(%)	女性当選人総数	当選人総数	割合(%)
知事選挙	1	11	9.1	1	13	7.7
道府県議会議員選挙	164	2,634	6.2	190	2,544	7.5
指定市長選挙	0	0	-	0	4	0.0
指定市議会議員選挙	134	831	16.1	176	984	17.9
市長選挙	3	118	2.5	3	96	3.1
市議会議員選挙	1,233	10,218	12.1	1,125	8,034	14.0
区長選挙	0	14	0.0	0	13	0.0
区議会議員選挙	185	837	22.1	215	841	25.6
町村長選挙	2	541	0.4	0	155	0.0
町村議会議員選挙	1,034	17,544	5.9	476	5,635	8.4
計	2,756	32,748	8.4	2,186	18,319	11.9

第10章　新しい議員を選出する制度

> **ポイント**
> 議員になっている層には偏りがある。サラリーマン、女性は極端に少ない。被選挙権を制限している。また、障害者は選挙権・被選挙権でも実際上制限されている。

1　サラリーマンが議員になりにくい状況に対して、夜間休日開催や休職制度の拡大などが必要である。社会的にも認知させることとともに法改正も必要である（☞82）。また、女性議員は増大してきているとはいえ、いまだ少ない。議員の女性比率は、衆議院9.2％、参議院14.0％、都道府県議会6.9％、市議会11.5％、町村議会5％となっている（「女性の政策・方針決定策定状況調べ」内閣府、2006年1月）」。地方議会の約半数は「女性ゼロ議会」である。

2　議会に出ようとする女性をバックアップするために、1996年以降「女性を議会にバックアップスクール」が開講されている（**NPO法人フィフティ・ネット**）。「女性を議会におたすけ講座」「女性エンパワーメント講座」「女の政治塾」など名称も異なっているが、全国に草の根レベルで広がっている。「議員は性別よりも政策で判断されるべきだ」という意見をもっともだとしながらも、性別役割分担が明確である日本では「地域生活で生じる様々な課題の存在を肌身で感じるのは圧倒的に女性である」。したがって、女性が議会に進出することで、「政策の優先順位が変わり、男女両方からの視点で社会をつくりあげる」ことを目指している（森屋裕子「女性を議会へ」『地方自治職員研修』2006年12月号）。

3　障害者は、「社会を構成する一員として社会、経済、文化その他あらゆる分野の活動に参加する機会が与えられている」（障害者基本法3②）。そこで、成年被後見人以外は、選挙権も被選挙権も認められている。選挙権の行使に際しても、投票人が投票所に赴き、候補者の氏名を自分で書き投票するのが一般的である（国会議員選挙の場合は記号式になっている）。

とはいえ、課題もある。視覚障害者は点字で投票することが認められている（公選法47）。地方の投票所では数が少ないために投票の秘密が守られないという問題もある（電子投票では解決）。選挙公報でも点字や、音声録音媒体が課題となる。また、歩行困難な場合は、不在者投票がある。不在者投票管理者の管理する指定病院などで行われるものと（公選法49①）、郵便投票によるもの（同49②）がある。前者には投票意思の自由が保障されにくい問題もある。また、後者はこれができる人を厳格にしているために、それ以外はこの制度を活用できない。障害者の参政権を保障するためには、体系的な条件整備が必要となっている。

IV編　新しい議会を担う議員と選出制度

97 立候補者の多様化
― 選挙制度の開放策（1）―

[自治法17-19条（20-73条削除）、公職選挙法]

選挙に立候補しようとする住民

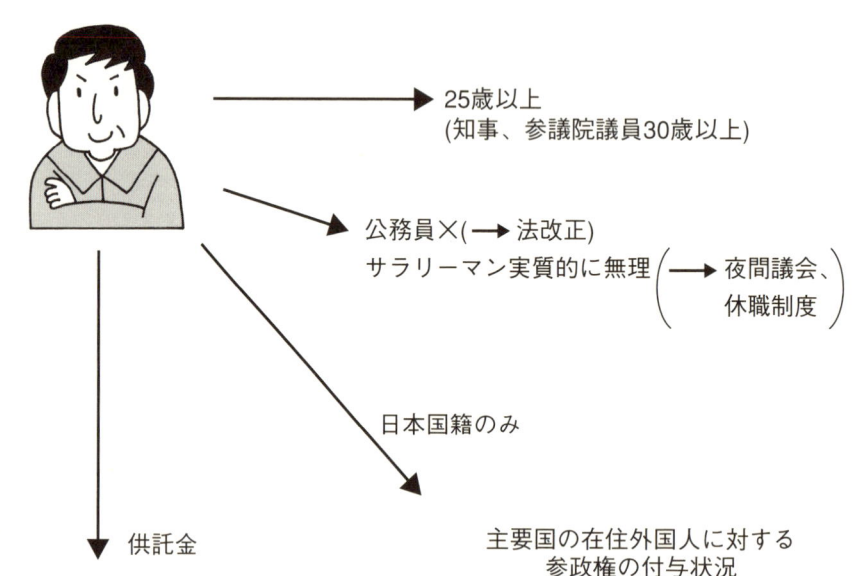

→ 25歳以上
（知事、参議院議員30歳以上）

→ 公務員×（→ 法改正）
サラリーマン実質的に無理 → 夜間議会、休職制度

→ 日本国籍のみ

→ 供託金

選挙の種類	供託金の額
衆議院小選挙区選出議員	三〇〇万円
参議院選挙区選出議員	三〇〇万円
都道府県の議会の議員	六〇万円
都道府県知事	三〇〇万円
指定都市の議会の議員	五〇万円
指定都市の市長	二四〇万円
その他の議会の議員、特別区の議会の議員	三〇万円
その他の市の市長、特別区の区長	一〇〇万円
町村長	五〇万円
衆議院比例代表選出議員	名簿登載者一人につき六〇〇万円
参議院比例代表選出議員	名簿登載者一人につき六〇〇万円

（→有権者の連署（法改正））

主要国の在住外国人に対する参政権の付与状況

	国政レベル		地方レベル		必要な条件
	選挙権	被選挙権	選挙権	被選挙権	
スウェーデン	×	×	○	○	3年以上の合法的定住
デンマーク*	×	×	○	○	同　上
ノルウェー	×	×	○	○	同　上
オランダ*	×	×	○	○	5年以上の合法的定住
スイス	×	×	△	△	一部の州で一定期間以上の在留を条件に付与
英国*	△	△	△	△	英連邦市民及びアイルランド市民は付与
アイルランド*	×	×	○	○	6ヵ月以上の合法的定住
フランス*	×	×	×	×	
ドイツ*	×	×	×	×	
米国	×	×	×	×	

○付与、△一部で付与、×付与しない　（国会図書館調べ）
*EU（欧州連合）の各加盟国が国内法を整備した場合はEU域内市民については当該国民と同条件で地方参政権を付与される。

（→法律改正は可能（最高裁判決））

第10章　新しい議員を選出する制度

> **ポイント**　新しい議会には、それに適した議員が必要である。選出する制度である選挙制度も変わらなければならない。まず、社会的経済的属性のハードルとして、居住要件、年齢要件、国籍要件、職業上の規制、経済的問題（供託金や報酬）などがある。これらについては、基本的には住民自身が議員を選択すればよいという考えから、規制を大幅に緩和する方向で改正すればよい。

1　居住要件については、首長には規定はないが議員には居住要件がある。しかし、代表者を決めるのは住民であることを考えれば、なにも居住要件を課す必要はない。

　年齢要件も、被選挙権を25歳にしているが、決めるのは住民であり、選挙権年齢と被選挙権年齢を区別する必要もない。さらに、他のいわゆる先進諸国の動向を鑑みれば、年齢を下げることは妥当である（☞95）。

　国籍要件については、地方選挙の選挙権は立法上の問題であるという判決が下されている。要するに、法律改正を行えば外国籍住民の選挙権は獲得できる。

2　職業上の規制としては、当該自治体に対して請負をすること、請負をする法人の役員は議員になれないことは当然であるとしても、問題は制度的にも現実的にも、議員となれない職業があるということである。

　当該自治体の自治体職員でないならば、議員となることは問題はない（兼職禁止の緩和）。この場合でも、他のサラリーマンと同様に、昼に開催される議会には、出席できない。夜間や休日開催でも、かなりの労苦を強いる。休職制度の拡大などを社会的にも、さらには法律によって認知させることも検討してよい。

　経済的問題として、供託金や報酬がある。供託金制度は合理的な意味もあった（なお、町村議員は不必要）。供託金ではない制度も併用してよい。たとえば、人口規模によって相違があるが、50名の署名を集めることで供託金にあてる、といった条文を追加してもよいだろう。現行では事前運動の可能性が高い。そこで、選挙期間の延長も同時に必要になる。また、現行の議員の役割を考えれば、公費支給は了解できる。議員の性格を明確にして、報酬規定も改正してよい時期だろう（☞86）。

Ⅳ編　新しい議会を担う議員と選出制度

98 選挙運動の活発化
― 選挙制度の開放策（2）―
[公選法129条等]

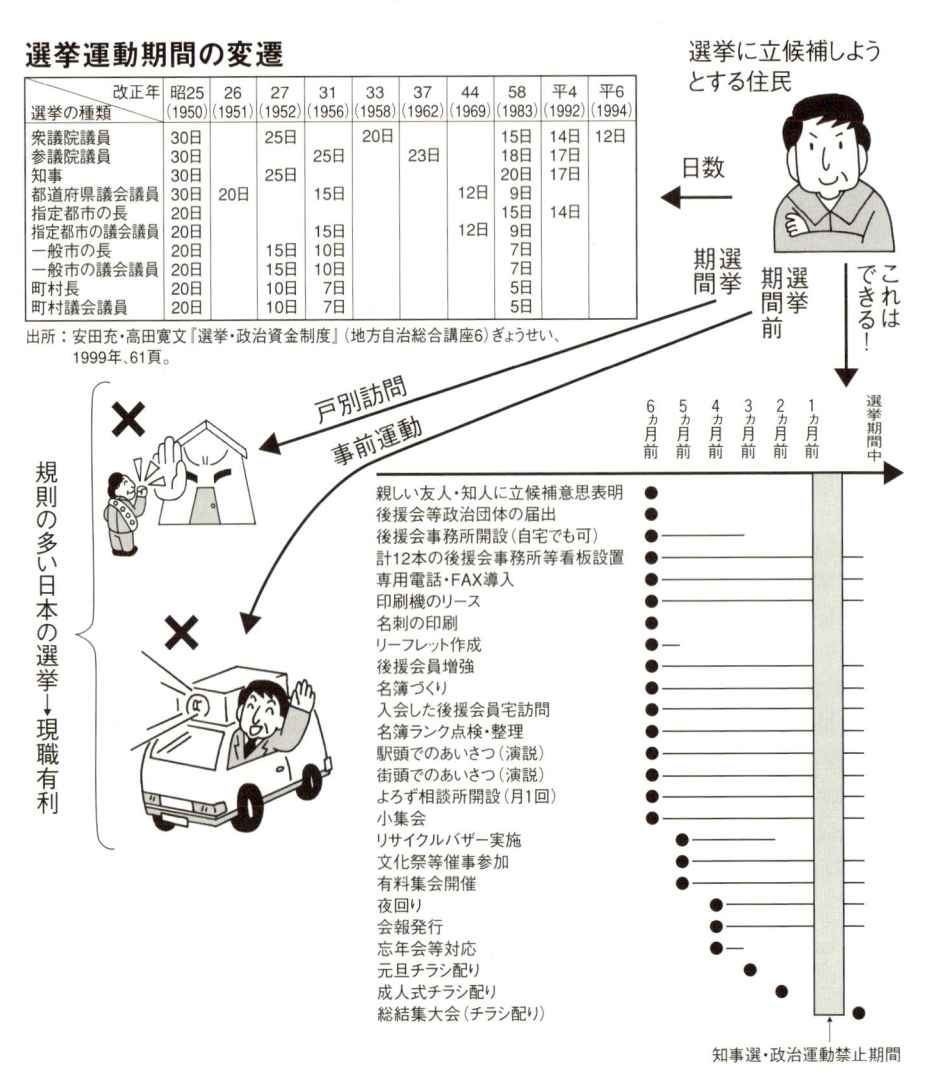

選挙運動期間の変遷

改正年 選挙の種類	昭25 (1950)	26 (1951)	27 (1952)	31 (1956)	33 (1958)	37 (1962)	44 (1969)	58 (1983)	平4 (1992)	平6 (1994)
衆議院議員	30日		25日		20日			15日	14日	12日
参議院議員	30日			25日		23日		18日	17日	
知事	30日		25日					20日	17日	
都道府県議会議員	30日	20日		15日			12日	9日		
指定都市の長	20日							15日	14日	
指定都市の議会議員	20日			15日			12日	9日		
一般市の長	20日		15日	10日				7日		
一般市の議会議員	20日		15日	10日				7日		
町村長	20日		10日	7日				5日		
町村議会議員	20日		10日	7日				5日		

出所：安田充・高田寛文『選挙・政治資金制度』（地方自治総合講座6）ぎょうせい、1999年、61頁。

選挙に立候補しようとする住民

日数

これはできる！

規則の多い日本の選挙→現職有利

× 戸別訪問
× 事前運動

選挙期間　選挙期間前

6ヵ月前　5ヵ月前　4ヵ月前　3ヵ月前　2ヵ月前　1ヵ月前　選挙期間中

- 親しい友人・知人に立候補意思表明
- 後援会等政治団体の届出
- 後援会事務所開設（自宅でも可）
- 計12本の後援会事務所等看板設置
- 専用電話・FAX導入
- 印刷機のリース
- 名刺の印刷
- リーフレット作成
- 後援会員増強
- 名簿づくり
- 入会した後援会員宅訪問
- 名簿ランク点検・整理
- 駅頭でのあいさつ（演説）
- 街頭でのあいさつ（演説）
- よろず相談所開設（月1回）
- 小集会
- リサイクルバザー実施
- 文化祭等催事参加
- 有料集会開催
- 夜回り
- 会報発行
- 忘年会等対応
- 元旦チラシ配り
- 成人式チラシ配り
- 総結集大会（チラシ配り）

知事選・政治運動禁止期間

出所：和田宗春『サクセス選挙術』日本地域社会研究所、1998、102頁。

第10章　新しい議員を選出する制度

> **ポイント**　選挙運動の規制は厳しい。規制が厳しいと、住民が選択する権利を奪われるだけではなく、どうしても現職有利で、新しい層が入りにくい。選挙運動のハードルの除去として、選挙期間の延長、選挙運動規制の緩和が必要である。

1　選挙期間は非常に短い。現行では市議会・市長選挙は7日間、町村議会・町村町議会選挙期間は5日間しかない。公職選挙法制定の1950年から比べると急激な短縮である。

　市議会・市長選挙期間は、20日間あったものが、15日間、10日間と減少し、1983年の改正で7日間となった。町村議会・町村町議会選挙期間は、同様に20日間あったものが、10日間、7日間と減少し、1983年の改正で5日間となった。ほぼ、4分の1までの減少である。ちなみに、指定都市の議会議員は20日間から9日間、指定都市の長は20日間から14日間へ、都道府県議会議員は30日間から9日間、都道府県知事は30日間から17日間へと減少する。情報化が進行しているとはいえ選挙期間の減少は選挙情報の広がりを制限することになる。現職有利といわれるゆえんである。

　当初の意図や他の国の事例、そしてなによりも現状を考慮すれば、少なくとも当初の日数は必要である。また、統一地方選挙以外はマスコミは大規模には扱わない。選挙の統一日が検討されているが、選挙を認知させる1つの方法である。

2　選挙運動のハードルとしては選挙運動上のさまざまな規制もある。選挙の目的は、選出する首長候補者や議員候補者の政策を住民に知らせ、正確な情報の下で住民が選択できることである。それ以外の要素、たとえば買収等の選挙違反などの是正は、選挙にとって副次的なことである。したがって、副次的なことによって、規制を強化することがあってはならない。選挙運動は、原則自由で、買収等については、政治資金の規正と透明性の強化を図るとともに、もし行われたならば厳罰に処せばよい。

　住民、候補者などの意欲によって、現行では不可能な立会演説会を、公開討論会として再生させている。また、住民が候補者の公約を明確にするために、公開質問状を送り、その回答を選挙の際の基準とするように公開している。これらは、住民による選挙制度のハードルを乗り越える試みである。

IV編　新しい議会を担う議員と選出制度

99 新しい選挙制度改革の再考
― 選挙制度の開放策（3）―

[『選挙』各号]

住民と歩む議員

① 議員には住民の提言を政策化する調整と提案の能力が必要。
② 地域デザイン構想者としての提案と熟議の能力が必要。政策の優先順位づけも行う。
③ 監視の能力が必要。

選出のためには

〈従来の選挙制度〉
・部分利益代表
・閉鎖的な制度

〈選挙制度改革の必要性〉

選挙の方法をどうするか
選挙権および被選挙権
選挙人名簿について改正する必要があるかどうか
兼職禁止の制度はこのままでよいか
自書主義を維持するか（現行は記号式可）
選挙区制をどうするか
議員の任期をどうするか
議員の補充の方法をどうするか
選挙運動およびその費用をどうするか
タッチパネルで候補者選択（電子投票の検討）
船の上から届け一票（洋上ファックス投票の実現）
寝たきりのお年寄りも住宅から一票を（高齢化社会と郵便投票制度）
若者は本当に投票に来るだろうか（選挙権年齢の引き下げ議論）
「地方自治の日」に選挙の統一（統一地方選挙改革論・1年に1回か2回に）
在日外国人も地方自治の草の根参加（在日外国人の地方参政権）

住民

第10章　新しい議員を選出する制度

> **ポイント**
>
> 選挙の仕方についてもそろそろ再考する必要がある。無投票当選制については、公約を明確にすること、および信任の意味で、信任投票制度の導入も想定してよい。選挙費用がかさむとすれば、公約を明確にする意味で、当選者の紹介を掲載した広報（議会だより）を発行するようにしてもよい。忙しい有権者や非健常者が投票所に足を運ぶことが困難な場合、郵便投票制を導入することも検討されてよい。高齢化に伴う投票所の増設や投票所への移送補助制度などは、現行の法制度上でも十分可能な改革である。

1　新しい議員を選出するための選挙制度改革を進めるべきである。戦後の新たな憲法体制に基づいた地方制度の確立を目指した地方制度調査会（第1次）の設置に際しての諮問事項は、次の通りである（秋山陽一郎「わが国における地方選挙制度百年の歩み」（その23）『選挙』1996年3月号、34頁）。

　選挙の方法をどうするか、選挙権および被選挙権の失格条項は今のままでよいか、選挙人名簿について改正する必要があるかどうか、兼職禁止の制度はこのままでよいか、自書主義を維持するか（現行は記号式可）、選挙区制をどうするか、議員の任期をどうするか、議員の補充の方法をどうするか、選挙運動およびその費用をどうするか、その他選挙について特に改正する必要があるかどうか、といった論点であった。これらは、常に省みられるべきものである。

2　選挙制度は、議員の性格をどのようにするのか（名誉職か専門家か、あるいは新たに公選職を規定するか、など）といった論点を含めて、常に議論されてよい。とりあえず、開放的な選挙制度に向けた改革を進めることが現実的である。こうした地道で着実な議論の蓄積によって、国政とは異なる地方選挙制度（地方公職選挙法（仮称）等）の確立にまで議論は進むことになる。

> **ひとこと**
>
> 地方自治に深くかかわってきた久世公堯氏は、選挙制度を概観した後で、これからの選挙制度の議論として、タッチパネルで候補者選択（電子投票の検討）、船の上から届け一票（洋上ファックス投票の実現）、寝たきりのお年寄りも在宅から一票を（高齢化社会と郵便投票制度）、若者は本当に投票に来るだろうか（選挙権年齢の引き下げ議論）、「地方自治の日」に選挙の統一（統一地方選挙改革論・1年に1回か2回に）、在日外国人も地方自治の草の根参加（在日外国人の地方参政権）、中選挙区の復活論議（衆議院選挙制度見直しにホットな論議）をあげている。国政レベルを中心に地方選挙も視野に入れるという議論である（「選挙制度をめぐって―問題と課題―（上）（下）」『自治研究』第75巻第8号、第9号（1999年8月、9月））。

IV編　新しい議会を担う議員と選出制度

100 選挙制度改革の課題
― 市町村議会議員選挙の大選挙区単記制 ―

［選挙制度研究委員会『図解選挙制度のしくみ』ナツメ社、2001年］

従来の市町村議会議員選挙：大選挙区単記
―全体のことを考える議員、住民が育たない―

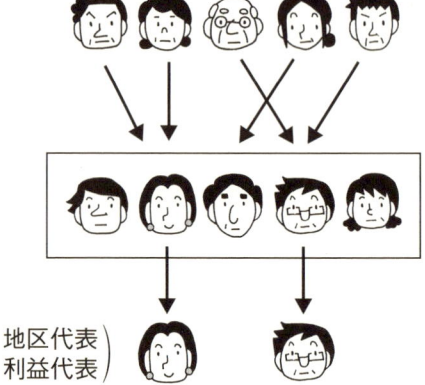

有権者　　　　　　　　　　　　　　　一票だけ
　　　　　　　　　　　　　　　　　　（全体のことを
　　　　　　　　　　　　　　　　　　考えられない）

候補者　　　　　　　　　　　　　　　特定の層や地区
　　　　　　　　　　　　　　　　　　の確実な票だけ
　　　　　　　　　　　　　　　　　　を得たい
　　　　　　　　　　　　　　　　　　（全体のことを
　　　　　　　　　　　　　　　　　　考えられない）
当選者　　（地区代表）　　　　　　　＝有権者総数から
　　　　　　利益代表　　　　　　　　みて極端に少な
　　　　　　　　　　　　　　　　　　い得票数で当選

今後の市町村議会議員選挙
―全体のことを考えられる議員と住民―
（無所属議員選挙を前提にすれば、たとえば大選挙区連記制）

有権者　　　　　　　　　　　　　　　有権者
　　　　　　　　　　　　　　　　　　複数の票を得る
　　　　　　　　　　　　　　　　　　（全体をイメージ
　　　　　　　　　　　　　　　　　　して当票）

議員全体を
セットとして　　　　　　　　　　　　候補者
イメージして　　　　　　　　　　　　全体から満べんなく
投票する　　　　　　　　　　　　　　得票しようとする
　　　　　　　　　　　　　　　　　　（全体を視野に入れる）

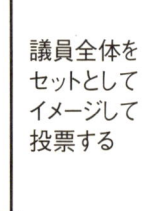

当選者

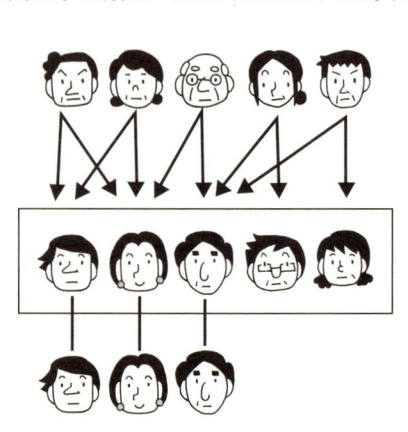

第10章　新しい議員を選出する制度

> **ポイント**
> 　新しい議員を選出するにあたって、全体を視野に入れて活動する議員を選出できるような選挙制度改革が必要である。市町村議会議員選挙の大選挙区単記制非移譲式は、1人1票で有権者総数から見て極端に少ない獲得票で当選する。これでは地区代表かあるいは個別利益の代表となりやすい。しかも、この制度では住民は候補者1人にしか投票できず、市町村全体を視野に入れた投票はしにくい。そうだとすれば、そろそろ議会改革とともに選挙制度改革なども視野に入れる時期に来ている。

1　新しい議会を担う議員を選出する選挙制度として妥当するのであろうか。政党本位である国政レベルの選挙制度にならえば、政党を基軸とした選挙制度が想定できよう。この場合、中央政党との関連を持った地域の政党（政党支部）である。しかし他方で、政府形態の二元代表制は、厳格な政党政治を要請してはいない。議会が内閣を創出するわけではないからである。また、市町村議会議員は政党色が希薄である。

　この状況を踏まえて、非政党制を基本に大選挙区制を変えず市町村全体を視野に入れて活動する議員を選出できるような選挙制度改革としては連記制が想定できよう。

　現行の選挙制度の大選挙区単記制非移譲式は、全体的長期的な視点を欠いた議員と有権者を育てる。そこで、完全連記（20議席の場合1人20票）も想定できるが、少数派が不利となる。そこで議席数の半分の不完全連記（20議席の場合11票、少なくとも2票）という制度に変えることも今後の課題である。

2　都道府県議会は、中央政党とほぼ同様の政党・会派によって運営されている。しかし、実際の選挙戦では政党色が曖昧な場合も少なくない。明確な政党選挙によって選出された議員による政党会派運営が目指されるべきであろう。そうだとすれば、小選挙区制や比例代表制の導入なども考えられる。すでに都道府県議会選挙を比例代表制にという提案も行われている（西尾勝）。中間の都道府県議会を個人ではなく政党を中心にして政治が行われるようにするために比例代表制に変えるべきであるという提案である。これに対しては、政党化が進み地方の独自色が希薄化するのではないかという批判もある。

> **ひとこと**
> 　地方選挙は、国政選挙と同様に、公職選挙法で規定されている。公職選挙法が制定される以前は、地方選挙は地方自治法で規定されていた（1950年まで）。自治体の組織や運営の基本を規定するだけではなく、それを担う選挙される公職者の選出の仕方を規定していた。自治体の運営の基本が了解できる。そもそも、自治体の組織や運営、そして地方議員や首長を選出する方法は、本来当該地域の住民が決めればよい。自治体の組織や運営については自治基本条例を制定するようになってきた。地方選挙については、いまだ地域住民が決めようとする動きにはなっていない。せめて、国政の公職選挙法から独立させた地方公職選挙法（仮称）の制定が必要である。自治体ごとに自立性の高い地方選挙が可能となるような制度が求められる。

資　料

議員力アップの手法

　地方議会への期待は急速に高まっている。住民の監視の目も鋭くなっている。多くの権限を持っている議会は、正統に選挙された人々によって構成された唯一の合議体である。世界の地方自治体を見れば、住民が首長を選出せず、首長が実質的な権限を持っていないことはまれではない。しかし、議会がないところや重要な権限を持っていないことはない。議会が民主主義の根幹といわれるゆえんである。

　その議会の役割を発揮するには、議員1人1人がパワーアップしなければならない。そのためには、議員の個人学習（本や雑誌、インターネット、大学・大学院入学）だけではなく、それぞれの議会や会派の研修会参加、ネットワークの活用（議員同士や、議員と職員・市民を含めた研究会・学会、議員を対象とした民間の研修会、政策NPO）などを積極的に進めたい。また、議会や議員を支援する議会事務局の充実も必要である。

　そうして高めた知力・情報力を議員が議会活動に生かす3か条を提案する。

　第1条　**議会権限を生かす（議会権限の活用を！）**――議会は調査権もあれば、非常に大きな決定権限を持っている。議会はさらに権限を強化できる（自治法96②）。いままであまり活用されなかった議会の権限の積極的な活用が必要である。

　そもそも、地方自治の制度は二元代表制である。国政の議院内閣制では政権をつくりそれを擁護する与党と、それに敵対する野党が存在している。しかし、二元代表制では、執行機関に対する議会はもう1つの機関（議事機関）として活動しなければならない。議会が決定しなければ、首長等は原則として執行できない。執行機関としての首長等と、議事機関としての議会がそれぞれの特徴を生かして切磋琢磨する。地方政治が国政と同じだという誤解がいまだ蔓延しているが、まったく原則が異なっていることをまず確認してほしい。

第2条　政策全体の把握と持論の打ち出し（特徴を持った政策提言を！）　──　今日、自治体は計画行政の下で動いている。基本構想（議会の議決事件）を頂点に基本計画、実施計画、それに都市計画マスタープランなど分野別のマスタープランが策定され、それらに基づき予算（議会の議決事件）が決定され、さまざまな施策が実施されている。全体像を把握し、何をするか自覚しよう。議員には得意分野は必要ではあるが、議会はあくまで全体的視点にたって議論し決議する場である。政策の全体像を把握できる能力を身につけなければならない。

　特に、財務は自治体の政策を実施する手段である。予算の編成権と提出権は首長にある。しかし、それを決定するのは議会である。財政危機の責任はむしろ議会にあることを自覚すべきである。予算書・決算書を的確に読める能力はその前提である。それ以上に必要なのは、決算や事務事業評価を、予算議論に活用できる議員と議会の能力である。

　第3条　政策の流れの中で政策能力を活用（どこで力を発揮するか）　──　政策過程は形成から決定、実施を経て評価に至る。議会は、決定だけを担うわけでもない。実施を監視すればよいわけでもない。政策提言もできる。政策過程の全体にわたって議会は責任を持っている。政策の全体像を把握できる能力を身につけた議員が、議会を舞台にその能力を政策過程のそれぞれの段階ごとに発揮する。

　以上、議員のパワーアップの3か条を確認した。こうしてパワーアップした議員が、本当にその力を発揮するためには議会運営を変えることが必要である。従来の多くの議会運営は、住民に開放されず閉鎖的、また二元代表制といわれていても監視機能だけ、さらに討議の場ではなく質問の場、といった運営だった。地方自治の原則に照らせば、議会は、住民、議員、首長等が自由に交流する討議の広場である。この広場では、住民と議員、議員と首長等、議員同士、といった自由な討議の下で、それぞれの切磋琢磨が生まれる。これこそ議員や議会がパワーアップする特効薬にもなる。

　(1)　基礎編
　①　議会の権限や役割を学ぶ
　「地方自治法」。この法律は、議会をはじめ自治体の権限や組織について規定している。条例が重要になっていることはいうまでもない。

しかし、まずは議会の権限や組織の基本的な法律の復習からはじめることが必要。この法律の多くの解説書は、本屋の棚に必ずある。

大森弥『新版　分権改革と地方議会』ぎょうせい、2002年。地方分権を視野に入れ、議会はどうあるべきかを二元代表制を踏まえて提案している。地方分権によって議会の重要性が増し、その議会が変わる方向を示している。

江藤俊昭『増補版　自治を担う議会改革』イマジン出版、2007年。今後の議会を協働型議会と呼び、議会への住民参加や議会での討議を重視する。報酬や定数の考え方も解説している。増補版では、栗山町や三重県などの議会基本条例の意義と内容が新たに解説されている。

橋場利勝・神原勝『栗山町発・議会基本条例』公人の友社、2006年。全国初の議会基本条例が制定された。議会はフォーラムとして位置づけられている。議会の自由討議、住民参加、さらには議員の質問に対する首長の反問権も規定された。こうした画期的な運営は、実は今までの改革の延長線上にある「生きた」ものであることが強調されている。

② 自治体政策を学ぶ

『ガバナンス』（ぎょうせい）、『地方自治職員研修』（公職研）、『実践自治』（イマジン出版）などの雑誌。先駆的政策や実践事例が収録されている。特集記事や連載も大いに役立つ。それとともに、それぞれの「DATA・BANK」「NETWORK」「D-fileだいじぇすと」の項目は、さまざまな新しい動きがわかる。

ブックレット（公人の友社刊、イマジン出版刊など）。その時々の話題のテーマを第一線の研究者・実務家がわかりやすく解説したものである。

(2) 発展編

① 議会の権限や役割を学ぶ

全国町村議会議長会編『議員必携』学陽書房（4年ごとに改訂）。タイトル通り議員に必要な議会と議員の役割、議会運営、議会と長の関係、議会の課題と議員の心構えなどが解説されている。「標準」町村議会会議規則などの資料も充実している。

加藤幸雄『新しい地方議会』学陽書房、2005年。議会の役割とともに、議会や議員の現状がまとめられている。全国市議会議長会にいた方なので、全国的な動向を踏まえた現実的な提言となっている。

野村稔『地方議会への26の処方箋』ぎょうせい、2002年。議会運営で困ったときのヒントが網羅されている。同じ著者の『地方議会日誌』自治日報社、もある。

全国都道府県議会議長会（http://www.gichokai.gr.jp/）、全国市議会議長会（http://www.si-gichokai.gr.jp/02zenkok.html）、全国町村議会議長会（http://www.nactva.gr.jp/html/index.html）の提言。それぞれは議会改革の提言を提出してきた。その中でも、第28次地方制度調査会に向けた地方6団体の提案の基礎となった提言（ともに2006年）は、議会改革を進める上での必読書である。

② 自治体政策を学ぶ

『都市問題』（財団法人東京市政調査会）、『都市問題研究』（都市問題研究会）、『地方議会人』（共同編集：全国市議会議長会・全国町村議会議長会）などの雑誌。毎月、自治体政策についての特集が組まれている。そのテーマの第一線の研究者・実務家の方が執筆しているので、その分野の課題と提言がコンパクトに把握できる。必要なときにバックナンバーを追いかけて読むことをお勧する。なお、『自治体法務研究』は季刊であるが、自治体法務の力を育てる特集とともに連載がある。

条例や政策の検索。全国の条例を検索できる全国情報データベース（鹿児島大学法文学部法政策学科運営（http://joreimaster.leh.kagoshima-u.ac.jp/）。また、タイムリーな情報が送られるNPO法人コラボ（http://www.npo-collabo.org/）、全国町村議会議長会の町村概況検索システムは有用である。

政策についての議員ネットワーク。自治体議会政策学会（http://www.copa-web.net/）などがある。

研修機関の活用。3つの議長会のほか、市町村アカデミー（http://www.jamp.gr.jp/）、全国市町村国際文化研修所（http://www.jiam.jp/）などがある。

(3) 番外編（困ったときには）

議会事務局の活用。議員の支援といえば議会事務局。ここに相談。議会事務局の充実も、日頃から相談することによって何を充実すればいいかわかる。住民や職員も活用できる議会図書室も充実させることになる。

研究会メンバーや議員ネットワーク・研修機関に相談。参加してい

る研究会メンバーに相談。すぐに解決できなくても、解決できそうな人を紹介してくれるはず。議員ネットワーク・研修機関にも相談してみよう。

　図書館の活用。公立図書館は知の宝庫である。本や雑誌をそこで探し出すこともできる。また、司書は本や雑誌を探索するプロである。そこになくてもすぐに探し出してくれる。

　大学・大学院の活用。大学・大学院に入学もあるが、関心ある科目があればそれだけ受講することもできる（単位認定の必要がなければ、1科目5千円程度）。そこで教員と知りあいになり情報交換も可能。大学の図書館は学生だけでなく住民にも開放されていることが多い。専門書、専門雑誌が閲覧できる。

　市民活動団体・NPOとの協力。やはり、地域政策を考える場合、地道に活動してきた地域の団体の意見を聞くことが必要。何が問題なのか理解できる。注意することは、あくまでその領域の団体の意見であって、それを全体の政策の中にどのように位置づけるかは別途検討する必要がある。

　検索エンジンや大手書店のHPの活用。大手書店のHPでは、分野ごとの書籍が容易に検索できる。

　注：「資料 議員力アップの手法」は、江藤俊昭「新議員に贈る議員活動スタートアップ講座・新議員にオススメの知識・情報ツールはこれだ！」『ガバナンス』2007年5月号（Web全文版）を加筆、修正したものである。

あとがき

　地方議会の役割は、地方分権によってさらに高まった。同時に、夕張市の財政破綻の責任の一端、否、多くは議会の責任であることが認知されている。自治体財政健全化法が緊急に制定された（2007年）。財政健全化計画や財政再生計画策定にあたって、議会は議決権を持っている。外部監査契約締結も議会の権限である。ここでも、議会が重要な役割を果たさなければならない。

　議会の役割の高まりと、現実とのギャップの大きさに唖然とするかもしれない。期待に応えられない議会は見放される。しかし、現状が問題であれ、多様な意見を踏まえながら討議し決定するのは、住民参加や協働を充実させるとしても、最終的には議会である。それに代わる制度を想定することは困難である。地域民主主義を前提とする限り、住民と歩む議会が育たなければならない。

　しかも、議員の中でも議会改革に邁進し、地域に即した政策提案を積極的に推進している者も少なからずいる。また、自治基本条例や議会基本条例制定に向けて、住民と歩む議会はどうあるべきかを真摯に研究している議会も例外ではなくなった。

　事実ではあっても、従来の議会のイメージだけを引きずったマスコミ報道が蔓延している。慣例踏襲の議員や自治体職員もむしろ多数派である。したがって、新しい議会改革は議会人にとっては「産みの苦しみ」となろう。いや、それは住民にもいえることである。しかし、未来は議会改革抜きには考えられない。

本著は、議会の現状と議会改革の方向を示している。「苦しく」とも住民自治の原則に邁進しようとする議員、住民、職員にとって少しでもお役に立てれば幸いである。

　学陽書房・宮川純一氏のメールからはじまったのが本著である。図解という新しい分野に躊躇していたが、自治への熱い想いをお聞きしてお引き受けした。校正等で大変ご迷惑をおかけした。当初の意図通りになっているかわからないが、自治を進める一歩とはなっていると自負している。この場を借りて感謝申し上げたい。

　なお、図自体は専門家にお願いしているが、その前段の構図を描く際の手書に辟易していた。ちょうど帰省した長女（江藤愛）にすべて頼んだ。「最初の共同作業」といったら「最初で最後の」といわれてしまったが、感謝したい。

2008年3月20日　著者

著者紹介

江藤俊昭（えとうとしあき）

1956年東京都生まれ
山梨学院大学法学部教授　博士（政治学、中央大学）
専　　攻：地域政治論
最終学歴：中央大学大学院法学研究科博士後期課程満期退学

著　書

『地方議会改革―自治を進化させる新たな動き―』（単著）、2011年。
『討議する議会―自治体議会学の構築をめざして―』（単著）公人の友社、2009年。
『地方議会改革マニフェスト』（共著）日本経済新聞出版社、2009年。
『増補版　自治を担う議会改革―住民と歩む協働型議会の実現―』（単著）イマジン出版、2007年。
『新しい自治のしくみづくり』（共著）ぎょうせい、2006年。
ほか多数。

社会活動

甲府市事務事業外部評価委員会会長、山梨県経済財政会議委員、三重県議会議会改革諮問会議会長、鳥取県智頭町行財政改革審議会会長、第29次地方制度調査会委員等を歴任。現在、北海道栗山町議会サポーター、マニフェスト大賞審査委員、第30次地方制度調査会委員等。

図解　地方議会改革―実践のポイント100―

平成20年5月15日　初版発行
平成25年5月17日　8刷発行

著　者　　江　藤　俊　昭
発行者　　佐　久　間　重　嘉

学陽書房

〒102-0072　東京都千代田区飯田橋1－9－3
営業（電話）03-3261-1111（代）
　　（FAX）03-5211-3300
編集（電話）03-3261-1112（代）
振替　00170-4-84240

©2008 Toshiaki Etou, Printed in Japan
DTP／フェニックス
印刷／加藤文明社　製本／東京美術紙工
ISBN978-4-313-16118-4　C1331

乱丁・落丁本は、送料小社負担にてお取り替え致します。

議会用語事典

竹中治堅 監修
参議院総務委員会調査室 編集
定価4,200円

我が国の国会・地方議会で用いられる議会用語についてその意味、法と制度とのつながりを詳細に示した議会人・議会関係者のための事典。用語解説のあとに、憲法、国会法、衆参規則、自治法、標準規則等の関連条文を掲載した画期的編集。事項別条文索引も充実。

Ａ５判並製432頁

問答式　選挙運動早わかり
地方議会議員立候補者の手引
〈第四次改訂版〉

全国町村議会議長会 編
定価2,100円

事前運動から当選まで選挙運動のあらゆるケースを取り上げ、事例中心に一問一答形式でわかりやすく解説した候補者・運動員のための手引書。選挙法令・規則の改正に係る事例を、全面的に見直した新版。

Ａ５判並製216頁

地方議員あいさつ例文集

地方議会例文研究会 著
定価3,570円

あいさつの長さの基本、2分30秒を目処にした「すぐに使える」文例285を議員活動のテーマごとに掲載したほか、恒例の年中行事・式典については月次ごとに硬軟取り混ぜたあいさつ例文を収録した。

Ａ５判並製400頁

（定価はすべて消費税5％込みです）